全国高职高专院校财经类专业规划教材
全国财政职业教育教学指导委员会审定

互联网银行

主　编　吕鹰飞　王帅

中国财经出版传媒集团
中国财政经济出版社

图书在版编目（CIP）数据

互联网银行／吕鹰飞，王帅主编．--北京：中国财政经济出版社，2023.8

全国高职高专院校财经类专业规划教材

ISBN 978-7-5223-2266-7

Ⅰ.①互… Ⅱ.①吕… ②王… Ⅲ.①互联网络-应用-银行业务-中国-高等职业教育-教材 Ⅳ.①F832.2

中国国家版本馆CIP数据核字（2023）第097761号

责任编辑：李　媛　　　　责任校对：徐艳丽

封面设计：孙俪铭

互联网银行

HULIANWANG YINHANG

中国财政经济出版社 出版

URL：http：//www.cfeph.cn

E-mail：cfeph@cfeph.cn

社址：北京市海淀区阜成路甲28号　邮政编码：100142

营销中心电话：010-88191522　编辑部门电话：010-88190653

天猫网店：中国财政经济出版社旗舰店

网址：https：//zgczjjcbs.tmall.com

北京密兴印刷有限公司印刷　各地新华书店经销

成品尺寸：185mm×260mm　16开　17印张　392 000字

2023年8月第1版　2023年8月北京第1次印刷

定价：45.00元

ISBN 978-7-5223-2266-7

（图书出现印装问题，本社负责调换，电话：010-88190548）

本社质量投诉电话：010-88190744

打击盗版举报热线：010-88191661　QQ：2242791300

前 言
Preface

党的二十大报告指出："要深化金融体制改革，建设现代中央银行制度，加强和完善现代金融监管，强化金融稳定保障体系，依法将各类金融活动全部纳入监管，守住不发生系统性风险底线。健全资本市场功能，提高直接融资比重。加强反垄断和反不正当竞争，破除地方保护和行政性垄断，依法规范和引导资本健康发展。"互联网银行作为我国金融体系一部分，有必要对其进行系统研究和有效规范，以期推进普惠金融的发展，健全和完善我国金融体系。

本书是全国财政职业教育教学指导委员会推荐教材，由财政部教材编审委员会组织编写并审定，作为全国高职高专院校财经类专业规划教材出版，供金融类专业教学使用。国家高等职业教育金融科技应用专业教学资源库于2019年获教育部、财政部正式立项，"互联网银行"是该项目的核心子课程之一。本书也是"互联网银行"课程的配套教材，以"职业化"为特色，以问题为导向，以案例为载体，从培养学生职业素质、学习能力、专业能力、社会实践能力出发，以服务专业、服务后续课程、服务应用、服务市场为宗旨，理论与实践结合，理论知识以必需、够用为度，加强实践技能的训练，培养学生发现问题、分析问题、解决问题的职业技能。

本书的编写突出以下特色：

第一，契合《职业教育专业目录（2021年）》中高等职业教育金融类"金融科技应用"新专业的设置要求，依托国家专业教学资源库，建设了大量包含微课、动画、虚拟仿真等类型丰富的数字化教学资源，精选其中具有典型性、实用性的教学资源，以二维码形式展现在教材中，实现信息时代时时、处处、人人学习的需求。

使用者需刮开封底二维码图标，用手机扫描图标激活增值服务，即可扫描查看书内二维码资源。

第二，融合现代信息技术与金融业务，关注互联网银行领域的新趋势、新变化、新政策，融入企业真实案例，将互联网银行业最新的变化体现在教材编写中。

第三，从高等职业教育应用型金融科技人才培养的实际情况出发，兼顾高等职业学校学生理论知识的可接受程度，教材内容简洁明了，通俗易懂，具有较强的可读性、实用性、趣味性和新颖性。确保内容新颖易学、够用、实用、可拓展，力求体现“以就业为导向，以能力为本位”的精神。

第四，每个项目设有知识目标、能力目标、内容简介、案例导入、基础知识、知识链接和课后习题，体现知识、技能和素养培养与学习并重的理念。

本书由吕鹰飞、王帅担任主编，具体编写分工如下：项目一由吕鹰飞编写；项目二、项目五由宋贺编写；项目三由刘妍编写；项目四由廖银屏编写；项目六由郜晔昕编写；项目七由赵科乐编写；项目八由王文昭编写；项目九由郑屹编写；项目十由李亚鹏编写；项目十一由王帅编写。

互联网银行是金融与信息技术交叉的学科，业务融合还在不断深化发展。本书在编写过程中，参考了大量文献资料，吸收了最新的研究成果，在此对有关作者表示感谢。由于编者水平及时间有限，书中难免有不足之处，敬请广大读者批评指正。

编　者

2023 年 5 月

课程标准　　授课计划　　教学设计

目　录

Contents

PPT

项目一 导 论

【知识目标】

了解互联网银行的产生、特点及现状，了解互联网银行的功能；了解互联网银行的类型和系统、经营模式；了解传统银行与互联网银行所提供的服务。

【能力目标】

具备互联网精神；能够区分互联网银行和传统银行的区别；能够明确互联网银行对传统银行的影响。

模块一 概述

【内容简介】

本模块主要介绍了互联网银行的产生、起源和发展；互联网银行的概念、特点和功能。

【案例导入】

SFNB 的成立

1995 年 10 月 18 日，全球第一家网络银行 SFNB（Security First Network Bank）正式宣布成立。

1996 年 5 月，Cardinal 银行将其网络银行业务从传统银行中分开，独立出 SFNB。

1996 年 11 月，SFNB 成功收购 Secure Ware（安全解决方案开发公司），并联合 Five Space（互联网银行软件开发公司）组建了安全第一技术公司（SI），将世界上第一家网络银行的各方面力量正式结合在一起。

SFNB 一直致力于开发新的电子金融服务，不仅提供传统银行的所有业务，还不断推出新形势下方便客户的网络金融产品，以满足客户多样化需求。其经营理念认为网络银行可以并且应该取代传统银行，是社会发展的必然。它代表着网络银行一种全方位的发展模式。

SFNB 通过电子邮件、电话等渠道接受客户请求，提供便捷、优惠、安全的服务。SFNB 经营中处处以客户为中心，提供一系列优惠、方便的服务，其业务涵盖了电子账单支付、利息支票业务、基本储蓄业务、ATM、CDS、信用卡、回报性项目等等。

作为最早的网络银行，SFNB 始终重视系统的安全问题。通过 HP、Five Paces 及 Secure Ware 等公司技术的强大支持，为客户提供多层次、军事级的安全网络系统，并获得美国存款机构监管办公室颁发的开业证书。此外，SFNB 还获得美国联邦存款保险公司（FDIC）的存款保险，并向客户承诺：对于未经授权的资金转移、银行出错或安全性破坏，将提供 100% 的补偿。

SFNB 在 1995—1998 年，充分发挥网络银行的方便性和安全性，吸引客户达到 1 万多名，其股票上市第一天就翻了一番，几个月内拥有 6000 多万美元的存款。截至 1999 年存款额就达 4 亿美元。但后来由于经营上存在问题，公司一直未获盈利。在 1998 年被加拿大皇家银行以 2000 万美元收购了其除技术部门以外的所有部分。加拿大皇家银行是加拿大规模最大、盈利能力最好的银行之一。其在美国长期以来主要提供金融批发业务。在被收购后，SFNB 转型为传统银行提供网络银行服务。

请思考：世界上第一家互联网银行是什么？诞生于哪一年？

资料来源：百度百科，https：//zhidao. baidu. com/question/559652043. html。

【基础知识】

随着我国金融科技的发展，在新一轮科技革命和产业变革的背景下，人工智能、大数据、云计算、5G、物联网、区块链等信息技术与金融业务深度融合，互联网银行作为随着互联网信息技术和金融科学技术的融合融入我国的金融领域，互联网银行应运而生。

一、互联网银行的产生

视频：互联网银行的产生

（一）互联网银行的概念

互联网银行（Internet Bank or E－bank）是指借助现代数字通信、互联网、移动通信及物联网技术开展业务的银行，互联网银行没有线下的物理网点，因而也被称为“没有银行的银行”。互联网银行可以吸收存款、发放贷款、结算支付，是通过云计算、大数据等方式在线实现为客户提供存款、贷款、支付、结算、汇转、电子票证、电子信用、账户管理、货币互换、P2P 金融、投资理财、金融信息等全方位无缝、快捷、安全和高效的互联网金融服务机构。互联网银行又被称为“3A 银行”，因为它不受时间、空间限制，能够在任何时间（Anytime）、任何地点（Anywhere）、以任何方式（Anyway）为客户提供金融服务。

（二）互联网银行的诞生

海外互联网银行诞生于 20 世纪 80 年代末，在互联网技术革命浪潮推动下顺势而生，至今已走过 30 多年的历程。发展历程可分为三个阶段，每个阶段都呈现出不同的产品服务和渠道特征。

1989—1998 年：萌芽阶段，应运而生，英国的米特兰银行创办了全球第一家直销银行 First Direct。1995 年 10 月，全球第一家互联网银行——美国第一安全网络银行（Security First Net－work Bank，SFNB）诞生。

1998—2010 年：技术爆炸，创新突破，受益于互联网技术的普及与商业化，直销渠道由原来的电话、邮件转向互联网。

2010 年至今：技术升级，体验优化，手机 App 等移动互联网渠道开始成为重要的流量入口，产品与服务日益丰富完善，从满足更广泛的客户需求向优化用户体验和提升运营效率转变。

（三）我国的互联网银行

在我国互联网金融市场中，阿里、百度、腾讯、京东等互联网科技公司都涉足支付、理财、基金、贷款、保险、众筹等金融领域。直到 2013 年国家颁布了《关于金融支持经济结构调整和转型升级的指导意见》后，由民间资本发起设立的自担风险的民营银行等金融机构才被法律认可，这也就是我国互联网银行的诞生。

我国第一家互联网银行是深圳前海微众银行。2014 年 12 月 12 日，中国银监会正式批准国内互联网巨头腾讯公司旗下民营银行——深圳前海微众银行（以下简称“微众银行”）已正式获准开业。腾讯占 30% 的股份，由于有了腾讯的基因，民间也把微众银行称为“企鹅银行”。12 月 28 日，“深圳前海微众银行股份有限公司”的微众银行官网成立，成为第一家上线的互联网银行。2015 年 1 月 4 日，李克强在深圳前海微众银行敲下电脑回车键，卡车司机徐军就拿到了 3.5 万元贷款，这是微众银行作为国内首家开业的互联网民营银行完成的第一笔放贷业务。纯互联网银行，在我国银行业绝对是一个全新的业务模式。

目前，国内已经有深圳前海微众银行、浙江网商银行、新网银行、百信银行、众邦银行、亿联银行、福建华通银行、苏宁银行、天津金城银行、重庆富民银行等众多互联网银行。

作为国内首家开业的民营互联网银行，微众银行在成立之初就在微信和 QQ 两大社交平台上推出了“微粒贷”产品。借款额度和期限都由用户自由选择，旨在做 QQ 或者微信用户人手一个的“钱包”。据微众银行公布的数据，“微粒贷”作为全线上运营的信贷产品，依托微信和手机 QQ 提供个人小额信用循环贷款。

网商银行是由蚂蚁金服作为大股东发起设立的我国第一家核心系统基于云计算架构的商业银行。它作为原银监会（现为国家金融监管总局）批准的中国首批 5 家民营银行之一，于 2015 年 6 月 25 日正式开业。浙江蚂蚁小微金融服务集团有限公司认购该行总股本 30% 股份；上海复星工业技术发展有限公司认购该行总股本 25% 股份；万向三农集团有限公司认购该行总股本 18% 股份；宁波市金润资产经营有限公司认购该行总股本 16% 股份。其他认购股份占总股本 10% 以下企业的股东资格由浙江银监局按照有关法律法规审核。网商银行的三大目标客户群体是小微企业、个人消费者和农村用户，解决困扰这些企业的融资难、融资贵等问题。

二、互联网银行的特点

视频：互联网银行的特点及现状

互联网银行概念由互联行创始人林立人先生率先提出，并付诸实施，互联网银行是对传统银行颠覆性的变革，是未来金融格局的再造者。互联网银行业务是一种全新的服务模式，有如下特点：

（一）“AAA”式银行

互联网银行是依托信息技术、互联网的发展而兴起的一种高科技、高智能的“AAA”式银行，能在任何时间（Anytime）、任何地方（Anywhere）、以任何方式（Anyhow）为客户提供服务，突破了时间和空间的限制、突破了服务手段的限制。互联网银行无须分行，服务全球，业务完全在网上开展；既无营业网点，也无营业柜台，更无须财产担保，而是通过人脸识别技术和大数据信用评级发放贷款。因此，互联网银行是 24 小时的银行、全球化的银行、服务方式多样化的银行。

（二）经营成本低

通过互联网技术，取消物理网点和降低人力资源等成本，极大地降低银行的经营及运行成本。与传统银行相比，具有极强的竞争优势。互联网银行的主要运行渠道是计算机网络系统，它是虚拟的，没有固定的场地，只需要在网络上设置相应的网站服务，避免了传统银行建立时所需要的大量人力、物力、财力的投入，例如场地费用、室内装修费、照明及水电费、人员费用等。

（三）客户体验感好

以客户体验为中心，用互联网精神做金融服务，共享，透明，开放，全球互联。客户可以享受到方便、快捷、高效和可靠的全方位服务，可以在家里利用计算机网络开立账户，除了可以办理一般的银行业务，还可以通过互联网银行全面地了解保险、证券、基金等金融产品的详细介绍。互联网银行专业人员也可以通过网络很方便地回答全球的客户提出的各类问题。

（四）服务高效便捷

互联网银行通过网络进行运作，处理业务的速度以计算机的处理能力为依托，处理速度远远高于传统银行的处理速度。互联网使银行服务活动的节奏大大加快，更加便捷、产品更新快、服务创新时间短。同时，银行业务的电子化大大缩短了资金的在途时间，也大大提高了资金的利用率和整个社会的经济效益。

（五）无纸化交易

互联网银行在通过网络进行业务办理的过程中，传统银行业务所使用的票据和单据被电子支票、电子汇票和电子收据所代替；原有的纸币被电子货币，即电子现金、电子钱包、电子信用卡所代替；原有的纸质文件的邮寄变为通过数据通信网进行传送，真正实现了“无纸化”交易。

（六）信息共享

互联网银行可以通过网络更广泛地收集和分析最新的金融信息，并以更快捷便利的方式传递给网络银行的客户。由于网络资源的全球共享性，可以使银行与客户之间相互了解对方的信用及资产状况，从而大大减少了信用风险和道德风险，实现了信息的有效共享。

三、互联网银行的功能

视频：互联网银行的功能

互联网银行可以为客户提供存款、贷款、支付、结算、汇转、电子票证、电子信用、账户管理、货币互换、投资理财、金融信息等功能。我们以互联网银行典型代表微众银行为例来了解互联网银行的主要功能。如果从银行基本功能“存、贷、汇”的角度来审视微众银行 App 提供的服务，那么很难将其视为一款完整的手机银行产品。所有互联网用户只要提交姓名、身份证号、手机账号等，再绑定一张他行银行卡交叉验证后就可开户成功，并获得一张 19 位卡号的虚拟微众卡。用户可以通过全国 1600 多家银行的柜台和网银向微众卡转账汇款，但在转出方向上，微众卡目前只能实现与其他已绑定的同名银行卡进行转账，暂不支持刷卡消费和给他人转账等功能。

有分析认为，这种功能限制主要来自目前央行对远程开户的限制。因此，微众卡电子账户依然属于弱实名账户，购买产品需要通过中国银联等支付清算机构委托扣款，转账额度的上限取决于清算机构和其他银行的协议，微众银行不能决定上限，而且短期内可能也较难实现向他人转账。

对于没有线下网点的互联网银行来说，远程开户的问题解决不了，就很难真正实现银行的全功能。不过，微众银行也在用户绑定第二张银行卡时引入了人脸识别模块。这一模块需要先扫描识别用户身份证上的姓名、性别等信息，同时要求用户念一段数字，通过唇语监测判断出该用户为实时活体，然后将图像与公安部信息库中的照片存档进行比对。有分析师表示，引入人脸识别，正是为了未来的远程开户“试水”相关技术。

从具体服务功能来看，目前微众银行提供的主要服务包括“活期 +”“定期 +”“股票基金买卖”等。“活期 +”和“定期 +”两个服务项目分别为微众银行与国金基金定制的货币基金和与太平资产合作的保险资管类产品，与目前支付宝钱包中的“余额宝”和“招财宝”颇为类似。此外还有“自动存工资”“还房贷”等功能，在设定好金额和日期后，可以每月自动从相关银行卡转入或转出固定金额款项。

不过，之前微众银行推出的个人信贷产品微粒贷并未出现在微众银行 App 中。与传统银行 App 相比，微众银行 App 在界面设计上更为简单，另外，在流量导入方面，利用微信、QQ 的广大客户群体，采用账号通用的机制，大大增加了其客户群体规模。预计未来微众银行 App 将逐渐引入其个人信贷、个人征信数据以及转账汇款业务。此外，而线下手机支付也将成为其一个重要功能。

知识链接

互联网存款

什么是互联网存款？银行通过第三方互联网金融平台销售存款产品，产品和服务由银行提供，平台提供存款产品的信息展示和购买接口（债权债务关系为存款人与银行）。

京东金融 App，根据监管部门对于互联网存款业务的关注，京东金融 App 已停止新增上线互联网存款产品、停止新用户购买相关产品，并已对存量客户和业务进行稳妥有序的调整：相关产品将只对已购买产品的用户可见，已购买相关产品的用户不受影响。

度小满，表示会严格遵守相关政策规定及监管要求，拥抱监管，坚持合规经营。对于互联网存款业务，目前度小满已下架平台上的互联网存款产品，产品下架后将只对已购买产品的用户可见，已购买相关产品的用户不受影响。未来，度小满会根据监管政策的要求，不断完善相关业务。

央行金融稳定局局长孙天琦公开谈及第三方互联网平台存款。他表示，第三方互联网平台存款的流动性特点有别于传统储蓄存款，给监管部门和金融机构带来新课题，互联网金融平台开展此类金融业务，属“无照驾驶”的非法金融活动，也应纳入金融监管范围。互联网平台存款存在需要关注的一些问题，例如部分银行通过分段付息等方式变相抬高存款利率，扰乱存款利率市场机制；高风险银行通过互联网平台吸收存款，饮鸩止渴，流动性隐患突出；中小银行高息吸收存款必然追求高收益资产，匹配高风险项目，导致资产端风险增加等。

资料来源：https：//baike. baidu. com/item/% E4% BA% 92% E8% 81% 94% E7% BD% 91% E9% 93% B6% E8% A1% 8C/7095542？fr = aladdin。

模块二

互联网银行组织结构

【内容简介】

本模块主要介绍了互联网银行的类型，包括海外互联网银行的类型和国内互联网银行的类型；介绍了互联网银行系统类型；介绍了传统银行与互联网银行所提供的服务和互联网银行所提供的服务。

【案例导入】

互联网银行的十字路口：从 C 端场景金融到 B 端小微金融的探索之路

疫情是一场“压力测试”，疫情也是行业创新催化剂。

各行各业都在疫情这一“黑天鹅”事件后发生变化，银行业不得不加速自身业务的数字化转型，而对于新兴互联网银行来说，疫情也使得这些银行“新兵”提前来到了迭代的十字路口。

一方面，疫情带来长尾客群“坏账率”必然的提升，尤其在过去几年里大肆跑马圈地的 C 端消费金融贷款服务上，挑战更为巨大，即将大规模发布的上市银行年报，很可能印证了这一点。

另一方面，疫情带来的银行业数字化转型浪潮，大数据、人工智能（AI）等技术的加持，让金融服务从实体窗口转向虚拟的互联网成为必然，而天然就是以数字技术为命脉的互联网银行，自然会充当这一浪潮中的弄潮儿。2020 年，是《推进普惠金融发展规划（2016—2020 年）》收官之年，也是金融科技与普惠事业加速融合的一年，那些顶住压力付之践行的金融行业创新者们，在担起行业与社会责任的同时，也为未来市场打开一扇新窗。

“有人出局，有人入局。”一位资深业内专家面对新政这样表示：“各种优质、规范的参与者入局，更有利于市场规范发展。”

请思考：互联网银行面临着怎样的挑战和机遇？

资料来源：https：//www. thepaper. cn/newsDetail_forward_12040248。

【基础知识】

一、互联网银行的类型

视频：互联网银行的类型

（一）海外互联网银行的类型

海外互联网银行通常由传统银行设立，或由金融服务公司转型而来，基于其早期的业务与品牌声誉积累，将客户引流至互联网平台。根据基础业务不同，美国主要互联网银行大致可分为三大类型：

一是无业务基础的纯互联网银行，如纳斯达克上市的 Bofi。Bofi 以线上线下结合，以线上为主的方式开展负债、资产业务，背后以互联网平台和技术为支持，从而实现快速、有效地满足客户需求。负债端，Bofi 主要以互联网 + 手机 App + 借记卡形式，凭借有吸引力的利率和较少的收费来吸收存款。资产端，从风险较低的居民按揭起步，向汽车贷款、中小企业贷款延伸，Bofi 的贷款发放依然是以线上、线下相结合的方式。Bofi 最初以房地产抵押贷款为主，主要是面向居民的住房按揭贷款，后来逐渐拓展到汽车消费贷款、保理业务。在保持风险可控的前提下，开始向其他领域扩展。目前住房按揭贷款依然是 Bofi 最主要的资产运用方式，公司从中获取利息收入和相关手续费。

二是具备早期业务基础与流量入口的，如汽车金融服务商 Ally、信用卡专业银行 Discover。

三是由传统银行设立，意在进一步开拓零售银行业务，如荷兰国际集团的 ING direct，直销银行是以对公业务著称的荷兰 ING 集团拓展海外零售市场的重要手段。ING 美国直销银行于 2000 年在美国设立，2002 年实现首次年度盈利。2008 年、2009 年因为不良率大幅上升连续两年亏损，2012 年出售给美国区域银行第一资本金融公司。在 ING Direct 的品牌下独立运营一年后，2013 年年初在“Capital One 360”品牌下运营。ING 直销银行的目标客户是接受电话、网络等方式，受到良好教育，收入水平较高，对于价格敏感的客户群。ING 直销银行几乎不设立物理网点，而是通过网络运营，吸引对存款利率敏感、对互联网熟悉的用户。在资产端，从事操作简单、风险较低的住房按揭贷款，从而获得超过货币市场的回报，用以支持负债端的高利率。但总体来说，ING 直销银行走的是“薄利多销”的模式，低资产端收益、高负债端成本，使得其 NIM 要低于同行业水平。此外，ING 直销银行还几乎不存在收费项目，这导致其中间业务收入几乎为零。从产品角度看，简化产品种类和服务过程，降低客户的个性化需求。如果客户要求增加，则会被 ING Direct 移出客户群，从而避免增加额外的运营成本。

Simple 是由有银行从业经验的人士创立的银行服务商。其本身并不是银行，而是与合作银行建立合作关系，由后者提供存款账户，Simple 在此基础上通过互联网 + 手机 App + 电话等方式提供一系列的银行服务，除了传统的存款和支付服务外，还提供消费储蓄计划的理财服务。Simple 的真正价值在于，为使用者的日常储蓄和消费提供综合的理财服务：通过增加消费计划功能和储蓄计划功能，促使用户合理安排现金；对于每笔消费支出，用户可以通过贴标签等方式归类，用于事后查询报告等。Simple 只做平台，不做资产运用。通过提供有附加值的消费储蓄计划的理财服务吸引客户，并从合作银行手中进行利息收入等分成。Simple 的收入来自存款带来的存贷利差与支付带来的收单费，按比例与合作银行进行分成。而先进的技术优势使得 Simple 可以利用大数据技术满足运营和客户个性化需求，客户增长并不会带来边际成本的上升。Simple 在 2014 年 2 月被 BBVA 以 1.17 亿美元现金的对价收购，作为独立部门单独运营，但预计将与 BBVA 开展深度合作。Bofi 和 ING Direct US 都强调通过较高的存款利率吸引目标客户，利率水平高于行业平均水平；而 Simple 则凭借较高的附加值服务，只给予象征性活期存款 0.01% 的较低的利率。

（二）我国互联网银行的类型

1. 互联网银行

我国互联网银行依托 BAT 流量入口，各有特色。BAT 利用自身社交、电商、搜索等流量入口，相继布局互联网银行，微众银行、网商银行及百信银行应运而生。微众银行与网商银行均聚焦于小额业务，但基于流量入口的不同，选择了不同的客户定位。微众银行利用腾讯的社交大数据，定位于个人消费者。网商银行则背靠阿里系电商平台，聚焦于小微企业与农村用户。凭借各自的拳头产品，二者均在 2016 年实现盈利，体现出金融科技的强大生命力。

2. 直销银行

多家银行都在积极探索直销银行全新的经营模式。作为我国首家直销银行，民生直销银行则率先提出了全方位创新升级，将以“自有渠道 + 三方输出”的双轮驱动模式辐射影响大型企业、中小企业、产业链上下游企业及个人客户，进一步拓展服务的广度及深度，开启“云”时代。

展望我国直销银行未来发展趋势，《中国直销银行白皮书》认为，未来云计算、大数据、人工智能、区块链等新一代信息科技的应用首先将从根本上改变直销银行运行模式，并提升服务效率和水平，降低服务成本；其次，平台化发展策略将成为未来直销银行的优先选项；与此同时，直销银行会成为一个银行进行移动金融化转型的介质化工具，渗透到金融服务的各个场景中；此外，伴随百信银行的正式开业，直销银行组织结构独立化将成为趋势。

3. 信息型、交互型和支付型网络银行

按业务角度划分，网络银行可分为信息型、交互型和支付型。

（1）信息型。信息型银行通过互联网提供最基本的服务。银行在独立的服务器上建立 Web 网页，提供银行基本资料、业务情况等信息服务。由于服务器与银行内部网之间在物理上是断开的，所以其风险相对较低。信息型网络银行既可以由银行建立也可以由网络服务商建立。

（2）交互型。交互型系统允许在银行系统和客户之间进行互动行为，例如：电子邮件、账户查询、贷款申请或者静态信息的更新。交互型系统会和银行内部网络保持一定的连接，因此其风险要高于信息型系统。当银行内部网络对外部而言变为可见时，出于安全考虑，需要银行建立合适的监控体系。

（3）支付型。这个层面的网上银行业务允许客户办理交易，包括个人业务和公司业务，是一种在线支付系统。它是以客户从互联网上发来的电子付款指令为客户办理账户之间资金转账的系统，是网上银行业务的主体和电子商务的基础。

二、互联网银行系统

（一）互联网银行的系统构成

视频：互联网银行系统

互联网银行系统包括服务系统及安全控管系统。互联网银行的服务系统分为“信息”与“金融服务”两个项目。在信息项下，客户可以取得金融市场、金融产品及个人财富管理的相关资料；而在金融服务项下，客户可以使用金融服务、购置金融产品及接受来自网上银行积极的咨询规划以及信息通知。而互联网银行的服务系统必须伴随着相应的安控系统，方能确保其安全性与隐秘性。

（二）互联网银行的技术构成

互联网银行的安全控管系统因应交易的需求，须达到的目的有四个：客户个人资料及交易信息的隐秘性。交易信息的完整性与来源辨识能力。交易信息传送及接收的无法否认。交易信息不可重复性。

（三）互联网银行基本构成和技术的议题

互联网银行的运作，长期存在着业务推展与安全控管互相冲突的议题。由于互联网银行的通路优势以及同业间的竞争压力，各银行无不致力于网上业务的开放服务，但是，现金的安全控管技术越来越严密，需要具备更多的软件设备以及繁复的认证手续。而跨入门槛越高，往往导致市场的接受度越低。因此，如何开发出同时具备高度安全性及取得与使用便捷性的安全控管系统，便成为今日互联网银行运作的重要议题。

国际网络银行的运作欲达到放之四海而皆准的操作接口，必须要依循一套线上金融服务标准，而此标准旨在统一金融机构、企业以及消费者三者之间的网际网络财务数据交换。自 1996 年银行业开始以 XML - based 规格研发各类产业信息流标准以来，在国际网络银行系统的操作实务上，也有数套金融服务标准在互相竞争。主要竞争者包括：①OFX 系统，由 Microsoft 与 Checkfree、Intuit 等公司共同研发；②GOLD 系统，由 IBM 与 10 余家国际大型银行共同推出；③IFX 系统，由 Citicorp、BOA、Credit Online 等数家公司研发。目前，各系统各具拥护者，尚未明显整合出单一标准。

三、传统银行与互联网银行所提供的服务

视频：传统银行与互联网银行所提供的服务

按业务复杂程度和对网点依赖程度，银行业务可分为两部分：一部分是传统业务，包括一般贷款、简单外汇买卖、贸易融资等，主要是依靠大量分行网络、业务量来支持。另一部分是复杂业务，如衍生产品、结构性融资、租赁、引进战略投资者、收购兼并上市等，这些并不是非常依赖分行网络，是高技术含量、高利润的业务领域。

按照其资产负债表的构成，银行业务主要分为负债业务、资产业务和中间业务。负债业务是商业银行形成资金来源的业务，是商业银行中间业务和资产的重要基础。商业银行负债业务主要由存款业务、借款业务、同业业务等构成。负债是银行由于授信而承担的将以资产或资本偿付的能以货币计量的债务。存款、派生存款是银行的主要负债，占资金来

源的80%以上，另外联行存款、同业存款、借入或拆入款项或发行债券等，也构成银行的负债。资产业务是商业银行运用资金的业务，包括贷款业务、证券投资业务、现金资产业务。中间业务是指不构成商业银行表内资产、表内负债形成银行非利息收入的业务，包括交易业务、清算业务、支付结算业务、银行卡业务、代理业务、托管业务、担保业务、承诺业务、理财业务、电子银行业务。

银行客户服务质量包括两个层面：一是狭义的服务质量，是指银行营销服务活动本身的相关质量，如服务人员的素质与形象、服务态度、服务技能、服务熟练度、服务基本环境、服务设备、服务技术；服务过程、服务创新业务流程；服务效果、服务结果等。二是广义的服务质量，是指整个银行企业全部构成要素的质量，特别是营销服务支持系统，包括产品品种和质量、计算机系统的有效运作等银行服务与银行服务质量二者的关系，服务质量是银行服务体系的核心，银行服务体系是银行本身构建的，服务质量的价值是由顾客评判的。

四、互联网银行所提供的服务

视频：互联网银行所提供的服务

（一）提供网上形式的传统银行业务

网上形式的传统银行业务包括银行及相关金融信息的发布、客户的咨询投诉、账户的查询勾兑、申请和挂失以及在线缴费和转账功能。如微众银行的企业金融产品——微业贷是微众银行为广大中小微企业提供的线上流动资金贷款服务，该产品为结合大数据分析及互联网技术的一款金融创新产品。客户从申请至提款全部在线完成，无须抵质押，额度立等可见，资金分钟到账，按日计息，随借随还。微业贷将以科技金融为中小微企业提供高效便捷的融资服务。个人金融产品包括微众银行App、微粒贷和微车贷。

（二）电子商务相关业务

电子商务相关业务既包括商户对客户模式下的购物、订票、证券买卖等零售业务，也包括商户对商户模式下的网上采购等批发业务的网上结算。

（三）金融创新业务

金融创新业务如集团客户通过网上银行查询子公司的账户余额和交易信息，再签订多边协议。企业银行服务是网上银行服务中最重要的部分之一，其服务品种比个人客户的服务品种更多，也更为复杂，对相关技术的要求也更高，所以能够为企业提供网上银行服务是商业银行实力的象征之一，一般中小网上银行或纯网上银行只能部分提供，甚至完全不提供这方面的服务。

企业银行服务一般提供账户余额查询、交易记录查询、总账户与分账户管理、转账、在线支付各种费用、透支保护、储蓄账户与支票账户资金自动划拨、商业信用卡等服务。此外，还包括投资服务等。部分网上银行还为企业提供网上贷款业务。

知识拓展：中国银行手机银行可以提供哪些服务？

模块三

互联网银行与传统银行比较

【内容简介】

本模块主要介绍互联网银行与传统银行的区别；互联网银行的经营模式；互联网银行对传统银行的影响。

【案例导入】

传统银行和互联网银行的异同

首先从利润来源来看，传统银行和互联网银行并没有什么不同，主要都是靠存贷差和其他金融机构合作获取通道费用。

2016 年腾讯旗下的微众银行，其收入为 24.5 亿元，较 2015 年增长了 10 倍，其增长速度是很快的。而这 24.5 亿元中有 18.4 亿元来自存贷差，与传统银行一样，其 3/4 利润来自存贷差。手续费、佣金费这些收入约 5.6 亿元。而阿里蚂蚁金服旗下的网商银行收入为 26.3 亿元，2015 年网商银行营业收入是 2.3 亿元，其增长也是近 10 倍。微众银行的贷款靠其发行的“微粒贷”来发放贷款，主要面对的是买房、买车等消费人群。而网商银行的“网商贷”以及蚂蚁金服旗下的蚂蚁借呗、花呗等发放贷款平台，主要面对的是小微企业和网购人群。所以其主要利润还是存贷差，只是互联网平台利用技术、信息传播与传统银行存在差异。

所以在利润结构上，互联网银行和传统银行没有什么区别，那么它们的区别到底在哪呢？由于监管上的，还有一些传统的原因，其吸收存款的能力比较弱。互联网银行一般通过发行理财产品来吸收贷款，有时候也通过银行间市场和其他金融机构中间进行拆借来获取资金，所以其获取资金相对比较困难。其发放贷款的对象也不同，由于互联网公司具有技术、信息传播的优势，所以它们可以覆盖一些传统银行没有覆盖到的小微企业、个人客户，因此这些贷款的利率也相对较高，但是贷款的利润也较高，所以存贷差还是存在的。传统银行虽然获取用户存款比较容易，而且获取资金的成本比较低。但是由于长时间的积累，传统银行的风险控制系统比较健全，发放贷款的利率也相对低些。因此两者存款差上获取利润都差不多。传统银行目前规模大、风控水平比较完善，占金融市场规模的 95% 以上。

请思考：传统银行和互联网银行有何异同？

【基础知识】

一、互联网银行与传统银行的区别

互联网银行与传统银行最大的不同，就是互联网银行的全部业务都是通过纯线上形式完成的，不需要线下网点和柜台。

视频：互联网银行与传统银行的区别

传统商业银行所遵循的“二八定律”，是19世纪末20世纪初意大利经济学家巴莱多总结的，他认为世界上大部分的财富被极少部分人持有。一直以来，“二八定律”被各家银行视作金融决策的重要依据，该定律是指80%的银行利润来自20%的重要客户，其余20%的利润则来自80%的普通客户。而这样的定律也决定了传统银行的服务模式：提供差异化服务，设立VIP区域，普通用户办事难。但互联网银行则更多针对的是80%的客户，试图通过“长尾效应”来为更广泛的人群服务。而“长尾效应”的目标是通过对于本来不被重视的“尾巴”的挖掘，获取更多的利润和价值。互联网银行的优势在于利用大数据和云计算等技术，能够对用户的信用情况进行分析以给出最终的信用评分并提供服务。最直观的对比是：在传统银行最为看重的贷款业务上，互联网银行有极强的速度优势。传统银行需要5~10个工作日来审批和放款，而互联网银行可能只需要15~20分钟且只需要线上操作就能够实现。这样更为便捷的操作是格外有利于增强用户黏性的。对于很多中小型用户来说，使用互联网银行确实要比与传统银行沟通体验感更好。

关于互联网银行与传统银行的差异，分析如下。

（一）互联网银行的服务不受时空因素的限制

传统银行的营业时间与营业地点均是固定的。即使传统银行因应客户需要，采取延长营业时间及增加分行数量的方式，使客户更加容易地获取服务，但这些措施不仅所费不菲，且在许多国家的金融体制下受到法律及政府规章之重重限制，可行性高低不等，况且，这些措施仍无法与网上银行的便利性相比。互联网银行具有随行、可携带的特点，客户只需要通过手机或电脑即可办理业务，不受空间、时间的限制。

（二）互联网银行的运营成本低，运营效率高

首先，传统银行的设置往往需要高额的资金，除了办公处所的购置成本，也包括大量的人力资源成本；并且，只要传统银行不断地对客户提供服务，其人力的支出必然节节上升无法削减。反观互联网银行，其信息提供与交易进行皆在线上实时完成，由客户直接通过网络与银行端对话，客户的需求与申请作业皆经由银行计算机系统的自动化流程迅速完成，无须经过中介柜员咨询、处理及复核流程，因此在人力资源上支出十分节省，且该项支出也不会随着网上银行营业时间的延长而水涨船高。调查显示，传统银行每笔交易成本约需1美元，如果利用互联网银行进行交易，则每笔交易成本将只需要0.015美元甚至更低。二者竟相差60倍以上。其次，大部分传统银行均具备多种作业平台与独立的后台办公系统，彼此不相往来。许多传统银行往往投入数百万或数千万美元将上述系统予以整合，但碍于内部限制等诸多原因，无法用这些系统直接为客户提供服务。互联网银行则完全借由单一的web接口来提供服务。在此web接口上，可将所有提供予客户的服务共同呈现，使客户一览无余，并供其任意点选连接。因此，当客户登录互联网银行，所面对的不是单一服务，而是综合性的产品选择。再者，传统银行受制于营业场所及人力，于同时段内可接受的客户量是固定的，也是有限的。当业务增长、客数增加时，其便面临着大排长龙及客户流失的问题。至于互联网银行，则可以在一时段内容留大量客户数，同时供大量的客户浏览、试算、使用其服务，而鲜少有人满为患的困境。

（三）专属性的服务

互联网银行专注于小众化和分殊化服务，而传统银行则以设立贵宾理财中心或类似机

制为主，通过一对一的咨询服务来专业度和个人专属性，但是这类服务成本高，并且有进入限制，所以传统银行一般只对“贡献度较高”的客户提供一对一个人理财服务，否则将不敷成本。

然而，互联网银行却能成为一般客户专属的理财工具。借由互联网银行数据库中累积的个人理财及交易往来历史和网上银行提供的各类试算程序，一般客户得以掌握对自己最有利的投资组合。甚至可以由互联网银行积极提供建议，协助客户管理跨产品的需求，在线上真正实现“一对一个人化”的网上银行服务（One to One Personalized Internet Banking Service）。

综上所述，以互联网银行低人力需求、多服务选择、同时可供多人使用的特性来看，其的确是一低成本、高效率的机制。

此外，从不同的角度来看，互联网银行与传统银行的区别主要体现在以下几方面。

（1）从货币的角度来看，互联网银行使货币的形式发生了本质的变化。传统的货币形式以现金和支票为主，而互联网银行的流通货币是以电子货币为主。电子货币不仅能够令商业银行节约使用现金的业务成本，而且可以减少资金的滞留和沉淀，加速社会资金的周转，提高资本运营的效益。同时，基于网络运行的电子货币还可以为政府税收部门和统计部门提供准确的金融信息。

（2）从销售渠道来看，互联网银行是计算机网络化的金融服务机构。在计算机网络环境支持下，银行客户可以在有 PC（联网）的任何地方进行业务处理，如汇款、存款、支票、银行资金调拨、付账、转账、贷款、清算、外汇、证券买卖、托收与信用证、旅行支票、购买保险、贵金属买卖等。这种营销渠道最大的好处就是客户处理金融服务业务不会受到太多空间和时间因素的限制。相比之下，传统银行的销售渠道是分行及其广泛分布的营业网点，传统银行提供的服务严格受到时空的限制。

（3）从业务范围来看，银行客户主要需要五类金融服务产品，它们是交易、信贷、投资、保险和财务计划。传统银行通常只能同时满足其中的一至两项服务，互联网银行则可以同时向客户提供这五类金融业务，提高了客户对商业银行及其服务质量的信任。除了传统业务以外，互联网银行还提供了一些全新的业务，例如公共信息服务（包括利率、汇率信息，经济、金融新闻等）、理财服务和综合经营服务等，其中综合经营服务既包括直接或者间接控制网上商店，提供商品交易服务，也包括发行电子货币，提供电子钱包等服务，同时还从事或者代理证券保险业务，提供网上金融超市等。所以，互联网银行并不是单纯的传统银行业务网络化，而是传统银行业务的延伸和发展。

（4）从服务方式来看，传统银行拥有众多的银行网点，所以主要采用面对面的人工服务，这种服务的主要优点是容易与客户建立人际关系，可以了解客户的综合情况，而且在现金的收取与支付方面也不需要花费额外的时间。互联网银行主要采用数字化、开放式的服务方式，这种服务方式在财务查询、转账、代理、数据分析等方面具有传统银行所无法比拟的优势，但同样也存在一定的问题，例如在现金收付方面，可能还需要传统金融机构的协助才能完成。

（5）从运行模式来看，传统银行的运行模式是具有物理实体性的柜台交易模式，而互联网银行则从物理网络转向虚拟数字网络，客户通过登录互联网银行站点来获得金融服务。由于互联网银行和客户之间是通过互联网联系的，所以这种运行模式存在着相互身份确认的问题，这就要求金融交易信息在互联网上的传输必须保护其机密性和完整性。另外，网上交易的所有流程都必须依赖技术手段（例如加密、认证、数字签名等）提供支持，不能像传统柜台操作那样通过客户签名来完成支付指令的确认。因此，互联网银行是一种区别于传统银行服务环境的全新服务模式和运行模式。

（6）从银行收益差异来看，互联网银行使商业银行获得经济效益的方式发生了根本性的改变。传统银行获得规模收益的基本途径是不断追加投入、多设网点，从而获得服务的规模效益，而互联网银行主要通过对技术的重复使用或对技术及服务内容的不断创新来提高效益。互联网银行降低了经营成本和管理成本。

二、互联网银行的经营模式

“开放、共享、合作、共赢”是互联网银行的核心思维，作为与传统银行截然不同的新型运营模式，互联网银行同样需要渠道（如网点、ATM 等）、数据和技术的支撑，但其在核心思维、商业模式及监管要求上，又与传统银行有着本质的区别。

互联网金融彻底改变商业银行传统的经营模式。互联网是一个由众多点相互连接起来的，非平面、立体化、无中心、无边缘的网状结构，类似于人的大脑神经和血管组织的一种思维结构。由于信息前所未有的互联互通，互联网正以改变一切的力量，在全球范围内掀起一场影响消费与生产各个层面的深刻变革。360 公司创始人周鸿祎归纳了“互联网＋”时代经营模式的四个特点：用户至上、体验为王、免费模式、颠覆式微创新。

互联网金融实质上也是“互联网＋”的组成部分，是一种新的业态。互联网金融不是互联网和金融业的简单结合，而是在互联网络技术平台上，被用户所熟悉、接受后，自然而然地为适应新需求而产生的金融新业务。互联网金融是利用互联网技术和移动通信技术等一系列现代信息技术实现资金融通的一种新兴金融模式。

（一）核心思维强调开放共享

尽管金融行业的“消费者中心”思维是共通的，但传统银行的业务模式却导致了银行间信息的相对封闭与隔离，银行不会交流各自客户群体的特点，而是倾向于形成一个较为稳定的客户圈，这便极易导致传统银行从自身角度出发思考问题，而忽略客户的真正需求。互联网银行则不同。“开放、共享、合作、共赢”本身便是互联网的基本理念，一些基于互联网的开发应用（如滴滴打车、Uber 等）也是共享经济的典型代表。互联网银行基于互联网技术，更多地采取开放发展策略，致力于形成平台化、开放式的银行，银行与客户共享收益、共担风险。因此，这一银行运行模式更容易实现以消费者为核心的运营原则，而这也与其独特的商业模式密不可分。

（二）商业模式注重资产业务

无论是已然有所发展的境外互联网银行，还是近几年逐渐兴起的国内互联网金融探索，均体现出互联网银行对资产端业务的重视与开发，而这与传统银行的商业模式不尽相同。传统银行的最初发展对负债端十分重视，尤其是存款业务。而互联网银行则不以吸收存款作为主要的资金来源，更加强调资产端业务的发展，即使是日本的乐天银行，也仅提供小额支票的服务。

资产端业务地位的提升是互联网银行的突出特点，同时也是银行业发展的整体趋势，传统银行业也在通过资产证券化、资管业务等积极加强资产端管理。目前，两类银行资产端业务的区别主要体现在营销渠道的不同上，即线上与线下，但随着传统银行对线上渠道的日益重视，日后肯定会交叉推进。

（三）基本门槛强调金融本质

并非每家互联网企业都能举办网络银行，进入金融领域首先要跨过几道门槛。一是金融能力的要求。金融的本质是风险管理，良好的风控能力是经营一家金融类企业的基本要求，基于此才需要相应的技术与金融产品。二是商业场景的营造。用户的社交、交易、支付等行为均需要在一个适宜的商业场景中完成，正如供应链金融便是依托一家核心企业自身发散的商业场景来进行各类金融活动。这种“基于场景的金融的生态链”是传统银行与互联网银行都在积极实践的，其中用户量大的互联网平台更容易得到大量数据进行分析，从而更容易形成金融生态链。三是良好品牌的树立。品牌对金融企业的重要性不言而喻，对互联网银行而言，其品牌建设不完全等同于互联网企业的品牌，但互联网企业的品牌的确会对相关金融品牌产生影响。四是组织有效性的发挥。互联网企业的组织是去刚性的组织，灵动而易于调整，这在适应市场方面有很大优势，但是是否有利于充分提高组织机能、活力和有效性却不能一概而论。

（四）日常运营突出互联网特色

一是平台化，积极分享客户。平台化是互联网企业的基本特征，也是共享经济的基础理念。互联网银行可以与更多的金融机构（包括银行、保险公司、信托公司、资产管理公司及一些民间金融公司等）共享服务平台，共同服务客户。通过客户数量而非利润指标进行考核的模式促进了互联网银行立足客户的积极性，同时，分享过程中管理机制的建立对风险分担也十分重要。二是轻资产，资产由合作伙伴持有。传统银行进行互联网金融业务或建立金融管理公司时，仍然需要依靠资产来拉动，互联网银行则希望资产可以由合作伙伴持有，保持自身的轻资产状态。三是交易型，保留交易而非结果。互联网银行的一切服务均以客户便利为先，并不对客户存款作要求，而是全天候地保证客户的金融服务需求。当然，这些日常经营的基本要求需要大量技术和大数据的支持，其中，弹性计算能力尤为重要。

总而言之，这些仅仅是我们对互联网经营模式的探索，但网络银行不会替代更会颠覆现有的传统银行体系。传统银行将更加注重用户体验，互联网银行也会逐渐增强金融属性，二者将慢慢融合。此外，无论是传统银行还是互联网银行，都应当把握金融本质、注重风险防范，同时又要立足市场、明确自身定位。

三、互联网银行对传统银行的影响

视频：互联网银行对传统银行的影响

互联网银行的产生和发展引发了一场深刻的银行革命，向传统银行提出了新的挑战，同时也给银行业的发展带来了新的机遇，因此，互联网银行的发展对金融业的发展产生了深远的影响。互联网银行所带来的影响主要表现在以下几个方面。

（一）互联网银行改变了传统银行的经营理念

互联网银行将根本改变银行的经营环境，从而对传统银行的经营方式、业务内容产生影响。传统银行的经营注重地理位置、资产数量、分行和营业点的数量，而互联网银行突破了时空限制，改变了银行与客户的联系方式，从而削弱了传统银行分支机构网点的重要性。互联网银行的经营理念在于如何获取信息并利用这些信息为客户提供多角度、全方位的金融服务，因此，互联网银行使商业银行的金融服务宗旨和经营理念从“以物（资金）为中心”逐渐转向“以人为中心”。

（二）互联网银行服务的开展促使银行更加重视信息的作用

互联网银行的优劣以获取信息能力、拥有信息量、分析处理信息及为客户提供及时的金融服务的能力来衡量。随着互联网银行业务的发展，信息将可能取代资金而成为金融业最重要的资源。由于网络资源的全球共享性，也使银行与用户之间能全面了解对方的信用和资产状况，从而减少信用风险。另外，互联网银行通过打破传统银行部门与部门之间的限制，可以综合客户的信息，分析客户的消费习惯、投资偏好，从而为客户提供个性化的服务。此外，互联网银行开展的虚拟服务调查、客户追踪等活动，在市场推广、市场调研、客户追踪、特种业务服务和资产管理等领域比传统银行具有明显的优势，有利于传统商业银行建立全方位的市场品牌战略。

（三）互联网银行的产生加快了金融产品的创新

互联网银行的业务范围正处于高速扩张之中。互联网银行的发展势必引发银行业的激烈竞争。在网络时代，新的金融衍生工具陆续被创造，同时也不断被淘汰，给银行金融产品的创新提出了新的要求。网络金融产品的创新可以利用技术创新进行跳跃式发展，突破了传统银行金融产品阶段性的发展模式，这对银行自身的创新能力也提出更高的要求。因此，银行只有加快金融创新的速度，推出更好、更快、更新和更全的金融产品和服务，才能够满足不断膨胀和变化着的消费者个性化的需求。金融产品的创新已经成为促进银行业发展的重要手段之一。

（四）互联网银行将给传统的金融监管带来挑战

互联网银行在促进银行业向开放化、标准化和自由化的方向发展的同时，也对金融监管和国际金融秩序提出了更高的要求。如何控制电子货币的发行量、如何确定设立互联网银行的资格、如何监管互联网银行的业务活动等一系列问题成为了金融监管的新课题。在网络时代，各个国家之间需要进一步加强金融沟通与合作，调整各自的金融监督制度和金融法律框架，同时，共同承担起制定和协调全球货币政策、维护全球金融的稳定、监督世界金融法律制度的实施、管理全球金融秩序的职责。

（五）互联网银行正改变传统银行的竞争格局

由于互联网银行的兴起，资金、资本数量、地理区域、分行数量等不再是衡量银行价值的唯一标准，银行的经营由粗放型向集约型转移，银行电子金融创新的程度、处理信息的能力及为客户提供优质服务的能力才是未来银行竞争的焦点。因此，传统银行的竞争策略发生了很大的变化，互联网银行的产生与发展，使得银行业的竞争不再是传统的同业竞争、国内竞争、服务竞争等，而是逐步发展成为金融业与非金融业、国内与国外、互联网银行与传统银行等多元化的竞争。

（六）互联网银行改变了资本周转方式，提高了社会经济效益

在传统交易过程中，供需双方交易后，还要通过银行划拨账款以最终完成商务流程。

传统银行以资本蓄水池和通道的方式来完成资本的周转，从而获得资本的增值。而互联网银行将彻底改变传统银行在资本周转过程中的“蓄水池”和通道的作用，成为资本周转的平台，即一切商务活动都是在互联网银行的平台上进行，供需双方交易结束，整个商务流程也可以随之结束。这样，不仅加快了资金流动速度，减少了资金在途天数，也提高了流动资金周转率和整个社会资金的利用率。此外，互联网银行可以为客户提供多种多样的快捷方便的服务，客户可以不受时间与空间限制，随时随地进行金融产品交易，这也降低了交易费用，提高了社会经济运行的效率和效益。

（七）互联网银行将推动电子商务的加速发展

电子支付是电子商务的关键环节，也是电子商务得以顺利发展的基础和保障，只有真正实现了在线支付、即时支付，电子商务才能充分地体现出其相对于传统商务的强大优势，从而获得长远的发展，因此，互联网银行是电子商务时代的必然产物。随着电子商务在电子交易环节上的不断突破和创新，互联网银行的发展将会对传统的货币政策、人们的消费方式及支付习惯产生深远的影响，并推动电子商务的加速发展。

【项目练习】

一、单项选择题

1. 全球第一家互联网银行诞生于（　　）。

A. 英国　　B. 美国　　C. 法国　　D. 意大利

2. 全球第一家互联网银行是（　　）。

A. 美国第一安全网络银行　　B. 日本 JCB 银行

C. 中国微众银行　　D. 中国浙江网商银行

3. 互联网银行又被称为（　　）。

A. 3D 银行　　B. 3A 银行　　C. 3B 银行　　D. 3C 银行

4. 美国安全第一网络银行后被（　　）的银行收购。

A. 英国　　B. 加拿大　　C. 日本　　D. 韩国

5. 我国第一家互联网银行是（　　）。

A. 深圳前海微众银行　　B. 浙江网商银行

C. 新网银行　　D. 中国银行

6. 以下不是互联网银行的特点的是（　　）。

A. 经营成本高　　B. 无纸化交易

C. 信息共享　　D. 服务高效便捷

7. “传统银行不能对电子化作出改变，将成为 21 世纪灭绝的恐龙”是（　　）的观点。

A. 比尔・盖茨　　B. 马云　　C. 奥利拉　　D. 马化腾

8. “未来没有银行，如果有，那它一定是互联网银行”是（　　）的观点。

A. 比尔・盖茨　　B. 林立人

C. 马明哲　　D. 马云

二、多项选择题

1. 互联网银行的特点有（　　）。

A. “AAA”式银行　B. 经营成本低

C. 客户体验感好　D. 服务高效便捷

2. 互联网银行的特点有（　　）。

A. 无纸化交易　B. 信息共享

C. 客户体验感好　D. 服务高效便捷

3. 互联网银行的功能有（　　）。

A. 功能展示和信息发布　B. 账务查询与管理

C. 申请和挂失　D. 网上支付功能

4. 互联网银行的申请和挂失功能主要包括（　　）。

A. 存款账户的开户　B. 信用卡的开户

C. 电子现金、空白支票申领　D. 企业财务报表申报

5. 以下关于网上支付的说法正确的有（　　）。

A. 网上支付功能主要向客户提供互联网上的资金实时结算

B. 网上支付功能是保证电子商务正常开展的关键性的基础功能

C. 是互联网银行的一个标志性功能

D. 如果没有网上支付功能，互联网银行只能算作一个金融信息网站

三、判断题

1. 互联网银行又被称为“3A 银行”，因为它不受时间、空间限制，能够在任何时间（Anytime）、任何地点（Anywhere）、以任何方式（Anyway）为客户提供金融服务。（　　）

2. 按业务角度划分，网络银行可分为信息型、交互型和支付型网络银行。（　　）

3. 互联网银行使商业银行的金融服务宗旨和经营理念从“以人为中心”逐渐转向“以物（资金）为中心”。（　　）

4. 互联网银行的发展将会对传统的货币政策、人们的消费方式及支付习惯产生深远的影响，并推动电子商务的加速发展。（　　）

5. 互联网银行则更多针对的是 20% 的客户，试图服务高净值人群。（　　）

四、简答题

1. 互联网银行的经营模式主要有什么？

2. 互联网银行对传统银行有哪些影响？

PPT

项目二 互联网银行网络支付

【知识目标】

掌握互联网银行网络支付的基本概念、支付流程；了解支付系统的功能和类型；知晓互联网银行网络支付与传统支付的区别。

【能力目标】

掌握网络支付的具体应用；掌握互联网银行网络支付的风险点和应对措施。

模块一

概述

【内容简介】

了解网络支付的概念；知晓网络支付的参与主体；掌握网络支付的流程；能够知晓互联网银行网络支付与传统支付的区别。

【案例导入】

工银 e 支付

工银 e 支付是中国工商银行推出的以“手机号 + 银行账户后六位 + 手机动态密码”作为安全认证方式的新型电子支付方式。

工银 e 支付开通方法是：只要客户曾在工商银行留存过手机号码，就无须到柜台办理。客户通过中国工商银行网站首页快捷功能栏内的“工银 e 支付”链接进入工银 e 支付注册界面，按照页面提示，完成注册开通工银 e 支付。工银 e 支付支持注册卡（账户）包括灵通卡、理财金卡、工银财富卡、信用卡、活期存折等。

开通工银 e 支付后，可以在工商银行 B2C 商户网站购物支付时选择“工银 e 支付”进行小额在线支付，完成电子商务交易。工银 e 支付主要用于小额在线支付，使用工银 e

支付的同时，可以申请开通网上银行、手机银行、电话银行等其他业务。

资料来源：中国工商银行官网。

【基础知识】

随着电子商务和网络银行的迅猛发展，网络支付已经成为电子商务中必不可少的重要组成部分，人们在购物网站上挑选商品后，可以选择“网上支付”方式，足不出户进行付款，完成购物的全部过程。

一、互联网银行网络支付的概念及流程

视频：网络支付的概念及流程

（一）网络支付的概念

网络支付就是以金融电子化网络为基础，以商用电子化工具和各类电子货币为媒介，以计算机技术和通信技术为手段，将与货币相关的信息以电子数据形式存储在银行计算机系统中，并通过计算机网络系统以电子信息形式，在线实现货币的流通和支付。简言之，网络支付就是交易者（包括消费者、企业和银行等）使用安全的电子支付手段，通过网络所进行的货币支付或资金转移，是买卖双方在网上发生的一种资金交换。

网络支付是电子商务活动的关键环节和重要组成部分，是电子商务能够顺利发生的基础条件。人们只有在完整认识并建立可行的网络支付系统的基础上，才能真正开展电子商务活动。

（二）网络支付的参与主体

网络支付的体系是一个集购物流程、支付与结算工具、安全技术、认证体系、信用体系，以及现在的金融体系于一体的综合性大系统。因此，网络支付与结算的过程是涉及客户、商家、银行或其他金融机构、商务认证管理部门的安全商务互动。

1. 客户

一般情况下，网上支付需要涉及存在交易关系的两个主体，客户是其中之一，是与某商家有交易关系并存在未清偿的债权债务关系的一方。

2. 商家

商家与客户相对应，是指拥有债权的商品交易的另一方，与客户通常构成交易关系。一般情况下，商家需要准备优良的服务器来处理支付过程，包括认证以及不同支付工具的处理。

3. 客户开户行

客户开户行是指客户在其中拥有账户的银行，客户所拥有的支付工具是由开户行来提供的。客户开户行在提供支付工具的同时也提供了一种银行信用，即保证支付工具的兑付。

4. 商家开户行

商家开户行是指商家在其中开设账户的银行，在整个支付过程中，商家开户行账户是资金流向的地方，扮演着收款行的角色。

5. 支付网关

支付网关是指公用网和金融专用网之间的接口，用来保护银行的内部网络，主要完成

通信、协议转换和数据加解密功能。支付网关的作用是：将互联网传来的数据包解密，并按照银行系统内部的通信协议将数据重新打包，接收银行系统内部反馈的响应信息；将数据转换为互联网传送的数据格式，并对其进行加密。

6. 银行网络

银行网络是指银行内部及银行与银行之间进行通信的网络，具有较高的安全性，包括中国国家现代化支付系统、人民银行电子联行系统、工商银行电子汇兑系统、银行卡授权系统等。

7. 认证机构

认证机构负责为参与网络支付商务活动的各方（包括客户、商家与支付网关）发放数字证书，以确认各方的身份，保证电子商务支付的安全性。认证机构必须确认参与者的资信状况（如在银行的账户状况，与银行交往的信用历史记录等），认证过程也离不开银行的参与。

（三）网络支付流程（见图2－1）

图2－1展示的就是网络支付的流程：

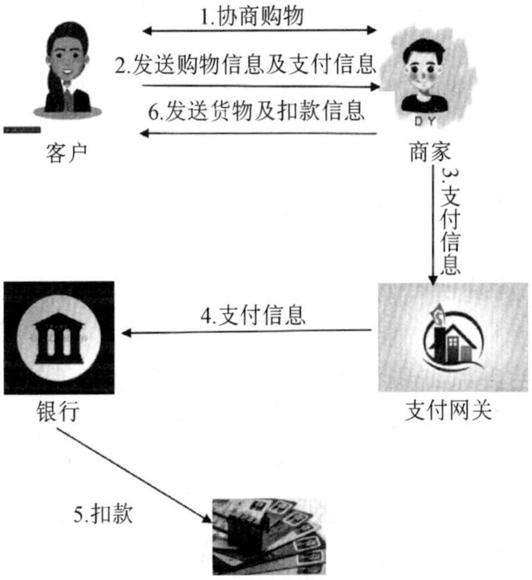

图2－1 网络支付流程

（1）客户在连接互联网后，用浏览器浏览相关商品，在选定某商品并决定购买时，需要在网络上填写订单，选择所应用的网络支付结算工具，并且得到银行的授权使用，例如信用卡、电子钱包、电子现金、电子支票或网络银行账户等。

（2）客户需要对相关的订单信息（如支付信息）进行加密，然后在网上提交订单。

（3）商家服务器对客户的订购信息进行检查，确认无误后，再把相关的、经过加密的客户支付信息等发给支付网关，直至银行专用网络的银行后台业务服务器进行确认，以期从银行等电子货币发行机构验证得到支付资金的授权。

（4）银行验证确认后，通过建立起来的经由支付网关的加密通信通道，再将确认及支付结算信息回送给商家服务器，为了进一步的安全，还可以给客户回送支付授权请求。

（5）银行得到客户传来的进一步授权结算信息后，再将资金从客户的账号转拨到开展电子商务的商家银行账号上，同时，利用金融专用网进行结算，并将支付结算成功的信息分别发送给商家和客户。

（6）商家服务器在收到银行发来的结算成功的信息后，再将网络付款成功的信息和发货通知发送给客户。这时，一个典型的网上支付结算流程就结束了。商家和客户可以借助金融网络系统分别查询自己的资金余额信息，以便进一步核对账户余额。

知识拓展：央行发布《非银行支付机构条例（征求意见稿）》反垄断监管进一步强化

上面介绍的是网络支付的一般流程，是对目前各种网络支付结算方式的应用流程的普遍归纳。在实际应用中，由于技术、资金金额、管理机制的不同，其网络支付方式的应用流程还是有所区别的。此外，不同网络支付工具（如信用卡、电子现金、网上银行账号）的网络支付结算流程也是有所差别的。网络支付流程还有一个特点就是实现资金的立即支付，特别适用于数目众多的较小额度金额的电子商务业务，对客户与商家来讲都是方便的。

知识拓展：互联网银行网络支付与传统支付的区别

二、互联网银行网络支付与传统支付的区别

视频：网络支付与传统支付的区别

（一）网络银行与传统银行的区别

（1）从货币的角度来看，网络银行使货币的形式发生了本质的变化。传统的货币形式以现金和支票为主，而网络银行的流通货币将以电子货币为主。电子货币不仅能够令商业银行节约使用现金的业务成本，而且可以减少资金的滞留和沉淀，加速社会资金的周转，提高资本运营的效益。同时，基于网络运行的电子货币还可以给政府税收部门和统计部门提供准确的金融信息。

（2）从销售渠道来看，网络银行是计算机网络化的金融服务机构。在计算机网络环境支持下，银行客户可以在有 PC（联网）的任何地方进行业务处理，如汇款、存款、支票、银行资金调拨、付款、转账、贷款、清算、外汇、证券买卖、托收与信用证、旅行支票、购买保险、贵金属买卖等。这种营销渠道最大的好处就是客户处理金融服务业务不会受到太多空间和时间因素的限制。相比之下，传统银行的销售渠道是分行及其广泛分布的营业网点，传统银行提供的服务严格受到时空的限制。

（3）从业务范围来看，银行客户主要需要五类金融服务产品，它们是交易、信贷、投资、保险和财务计划。传统银行通常只能同时满足其中的一至两项服务，而网络银行则可以同时向客户提供这五类金融服务，提高了客户对商业银行及其服务质量的信任。除了传统业务以外，网络银行还提供了一些全新的业务，例如公共信息服务、理财服务和综合经营服务等。

（4）从服务方式来看，传统银行拥有众多的银行网点，所以主要采用面对面的人工服务，这种服务的主要优点是容易与客户建立亲善的人际关系，对于客户的综合情况较为了解，而且在现金的收取与支付方面也不需要花费额外的精力。网络银行主要采用数字化、开放式的服务方式，这种服务方式在财务查询、转账、代理、数据分析等方面具有传统银行所无法比拟的优势，但同样也存在一定的问题，例如在现金收付方面，可能还需要传统金融机构的协助才能完成。

（5）从运行模式来看，传统银行的运行模式是具有物理实体性的柜台交易模式，而网络银行则从物理网络转向数字网络，客户通过登录网络银行站点来获得金融服务。由于网络银行和客户之间是通过互联网相联系的，所以这种运行模式存在着相互身份确认的问题，这就要求金融交易信息在互联网上的传输必须保护其机密性和完整性。另外，网上交易的所有流程都必须依赖技术手段提供支持，不能像传统柜台操作那样通过客户签名来完成指令的确认。因此，网络银行是一种区别于传统银行服务环境的全新服务模式和运行模式。

（6）从银行收益差异来看，网络银行使商业银行获得经济效益的方式发生了根本性的改变。传统银行获得规模收益的基本途径是不断追加投入、多设网点。从而获得服务的规模效益，而网络银行主要通过对技术的重复使用或对技术及服务内容的不断创新来提高效益。网络银行降低了银行的经营成本和管理成本。

（二）网络支付与传统支付的区别

（1）从支付处理方式来看，网络支付以计算机技术为支撑，采用先进数字技术来处理货币的存储、支付和流通过程，与传统支付通过现金、票据等实物流转来实现有很大的不同。传统银行卡支付时必须在商场使用商场的 POS 机进行付款；网络支付可以在任何地点使用计算机进行购物和付款。

（2）从身份认证和付款授权方式来看，传统银行卡支付在购物现场使用银行卡支付密码或签名等方式验证持卡人的身份；网络支付在计算机网络上使用 CA 中心提供的数字证书验证持卡人、商家、支付网关以及银行身份。付款授权方式上，传统银行卡支付使用手写签名的方式授权商家扣款；网卡支付使用数字签名进行远程授权。

（3）从信息传递渠道来看，传统银行卡支付使用专用网，因此比较安全；而使用网上银行卡进行支付的消费者和商家均使用互联网，只有银行使用专用网。因此，在互联网与银行的专用网之间必须设置支付网关以保障银行网以及交易的安全。

（4）从商品和支付信息的采集方式来看，传统银行卡支付使用商家的 POS 机，条形码扫描仪和读卡设备采集商品和信用卡信息；网络支付直接使用计算机，通过鼠标和键盘输入商品和银行卡信息。

（5）从消费领域方面来看，网上支付集储蓄、信贷和非现金结算于一体，应用于生产、交换、分配和消费领域。

（6）从对软硬件设备要求来看，由于网络支付的工作环境为开放网络平台并结合银行专用网络，而传统支付往往只是利用封闭的银行系统，所以，网络支付采用更先进的通信手段，对软硬件要求较高，而传统支付常常采用传统通信媒介，对软硬件要求不高。

模块二

互联网银行的网络支付系统

【内容简介】

掌握互联网银行网络支付系统的功能；知晓互联网银行网络支付系统的类型。

【案例导入】

社保缴费通过手机也可以办理了

2019 年 12 月 9 日，贵州省税务局在“2020 年城乡居民社会保险征缴渠道工作”新闻通气会上透露，全省税务部门积极拓展缴费渠道，足不出户就可缴费。

据悉，城乡居民社会保险费征缴涉及全省 4000 万人缴费，缴费群体庞大而且复杂。为此，税务部门在保持原有的“村居”代收城乡居民社保费模式的基础上，积极拓展“实体、网上、掌上、自助”等多样化缴费渠道，包括办税服务厅、自助终端、商业银行、智慧税务 App、“贵州税务”微信公众号、支付宝和微信等。

目前，全省已有 13 家金融机构的网上银行、银行手机 App、智能 POS 机等网上渠道可以征收社保费。同时，税务机关还利用金融机构在各乡镇设置的 20795 个金融服务服务站点，征收社保费。

另外，从 12 月 1 日起，贵州省税务局已开通微信、支付宝等第三方支付缴费渠道。需缴费人员可通过微信—城市服务、支付宝—城市服务、贵州税务微信公众号、智慧税务 App 等渠道，缴纳基本养老保险和基本医疗保险。

资料来源：天眼新闻，2019 年 12 月 10 日，http：//jhh. bijie. gov. cn/bsfw/shbz_5133314/201912/t20191210_28977647. html。

【基础知识】

一、网络支付系统的功能

视频：网络支付系统的功能与类型

互联网银行网络支付系统应该具有以下基本功能：

（一）认证功能

网络支付应能使用数字签名和数字证书等手段实现对电子商务各方的认证，以防止支付欺诈。

（二）数据加密功能

网络支付应能使用安全的加密技术对相关支付信息流进行加密，可以采用对称性加密和非对称性加密制来进行信息的加解密，并可采用数字信封、数字签名等技术来加强数据传输的保密性与完整性，并防止未被授权的第三者获取信息。

（三）保证数据完整性功能

应能使用数字摘要算法来确认电子支付的真实性，防止伪造、假冒等欺骗行为。为保证数据不被未授权者建立、嵌入、删除、篡改、重放而完整无缺地到达接收者一方，可以采用Hash技术，通过对原文进行运算生成数字摘要，一并传送给接收者，接收者就可以通过收到的数字摘要判断所接收的电子信息是否完整。若发现接收的信息不完整，可要求发送方重发以保证其完整性。

（四）认定功能

当网上交易双方出现纠纷时，特别是出现有关支付结算的纠纷时，系统应能保证对相关行为或业务的不可否认性的认定。这用于保护通信用户以对付来自其他合法用户的威胁，如发送用户否认他所发送的消息，接收者否认他已接收的消息等。

（五）处理贸易业务多边的支付问题

由于网上贸易业务的支付涉及客户、商家和银行等多方，其中传送的购物信息与支付信息必须连接在一起，因为商家只有确认了支付信息才会继续交易，银行也只有确认了购物信息才能提供支付。但同时，商家不能读取客户的支付信息，银行不能读取商家的订单信息，这种多边的支付信息可以通过双重签名等技术来实现。

（六）保证支付结算的速度

让商家与客户感到快捷，这样才能表现出电子商务的效率，发挥在线支付结算的优点。

二、网络支付系统的类型

发展中的以互联网为主要运作平台的网上支付有多种分类标准，而且随着电子商务的发展与技术的进步，更多、更新的网络支付工具被不断地研发出来并投入应用，又会产生一些新的分类。下面主要介绍最常见的几种分类形式。

（1）按照网上支付的工具进行分类，一般可以分为基于账号的支付和基于代币的支付。基于账号的网上支付工具有银行卡、电子支票和电子汇票等；基于代币的网上支付工具有电子现金等。

（2）电子货币的种类主要有：充值卡型电子货币、信用卡应用型电子货币、存款利用型电子货币和现金模拟型电子货币。根据电子货币的不同分类，网上支付可以分为银行卡支付、电子支票支付、电子现金支付几种形式。

①银行卡支付。交易方通过网络以银行卡进行支付的方式。银行卡的种类可以包括信用卡、借记卡和智能卡。

②电子支票支付。电子支票支付是模拟纸质支票来完成网上支付的方式，它利用数字签名进行签发和背书，并使用数字证书来确认付款人、付款银行和银行账户。

③电子现金支付。电子现金支付是利用具有某些现金性质的电子货币进行网上支付的方式，它具有可支付性、保证支付、无交易性和匿名的特征，在支付的过程中无须访问消费者的银行个人账户。

（3）按照网上支付的安全通信与控制协议，可以将网上支付模式分为基于SSL协议的银行卡网上支付、基于SET协议的银行卡网上支付。

（4）按照支付信息传递路径分类，可以将网上支付模式分为间接支付模式、直接支付模式和基于第三方（非银行）支付模式。其中，间接网上支付模式是指客户将支付信息传给商家，商家再将支付信息传给银行支付处理网络；直接网上支付模式是客户在银行网址发出支付指令，银行再将支付结果发给商家；第三方网上支付模式是指客户和商家间的支付业务由第三方支付公司来完成，它是目前发展最为迅速的新型支付模式，如美国的PayPal，淘宝网的支付宝等。

（5）按照客户实际付款的时间不同，可以将支付模式分为提前支付模式、后支付模式和即时支付模式。

（6）电子商务的主流分类方式就是按照开展电子商务的实体性质分类，即分为B2B、B2C、B2G、G2G等类型的电子商务。考虑到这些不同类型的电子商务的实力、商务的资金流通量的大小、一般支付结算习惯等因素，可以按开展电子商务的实体性质把当前的网络支付方式分为B2C和B2B这两种最主要的网络支付方式。

①B2C型网络支付方式：这是企业与个人进行网络交易时采用的网上支付方式，比如电子货币中介绍的信用卡网上支付、IC卡网上支付、电子现金支付、电子钱包支付以及最新的个人网络银行支付等。这些方式的特点是适用于不是很大金额的网络交易支付结算，应用起来较为方便灵活，实施也较为简单，风险也不大。

②B2B型网络支付方式：这是企业与企业进行网络交易时采用的网上支付方式，比如电子货币中介绍的电子支票网上支付、电子汇兑系统、国际电子支付系统SWIFT和CHIPS、中国国家现代化支付系统CNAPS、金融EDI以及最新的企业网络银行服务等。这种支付方式的特点是适用于较大金额的网络交易支付结算。

模块三

互联网银行网络支付的应用实例

【内容简介】

通过网络支付应用实例的演示，掌握互联网网络支付的实际应用。

【案例导入】

如何通过网上银行购买南方航空公司的电子机票

视频：网络支付的应用实例

（1）进行网上购票前，须先注册成为南航网上售票系统的用户，并遵守《用户购票服务协议》。

（2）用户登录后，先进入“航线选择”页面选择航班始发、到达城市及航班日期，之后在“航班选择”页面确定具体的航班、价格和旅客人数。

（3）将乘机旅客的姓名、有效证件号码及联系人资料在“输入旅客信息”页面提交。请确保您输入信息的正确性，以便航班发生变动时能及时收到通知。

（4）进入“订座完成”页面时，确认行程资料无误后，请务必在15分钟内完成票款支付，否则系统将自动取消交易。

（5）成功完成网上支付，表示购票已经完成。旅客可以在“订票记录”页面查到订票信息，确认出票成功后，方可退出南航网上售票系统。

（6）若需要修改旅客姓名、退票、修改联系人资料等，可以进入“订票记录”页面依照相关提示进行网上操作。

【基础知识】

一般来说，网上物品的经营大致可分为两种类型：一种是电子商店，即提供网上购物或网上服务的经营者，通过自己的网站直接对客户出售商品或者提供服务，如海尔商城。另一种是电子商场，是指许多提供不同商品或服务的营业者集中在一个网站中，用户可以在该网站购买不同公司所提供的商品或者服务（在这种情况下，网站经营者扮演的角色更像是商店经营者与消费者的中介），如淘宝、京东。

电子商务网站要开通网上支付功能，通常有两条途径：一是通过第三方支付平台，如支付宝、网银等，这种操作比较容易实现；二是与银行协商获得一个直接接口，从而实现网上银行的直接支付。要实现网上银行的直接支付，需要与开通网上支付功能的银行签署协议，办理相关手续。

知识拓展：中国银行网络支付案例

模块四

互联网银行网络支付的安全

【内容简介】

了解互联网银行网络支付的风险点，以及应对这些风险可以采取的措施。

【案例导入】

五大新型网络支付骗局

一、假交易链接“钓鱼”

买家在淘宝网等网购平台上拍下商品后，伪装成卖家的不法分子会借口修改价格，通过聊天窗口发给买家一个看似与真实支付页面几乎一样的链接，让买家直接付款。实际上该链接是模仿真实网页制作的钓鱼网站。不法分子可通过买家在钓鱼网站页面上操作记录下的账号、密码登录买家的账户，转走钱款或购买其他商品。在进行付款操作时，一定要看清链接。如支付宝官网，其 URL 就为加密链接，开头为 https，而非 http，在地址栏还会显示一个小锁标志。

二、病毒程序伪装成红包群

不法分子用“二维码生成器”将病毒程序生成二维码，再通过微信进行散播，称扫描该二维码即可加入红包微信群，进行抢红包。但当用户扫描二维码之后，会弹出一个是否允许进行授权的提示。一旦点击允许，该病毒程序将读取手机内的个人信息、银行卡号、密码等，导致信息被窃、资金被转移。

三、盗版移动支付客户端

盗版客户端从外观上和实际体验上都与正版应用无异，使用户难以辨别。不法分子通过篡改原始客户端程序的执行流程，能够截获用户的账号名、密码等隐私数据。安全联盟提醒用户，下载银行客户端时，一定要在银行官网或在正规的第三方市场中进行下载，擦亮双眼。

四、虚假 Wi－Fi 窃取账号

犯罪分子会在一些购物中心、休闲场所建立免费的虚假 Wi－Fi，不明真相的用户一旦与其连接，个人信息就有泄露的风险。如果用户在连接该网络时还进行了移动支付、网银转账等敏感操作，不法分子会通过后台程序记录的上网者的手机 IP 地址和信息，盗取用户的银行卡号和密码。

提醒大家，尽量不要在任何陌生的网络中使用支付账户和密码。此外，还可给手机安装防火墙、杀毒软件，设置密钥、数字证书等。对于不确定的无线网络，连接前应先咨询工作人员，确保安全后，再进行连接。

五、假支付权限升级植入木马

不法分子先冒充客户，将事先做好的虚假“未支付成功的订单号”发送给淘宝商家；再冒充淘宝客服，以升级支付权限为由，将新型木马病毒发给淘宝商家安装；商家一旦听信安装，病毒就会植入支付链接页面，造成支付成功的假象，骗子继而蒙骗淘宝商家并套现。

资料来源：中国日报网，http：//www.chinadaily.com.cn/interface/toutiao/1120789/2016－1－7/cd_22950562.html。

【基础知识】

随着电子商务的迅猛发展，网络支付的规模快速增长，如何在网络支付中保护客户的信息安全、支付安全，成为各大互联网金融机构发展各项业务的基本前提，也是电子商务市场进一步发展的保障。

一、互联网银行网络支付面临的安全问题

视频：网络支付的安全问题

（一）信息的截获和窃取

在商务活动中，交易各方之间传输的信息往往涉及个人、企业、政府的商业机密。商业机密泄露，小则导致资金被盗，如不法分子窃取别人的信用卡密码来进行网络支付；大则有可能给企业带来灭顶之灾，如企业的核心商业机密被窃取或情报人员通过截获的信息片段分析出企业的重大经营机密，都有可能导致企业被竞争对手击垮。在传统的商务中，企业间都是通过专用的通信渠道传输商业文件来

保守机密，如挂号信或者企业间的专线。而在电子商务中，更多的信息是通过开放的互联网来传输的，这使得信息泄露的可能性增加。

如果整个电子商务系统没有采取强有力的加密等安全措施的话，那么非法的攻击者就非常有可能窃取诸如个人隐私信息、银行账号和密码以及企业的商业机密数据等信息，严重威胁网络支付的安全性。

（二）信息的篡改

电子商务简化了交易过程，同时也使维护交易各方之间的商业信息变得困难。电子支付过程中传输的信息如支付金额、收款账号等信息可能被有意或无意地篡改，从而导致支付信息的完整性遭到破坏。

破坏网络支付信息完整性的方式主要有三种：一是删除数据信息的某一部分的内容；二是改变数据传输的顺序；三是在传输的数据信息中插入一些其他的消息或者错误的信息，使接收方无法正确地读取信息内容。在一个完整的电子商务系统中，必须提供一定的技术手段来防止这样的事情发生。如果信息的完整性被破坏，应该提供相关的证据来为交易的各方追回损失。

（三）交易者身份的欺诈行为

在电子商务交易中，交易方通常以一个虚拟的账号或网页的形式呈现，买卖双方一般都互不见面，这样各种交易主体就不能像在传统商务活动中那样进行面对面的谈判和交易。因此，对交易者的身份认定就成了一大难题，这也是人们对于网络交易存有戒心的关键原因。网络交易中可能出现买方付了钱，却拿不到卖方的货；或者卖方发了货，却收不到买方的钱的欺诈行为。

（四）交易抵赖

在交易中，有时会存在交易方抵赖的风险，特别是当参与方发现某次交易对自己不利的时候，往往会产生一种抵赖心理，企图否认自己曾经做过这次交易，或者对交易的部分内容进行抵赖。例如，卖方已经收到买方的货款，却否认收到货款。

在传统交易中，交易双方通过在交易合同、契约或支付凭据等书面文件上的手写签名或印章来鉴别贸易伙伴，确定合同、契约、单据的可靠性并预防抵赖行为的发生。这也就是人们常说的白纸黑字。而在电子支付的过程中，所有的过程都是电子化的，给防止交易抵赖带来了难度。

知识链接

谨防支付宝诈骗五种手段

近日，李女士向警方报案称，其用电脑上网，准备为自己的支付宝进行升级处理，通过百度搜索查询“支付宝人工客服电话”，获知一个支付宝人工客服电话，便与该电话联系。对方以“余额宝”转账到自己的“支付宝账户余额”的方式，获取了李女士的信任，随后以“转账才能激活支付宝”为由，先后让李女士通过银行 ATM 及网银，共计汇款 17.2 万余元。

目前，有关“支付宝”的网络电信诈骗手段已出现了五种：

一是犯罪嫌疑人通过百度竞价排名机制，将虚假的淘宝、支付宝、余额宝客服联系方式，推送至搜索结果的靠前位置，以博取被害人信任，进而遥控指挥进行诈骗。

二是利用支付宝转账名义实施诈骗。犯罪嫌疑人以在淘宝购物为名，假称支付宝问题无法支付，和事主约定将付款金额转账给事主银行卡，由事主银行卡再转到其支付宝账户再进行付款，后通过银行短信与实际业务的时间差，诱骗事主相信并实施诈骗。

三是利用支付宝手机校验功能实施诈骗。犯罪嫌疑人群发手机电子邮件，以代办高额度银行信用卡为名，诱骗事主将其指定的电话号码作为银行卡预留号码，后通过手机校验功能开通事主支付宝账户并操控，通过转账取现方式诈骗。

四是利用"支付宝盗号木马"进行诈骗。犯罪嫌疑人先以"实物图""库存表"等名义通过QQ、淘宝旺旺等工具将包含木马病毒的压缩文件发送给网购买家或卖家，并诱导受害人打开压缩包，激活木马，导致支付途径被转移，将本来应该转入支付宝的钱款"劫持"转入嫌疑人账户，或直接操控事主手机实施支付宝诈骗。

五是假冒"支付宝"页面骗取账号、密码、钱款。犯罪分子事先注册假支付宝网站，诈骗事主输入账户、密码甚至银行卡密码实施诈骗，或者是提供相应的"客服电话"，诱骗消费者按照客服提示操作并提供账号、密码后实施诈骗。

网警提醒：①网民要掌握余额宝、零钱宝、理财通等网络金融理财产品的官方客服联系方式，对通过百度搜索出的官方网站或客服电话等信息保持审慎态度。②余额宝等网络金融理财产品的用户不要点击陌生人发送的链接、压缩包；收到后缀为 .apk 的文件应警惕，不要点击下载。③网民在出售或外借电脑时，务必清理电脑中的个人隐私内容，特别是常用的账号和密码。④在日常使用中，勿保存网银、支付宝等账号密码；一旦电脑中木马，应立即在安全的电脑上（不要在已中木马的电脑上）修改账户密码，同时致电相关客服确认安全。

知识拓展：《电子支付指引》

二、网络支付的安全需求

（一）保密性

保密性主要指保证信息不受到未经授权的非法访问而导致信息被截取的特性，主要分为信息在网络传输过程中的保密性和信息存储的保密性。

（二）完整性

完整性是指信息不受到未经授权的修改，整个交易过程中保持信息未受损害的完整状态的特性，主要分为信息在网络中传输的完整性和信息存储完整性。

（三）可靠性

可靠性是指网络支付系统能够提供对用户身份的鉴别方法，确保用户身份信息的可靠与合法，实现系统对用户身份的有效确认，对私有密钥和口令的有效保护，防范非法攻击，防止假冒身份进行交易和诈骗，确保系统的无故障和无差错的特性。

（四）可用性

可用性是指信息可被授权实体访问并按需求使用的特性。网络支付活动中由于计算机病毒或者其他人为的原因可能造成对合法使用人的拒绝服务，也可能存在被他人滥用机器或者信息的情况，在这些方面就体现了网络支付的可用性需求。

（五）抗否认性

抗否认性也称抗抵赖性。系统应该有效防止支付欺诈行为的发生，保证支付信用和行为的不可否认性，保证支付参与方对已做交易无法抵赖。

（六）有效性

网络支付系统需要有效防止延迟和拒绝服务情况的发生，要对网络故障、硬件故障、操作失误、应用程序错误、系统软件错误及计算机病毒所产生的潜在威胁加以控制和预防，保证交易数据在确定的时刻、确定的地点是有效的。

（七）人员管理和安全技术结合

网络支付根据其实际情况，支付开发、网络建设等方面均有相应的规范措施，但是仍然存在一些问题。目前的安全管理大部分停留在数据应用层，对整体网络安全考虑不足，针对组织或者流程的管理方法尚未和信息系统安全技术进行有机的结合，无法体现对整个系统安全链进行统一管理的思想，同时也导致针对内部人员的管理尚存在问题。

（八）安全资源的整合和集中管理

网络支付在网络安全的特定组成部分，如密码技术等方面有了一些应用，在网络通信、应用系统等方面，使用了高安全性的加密设备，如防火墙设备、可信操作系统、数字签名和身份认证等。不同类型的安全产品，如各种型号的加密机、支付密码器、VPN 设备等也在网络支付中得到了应用。但是仅依赖某些安全产品，不可能有效保护系统的整体安全，还必须认识到，安全是一个整体，需要把安全相关各方和各层次的安全产品、分支机构、运营网络、客户等纳入一个紧密的安全链中，才能有效地保障系统安全。

（九）应用软件的安全性

在应用软件的评测过程中，由于某些原因，如软件编写缺乏严格的质量控制、程序设计人员对安全了解程度不足等，经常会导致一些严重后果，例如可以绕过程序的风险管理限制对数据进行操作等，这些都需要相应的安全措施来解决。

知识拓展：《支付宝服务协议》

【项目练习】

一、单项选择题

1. （　　）是电子商务能够顺利发生的基础条件。

A. 货币的出现　　B. 信用支付

C. 网络支付　　D. 信用卡

2. （　　）是指公用网和金融专用网之间的接口，用来保护银行的内部网络，主要完成通信、协议转换和数据加解密功能。

A. 客户开户行　　B. 商家开户行　　C. 认证机构　　D. 支付网关

3.（　　）负责为参与网络支付商务活动的各方（包括客户、商家与支付网关）发放数字证书，以确认各方的身份，保证电子商务支付的安全性。

A. 客户开户行　　B. 商家开户行　　C. 认证机构　　D. 支付网关

4. 中国银行使用的个人安全认证工具是（　　）。

A. 中银 e 令　　B. U 盾　　C. CA 证书　　D. 密码器

5. 网络支付采用（　　）来处理货币的存储、支付和流通过程。

A. 通信技术　　B. 先进数字技术

C. VR 技术　　D. 互联技术

6. 网络支付在计算机网络上使用（　　）验证持卡人、商家、支付网关以及银行身份。

A. 数字证书　　B. 银行卡支付密码

C. 签名　　D. 指纹

7. 网络支付应能使用数字签名和数字证书等手段实现对电子商务各方的认证，以防止支付欺诈。这是网络支付的（　　）。

A. 认证功能　　B. 数据加密功能

C. 保证数据完整性功能　　D. 认定功能

8. 网络支付应能使用数字摘要算法来确认电子支付的真实性，防止伪造和假冒等欺骗行为。这是网络支付的（　　）。

A. 认证功能　　B. 数据加密功能

C. 保证数据完整性功能　　D. 认定功能

9. 淘宝网的支付宝支付属于（　　）。

A. 间接支付模式　　B. 直接支付模式

C. 基于第三方（非银行）支付模式　　D. 平台支付

10. 保证信息不受到未经授权的非法访问而导致信息被截取的特性，这是网络支付安全的（　　）需求。

A. 保密性　　B. 完整性　　C. 可靠性　　D. 可用性

11. 保证信息不受到未经授权的修改，整个交易过程中保持信息未受损害的完整状态的特性，这是网络支付安全的（　　）需求。

A. 保密性　　B. 完整性　　C. 可靠性　　D. 可用性

12. 保证信息可被授权实体访问并按需求使用的特性，这是网络支付安全的（　　）需求。

A. 保密性　　B. 完整性　　C. 可靠性　　D. 可用性

13. 网络支付采用（　　）采集商品和支付信息。

A. POS 机　　B. 条形码扫描仪

C. 读卡设备　　D. 通过鼠标和键盘输入相关信息

二、多项选择题

1. 网络支付的参与主体包括（　　）。

A. 客户　　B. 商家　　C. 银行　　D. 网关

2. 支付网关的作用有（　　）。

A. 将互联网传来的数据包解密

B. 按照银行系统内部的通信协议将数据重新打包

C. 接收银行系统内部反馈的响应信息

D. 将数据转换为互联网传送的数据格式，并对其进行加密

3. 网上物品的经营大致可分为（　　）。

A. 电子商店　　B. 电子商场　　C. 购物卡　　D. 厂家直销

4. 一个电子商务网站要开通网上支付功能，通常有哪两种途径？（　　）

A. 自建平台　　B. 通过第三方支付平台

C. 与银行协商获得一个直接接口　　D. 申请联行行号

5. 国内网上购物的付款方式主要有哪几种？（　　）

A. 款到发货　　B. 第三方担保交易

C. 货到付款　　D. 现款交易

6. 网上购物进行中行网银支付时需要输入哪些信息？（　　）

A. 网银用户名　　B. 网银密码

C. 付款账号　　D. 支付密码

7. 网络支付涉及哪些消费领域？（　　）

A. 储蓄　　B. 信贷

C. 非现金结算　　D. 现金结算

8. 网络支付和传统支付有哪些方面的区别？（　　）

A. 支付处理方式不同　　B. 信息传递渠道不同

C. 消费领域不同　　D. 对软硬件设备要求不同

9. 根据电子货币的不同分类，网上支付可以分为（　　）。

A. 银行卡支付　　B. 电子支票支付

C. 电子现金支付　　D. 第三方支付

10. 按照支付信息传递路径分类，可以将网上支付模式分为（　　）。

A. 间接支付模式　　B. 直接支付模式

C. 基于第三方（非银行）支付模式　　D. 平台支付

11. 网络支付面临哪些主要安全问题？（　　）

A. 信息的截获和窃取　　B. 信息的篡改

C. 交易者身份的欺诈行为　　D. 交易抵赖

12. 破坏网络支付信息完整性的方式主要有哪几种？（　　）

A. 删除数据信息的某一部分的内容

B. 改变数据传输的顺序

C. 在传输的数据信息中插入一些其他的消息或者错误的信息，使接收方无法正确地读取信息内容

D. 修改数据来源

三、简答题

1. 简述网络支付的参与主体。
2. 简述网络支付系统的功能。
3. 简述互联网银行网络支付面临的安全问题。
4. 简述网络支付的安全需求。

PPT

项目三 互联网银行产品

【知识目标】

掌握互联网银行产品的相关概念、各自的特点及优势；了解互联网基金的交易渠道和创新点；掌握互联网保险的运营模式；了解“资管新规”对互联网理财的影响；熟悉电子信用卡的种类；了解电子钱包的主要功能。

【能力目标】

掌握互联网基金的业务流程；能够区分互联网保险产品适用的人群；了解电子信用卡的支付流程；能够正确解读国家出台的互联网银行的相关政策。

模块一 互联网基金

【内容简介】

本模块主要介绍互联网基金的概念及特征；了解互联网基金的兴起原因；在此基础上介绍互联网基金的交易渠道和业务流程，通过与传统基金的对比来探索互联网基金的创新点。

【案例导入】

26.56万亿！2022年公募基金总规模再创历史新高

2020年，基金亮眼的业绩收获了众多投资者的青睐。在过往十年里公募基金行业经历持续的规模增长，2022年第一季度虽然受股票市场下跌影响而出现规模下降，但不久后又恢复上升趋势，截至2022年10月底，公募基金总规模达到26.56万亿元，再创历史新高。

资料来源：证券日报。

请思考：互联网基金在基金中扮演着什么样的角色？其优势是什么？为什么在市场震荡的行情中，规模仍然不断扩大？

【基础知识】

一、互联网基金的概念及特征

视频：互联网基金的概念及特征

（一）互联网基金的概念

1. 基金的概念

基金作为国际上一种通行的组合投资方式，自19世纪60年代诞生以来，已经有一百多年的历史。我国基金业从1991年开始发展，至今已有三十余年。

我们所称的基金[①]即证券投资基金，是指通过发售基金份额，将众多不特定投资者的资金汇聚起来，形成独立财产，委托基金管理人进行投资管理，由基金托管人进行财产托管，由基金投资人共享投资收益、共担投资风险的集合投资方式。

知识链接

生活中经常遇到的基金类型

基金按照不同标准可以分为很多种类型，但是和我们息息相关的是按照投资对象来分类。基金按照投资对象可以分为股票型基金、债券型基金、混合型基金和货币市场基金。

1. 股票型基金

股票型基金是指以股票为主要投资对象的基金。股票基金在各类基金中历史最为悠久，也是各国广泛采用的一种基金类型。我国证监会规定：基金资产80%以上投资股票的为股票型基金。

其特点是：股票型基金收益较高、风险较大，适合风险承受能力较高的投资者，可获取资本市场的超额收益。

2. 债券型基金

债券型基金是以债券为主要投资对象的基金。我国证监会规定：基金资产80%以上投资债券的为债券型基金。

其特点是：同股票型基金相比，债券型基金风险较低，平均收益略高于银行同期理财产品，适合风险承受能力弱，可长期持有基金的投资者。

3. 混合型基金

混合型基金是同时以股票、债券等为投资对象，以期通过在不同资产类别上的投资实现收益与风险之间的平衡。我国证监会规定：投资于股票、债券和货币市场工具，但股票投资和债券投资的比例不符合股票基金和债券基金规定的为混合型基金。

其特点是：混合型基金的收益和风险介于股票型基金和债券型基金之间，是资产配置的一个很好的品种。

4. 货币市场基金

货币市场基金是以货币市场工具为投资对象的基金。

---

① 本书所讲基金，非特别指出均指开放式基金，即基金份额不固定，可以在基金合同约定的时间和场所进行申购或者赎回的基金。

其特点是：货币市场基金仅投资于货币市场工具，风险小，收益高于银行活期存款，与银行短期理财产品收益率持平，但购买起点远低于银行理财产品，是现时规划的重要工具。

2. 互联网基金的兴起

2013 年以前，我国一直延续着单一的基金销售渠道，即以银行渠道为主、基金直销和券商为辅的局面。同时我国基金销售的费率也比较高，给基金公司和投资人带来了沉重负担，很大程度上影响了基金的销售。而在英美等发达国家，第三方机构占据基金销售的主导地位。面对基金销售渠道瓶颈，各个基金公司都在尝试开拓多元化的销售渠道，试图摆脱渠道带来的行业困境。

经过多年的行业积累，互联网企业广泛运用大数据资源，深度挖掘数据资源隐藏的海量信息，逐步将业务拓展到金融领域，推动了互联网与基金业的相互融合，创造了新型金融形态——互联网基金，形成了信息技术与金融资本相结合的新兴金融产品。

3. 互联网基金的概念

互联网基金是以云计算、大数据、社交网络等现代信息技术为支撑，通过互联网渠道实现交易，参与资金门槛低，费用少，并具有民主金融性质的新型基金销售模式。互联网基金作为互联网理财的一种方式，我们可以从两个方面来进一步理解。

（1）从销售渠道来看，通过互联网平台实现交易的各类型基金均属于互联网基金范畴。例如，在我国最大的互联网基金平台——天天基金网上销售的所有基金产品均属于互联网基金。

（2）从基金产品类型来看，由于余额宝的广泛普及，使得货币市场基金在互联网基金里占有很大的比重。余额宝是第三方支付业务与货币市场基金产品的组合创新，基金公司发行货币市场基金，并将其直销系统内嵌在第三方支付平台系统中，使客户可以方便地以支付宝账户余额购买货币市场基金，并将基金份额直接用于网络购物及支付。

（二）互联网基金的特点

1. 效率高、成本低

互联网基金依靠互联网平台交易的大数据分析为基础开展业务，比以商业银行为主要销售渠道的传统基金销售模式效率高且成本低。

2. 操作便捷，投资门槛较低

互联网基金操作便捷且资金交易门槛比较低，使绝大多数人（尤其是低收入阶层）都能够参与这种创新活动，有效缓解金融排斥，很好地诠释了普惠金融的内涵。

3. 可实现产品和客户需求的高度匹配

在互联网基金理财模式下，投资者可以通过网络平台掌握更多有利于自身投资的信息并能轻松完成对各种基金产品的比对，从而筛选出适合自己的优质投资标的。

4. 更好的客户体验

互联网基金采用互联网技术，进行了许多人性化设计，用网络将信息与储户连在一起，给客户带来的使用体验超过了任何一种投资理财产品，这也是互联网基金得天独厚的优势。

二、互联网基金的业务流程

视频：互联网基金的业务流程

（一）互联网基金的交易渠道

互联网基金的交易渠道可以具体分为基金公司网站交易、商业银行网上交易、证券公司网上交易和第三方平台基金交易。

1. 基金公司网站交易

各大基金公司都设有自己的网络直销平台，投资者可以在基金公司官方网站或基金公司手机 App 直接购买该基金公司的基金产品。以南方基金公司为例，投资者可登录网站首页，开通基金账户、绑定银行卡、设置基金交易密码后就可以进行基金的认购、申购和赎回。由于是基金直销平台，其优点是申购费率优惠力度最大，有的基金申购甚至可以做到免申购费率；同时基金申购、赎回周期较短，便于投资者的资金周转，提高资金使用效率。其缺点是基金公司一般只销售自家的开放式基金，若想购买其他基金公司的基金，就需要注册其他基金公司网上交易账户或下载其他基金公司手机 App，对于基金管理造成不便。

2. 商业银行网上交易

银行曾经是基金交易的主要渠道，最高时一度占比 90%。目前，各家商业银行均开通了网上基金交易模式，通过网上银行和手机 App 均可进行基金交易。以中国银行为例，投资者可以通过中国银行网上银行和手机银行 App 开立基金账户并绑定中国银行借记卡后即可进行基金交易。可通过筛选基金公司、基金类型来购买市面上大部分开放式基金。商业银行网上交易渠道的主要优点是可以购买多家基金公司的基金产品。但也有其缺点，一是手续费相对较高，虽然各家银行在网上交易渠道会给予基金申购手续费一定的优惠，但是与其他网上交易渠道相比，手续费相对较高。例如中国银行规定，通过中行网银进行基金申购，手续费为 8 折；通过中行手机银行进行基金申购，手续费为 6 折。而其他网上渠道，诸如第三方平台可以做到手续费 1 折。二是基金申购、赎回周期比其他方式要长。从基金赎回角度来看，股票型基金一般为 T+4 或 T+5 到账，债券型基金一般为 T+2 或 T+3 到账，货币市场基金流动性最高，一般为 T+1 或 T+2 到账。

3. 证券公司网上交易

证券公司的网上交易平台和手机 App 也是重要的基金交易渠道。投资者开户并绑定银行卡后，可直接进行基金交易。同银行网上交易渠道相比，证券公司网上交易具有优势：一是专业化的投资理财服务。基金是在证券市场上进行操作的，而证券公司对证券行情把握及基金产品的选择更具专业性，能给出投资者更合理的建议。二是基金交易方便快捷。证券公司与基金公司之间都有实时联网的交易通道，因此基金申购、赎回周期较短，提高了资金的使用效率。三是在证券公司交易平台上还可以购买封闭式基金，这个是其他交易平台做不到的。

4. 第三方平台基金交易

随着网上基金销售许可的放开，各大互联网平台也开辟了基金交易渠道。如天天基金网、余额宝等都可以进行基金申购、赎回以及基金定投等业务。投资者通过天天基金网不仅可以进行基金交易，还可以直接查询各类基金档案、基金收益排名、基金资讯等，可提供一站式基金服务。同时，第三方平台基金交易手续费较低，一般为1折。

阿里巴巴的余额宝不仅推出以投资货币市场基金为主的“宝宝类”理财产品，同时也开通基金交易网络平台，通过支付宝App可以申购、赎回各种类型的基金产品，还可以每日查询基金账户的收益状况，是年轻一代投资基金产品的主要平台。

知识链接

异军突起的互联网基金销售渠道：天天基金网

长期以来，银行在基金销售市场上占据着绝对主导位置，银行基金销售的一大弊端是高额的手续费，基金公司的管理费这块蛋糕也不得不被银行切走一大块，高费率制约着基金的销售。然而，随着互联网金融之风刮起，这一切正在悄然发生改变。

根据中国互联网协会主办的网站排名统计，东方财富网在全球中文财经门户网站中持续排名第一。依托东方财富网的流量平台，天天基金网是基金领域做得最好的第三方理财平台之一。天天基金网依托东方财富网的高流量，在基金销售领域占据强势地位。根据东方财富半年报，截至2022年6月30日，该公司互联网金融电子平台共上线151家公募基金管理人14358只基金产品。互联网金融电子商务平台共计实现基金认购交易1.3亿笔，基金销售额为9922亿元。天天基金根据客户风险偏好和流动性要求不同，推出了“活期宝”“定期宝”“指数宝”“基金产品”四种类型，前两种是天天基金推荐的多款货币基金和债券等低风险的投资品种，指数宝是指数基金，风险居中，而基金产品则是客户自我定制的基金。这种针对海量客户的分众化、定制化的基金超市模式，让不同种风险偏好的客户可以建立自己的投资组合，从而拥有更好的使用体验。同时，天天基金网的手续费远远低于银行窗口端，可以将基金申购手续费低至银行端的1折，低廉的费率和便捷的购买模式，使得天天基金网成为广受欢迎的互联网基金销售平台。

（二）互联网基金的业务流程

互联网基金的业务流程完全通过互联网平台操作来实现，主要包括选择平台并注册平台账户、银行卡绑定和基金申购、赎回三步，不同的平台各有不同。以第三方平台天天基金网为例：

第一步，开立平台账户。以手机号码注册平台账户并实名认证。

第二步，绑定银行卡。选择一张银行卡进行绑定，绑定的银行卡可以按规定扣划资金。

第三步，办理基金申购、赎回和定投等业务。在绑定银行卡后，投资者需要经过风险测评确定风险偏好后，就可以进行基金交易。银行端的基金交易流程首先需要进行基金服务签约，签约后绑定银行卡并经过风险测评后即可购买基金。

三、互联网基金的创新

视频：互联网基金的创新

（一）从产品创新角度，互联网基金是基金公司同第三方平台机构的一种深度跨界融合

以往的基金销售渠道，基金公司主要依托商业银行，而互联网基金的兴起，尤其在货币市场基金方面，摆脱了商业银行单一销售渠道

的束缚，依托互联网平台进行直销，实现了货币市场基金销售渠道的“脱银行化”，客户数量呈现指数级增长。以余额宝为例，是第三方支付业务与货币市场基金产品的组合创新，在符合监管部门的各种约束下，全面革新基金产品的服务体验，开创了基金公司跨界电商平台直销基金的新模式，实现了第三方互联网平台机构与基金公司深度跨界融合的模式。

（二）从产品服务角度，互联网基金是依托大数据与人工智能为客户构建理财方案

基金公司通过共享互联网平台的客户资源信息，有效分析其互联网平台客户资金理财管理需求和风险偏好，可以为特定客户群体定制产品并进行主动推送，更可以通过互联网平台帮助客户构建理财方案。例如，天天基金网在基金定投方面进行创新，不仅提供普通定投服务，还开辟出智慧定投，满足不同人群的理财需求。在基金转换方面，天天基金网还为自身平台投资者量身定制了基金超级转换，支持不同基金公司旗下基金份额之间的快速转换，同其他平台只能提供同一基金公司基金转换相比，产品服务的创新极大提高了投资便利性和资金利用率。同时，依托大数据和人工智能设立投顾管家，结合多家基金公司优秀基金产品为不同阶段生命周期客户及家庭提供投顾方案，将基金产品融入理财规划之中。

（三）从客户体验角度，互联网基金让客户享受到“人人理财”带来的魅力

互联网基金依托互联网平台完美地解决了困扰基金销售多年的“客户体验”难题。以余额宝为例，引入天弘基金公司旗下的货币市场基金，准确地把握支付宝客户备付金的理财需求，在保证资金安全性和流动性的基础上，尽可能获得更高的收益。余额宝在客户体验上进行了诸多创新。例如：银行端的货币市场基金赎回采用的 T+2 赎回，而余额宝将基金赎回做到了 T+0，即资金赎回可以马上到账，而不需要银行端的 2 个工作日入账，将货币市场基金的流动性进一步优化，提升了客户的理财体验；同时，余额宝将基金申购的起点降为 1 元，而不是银行端的 1000 元，将投资门槛进一步降低，让更多的客户可以参与基金投资，客户群体爆发式增长；同时，余额宝让客户每天都能看到投资本金的复利增长，享受到“人人理财”带来的魅力。

模块二

互联网保险

【内容简介】

本模块从互联网保险的概念入手，在了解国内互联网保险主要运营模式的基础上，学习并掌握互联网保险的特点及优势；同时，通过了解我国互联网保险发展历程，进一步探讨我国互联网保险的发展现状及发展趋势。

【案例导入】

《互联网保险业务监管办法》自 2021 年 2 月 1 日起实施——网上买保险便捷又保险

近年来，互联网保险业务快速发展，消费者投保越来越便捷。随着保费规模的上涨，互联网保险也暴露出一些隐患和问题。为规范互联网保险业务，保护消费者合法权益，原银保监会发布了《互联网保险业务监管办法》（以下简称《办法》）并于2021年2月1日起实施。

如何准确定义互联网保险业务，长期以来颇受市场关注。《办法》明确，“互联网保险业务”即“保险机构依托互联网订立保险合同、提供保险服务的保险经营活动”。同时满足保险机构通过互联网和自助终端设备销售保险产品或提供保险经济服务、消费者能够通过保险机构自营网络平台的销售页面独立了解产品信息、消费者能够自主完成投保行为三个条件，即为互联网保险业务。

《办法》的出台，明确了互联网经营主体，使得消费者投保更有依据；规范了互联网营销宣传，使得消费者更加理性投保；加强监管保护创新，更好促进行业发展。

资料来源：人民日报。

请思考：互联网保险的特点和优势有哪些？

【基础知识】

一、互联网保险的概念

视频：互联网保险的概念

（一）什么是互联网保险

互联网保险是伴随着电子商务在保险业的渗透应运而生的，是保险公司或保险中介机构通过互联网为客户提供产品及服务信息，实现网上投保、承保、核保、保全和理赔等保险业务，完成保险产品的在线销售及服务，并通过第三方机构实现保险相关费用的电子支付等经营管理活动。互联网保险颠覆了保险营销人员与客户面对面交流和沟通的传统经营模式，开创了全新的保险销售方式、渠道、经营理念和管理模式。

（二）互联网保险种类

在保险产品中，如机动车保险、意外险、健康险、家居财产险等短期险产品，条款标准化，消费者也比较熟悉，完全可以自行购买，非常适合在线直接销售。因此，目前互联网保险险种主要涉及旅行类保险、车险、意外险、健康险，以及一些场景创新类产品（如航班延误险、退货运费险等）。其中健康险在互联网保险中占主导地位。

知识链接

互联网保险的典型代表：百万医疗险

百万医疗险是互联网健康险的典型代表，属于费用报销型医疗保险，一般期限为1年，具有保费低、保额高的特点，即交纳几百元至千元左右的保费即可获得上百万的医疗费用保障，因此又叫作百万医疗险。

百万医疗一般分为有社保版和无社保版，有社保版保费较低，但可保险的金额为社保报销之后的金额。同时，百万医疗同其他健康险一样，设置了免赔额，一般为1万元，即超出1万元的医疗费用保险公司给予报销。以平安健康e生保（2020保证续保版）为例，被保险人可享受保单年度内一般医疗保险金（住院医疗费用、制定门诊医疗费用及住院前后门诊急诊费用之和）200万元和保单年度内恶性肿瘤医疗保险资金（恶性肿瘤住院医疗费用、恶性肿瘤特殊门诊医疗费用及恶性肿瘤住院前后门诊急诊费用之和）200 万元，6 年保证续保，其间产品停售、理赔、身体出现问题都不会影响续保。初次确诊癌症可赔付 1 万元津贴，并豁免该保证续保期间内剩余年度的保费。

水滴公司旗下的水滴保险商城发布的数据显示，平台内市场用户在 2020 年的保险配置逐渐趋于综合型，百万医疗险依旧是“必选产品”。百万医疗之所以受市场用户欢迎，核心原因是能够以相对普惠的价格获得充分的保障。

二、互联网保险的运营模式

目前，综合我国互联网业务的发展来看，其运营模式可以分为以下三种。

视频：互联网保险的运营模式

（一）传统保险公司官方网站模式

传统保险公司官方网站模式主要是各大保险公司在自家网站推广自家保险公司的产品，是互联网保险的主力军。2001 年，中国平安签订真正意义上的中国第一张电子保单，从核保到签单，全部过程在网上完成。

该模式的主要特点是：①销售成本相对较低、手续简单、流程快，可以帮助保险公司获得价格优势。②保险公司官方网站重视品牌效应，不仅为具有品牌忠诚度的客户提供网上购买的渠道，同时对产品的介绍比较专业、详细和集中，使用户可以比较方便地选择需要的产品。

一般来讲，保险公司官方网站有母公司的强力支持，为传统保险公司提高经营管理水平，整合内部和外部资源，实现跨越式发展，提供前所未有的机遇。对于消费者来说，由保险公司设立的网站上面信息更为真实、可靠。多数有实力的保险企业，如中国人保、中国人寿、平安保险等，都会选择此种模式（见表 3－1）。

表 3－1　多家保险公司官方网站模式

公司	网络平台	主要险种	运营机构
中国人寿保险公司	国寿 e 店	人身保险	中国人寿电子商务有限公司
中国平安保险股份有限公司	平安金管家、万里通、一账通	人身险、车险、意外险以及小微险	中国平安事业部
中国太平洋保险股份有限公司	在线商城	在线 e 购、车险直通车、人身险	太平洋保险在线服务科技有限公司
新华人寿保险股份有限公司	网上商城	人身保险	新华电子商务有限公司
中国太平保险集团有限责任公司	网上商城	人身险、车险、意外险	太平洋电子商务有限公司
泰康人寿保险股份有限公司	泰康在线	人身保险	泰康人寿事业部

（二）保险电商平台模式

保险电商平台模式是指保险公司借助独立于产品交易双方的电子商务网站销售保险产品并提供相关服务。该类网络平台不属于任何保险公司也不附属于某大型网站，保险公司可以依托有成熟技术的第三方提供的网站进行保险产品的销售。对于投资者来说，登录此类平台可以搜索到各家保险公司产品及行业内的信息和资讯，可以进行不同保险公司业务的比较。

保险电商平台，在互联网保险业务活动中担当为保险消费者和保险机构提供网络技术支持辅助服务的网络平台角色，其经营模式类似于保险超市。这种模式的优势在于客户可在保险超市中进行自由比价，购买流程类似网上购物，体现了以客户为中心的服务理念。保险超市不同于保险公司自建的网络销售平台，其独立于保险公司，能够公正评价和对比保险产品，减少信息不对称，较易赢得买方信任。不过，保险电商平台的中介代理性质决定了它没有自己的保险产品，因此在产品类型及定价上会受制于保险公司，缺乏自主性。其必须同其他保险公司建立合作关系，才能在网站上对其产品进行售卖。该模式又进一步分为专业的电商平台开辟的保险频道和纯保险电商平台两种模式。

1. 专业的电商平台开辟的保险频道

如淘宝、京东、苏宁易购等电商平台专门开辟的保险频道。2012 年 8 月，苏宁易购保险频道正式上线，成为国内首家开通网上保险频道的 B2C 网站，联合中国平安、中国太平洋、泰康人寿等推出车险、意外险、旅游险、健康险等保险产品，打造集保险销售、保险学习、保险服务于一体的第三方保险平台。淘宝、京东等电商平台也紧随其后，纷纷开辟保险频道。目前已有多家企业进驻淘宝天猫平台开设保险旗舰店，集中售卖自己的保险产品。京东商城等大型电子商务网站也开始售卖保险产品。

2. 纯保险电商平台

纯保险电商平台是专门提供保险销售等服务的第三方网络平台，其典型代表是慧择网、中国保险网等。慧择网作为国内首家在纳斯达克上市的第三方网络保险平台，自 2006 成立以来，累计服务用户数约 5000 万，提供保险产品 1000 余款，为客户提供保险需求咨询、风险评估、保险方案制订、在线垂直交易、快捷保全服务、协助理赔服务等一站式保险服务。

（三）搭售模式

搭售模式是一些电商平台通过场景跨界，完成交易时搭配保险的模式。例如携程网和去哪网在销售机票时的航意险和旅意险，京东淘宝搭售的退运险等。

三、互联网保险的特点及优势

视频：互联网保险的特点及优势

互联网保险除了具有虚拟性、直接性、电子化和时效性外。与传统的保险经营方式相比，互联网保险具有诸多的特点及优势：①降低成本，提高经营效率，使保险机构具有更强的竞争力；②有效提升保险业的透明度；③为客户提供个性化服务，挖掘更多市场容量。

（一）互联网保险可以降低成本，提高经营效率，使保险机构具有更强的竞争力

互联网保险的绝大部分业务都是通过网上办理，通过计算机的大数据处理，可以节省大量的人力资源，并大幅度降低劳动力成本；同时，互联网保险可以省去中间环节，省去之前占大额销售成本的中介费用，能有效降低公司运营成本，不但可以让利给保险人，还可以提升消费者的实际利益，推动整个行业的快速发展。

（二）互联网保险可以有效提升保险业的透明度

通过互联网，投保人可以全方位地了解其想知道的信息，对保险产品和企业信息比较选择，可以改善保险交易双方信息不对称的现状，保险行业的销售误导和理赔服务等问题，很大程度上是源于供求双方及投保人和保险人之间的信息不对称，同时还能有效降低投保人大量选择险种的成本，方便其自主选择最适合的险种；同时能降低保险业的进入壁垒，避免由几个寡头长期垄断市场，为保险业注入新鲜血液，使得每个保险公司都能公平地参与竞争，为中小保险公司发展带来前所未有的机遇。

（三）互联网保险可以为客户提供个性化服务，提升保险全流程体验

保险机构可以通过互联网以较低的成本向投保人传达大量保险信息，拓展保险的覆盖面，根据客户需要推出可以与其匹配的保险产品。通过大数据挖掘，保险业可以利用所有主体信息建立新的联系，建立依赖性和相关性，增强市场竞争和盈利能力。同时，互联网保险通过保险售前的保险咨询、保险顾问，售中的保险核保、保单管理，售后的便捷理赔及服务延伸，提升客户保险全流程体验。

四、我国互联网保险的发展现状

视频：互联网保险的发展现状

我国是世界第二大保险市场，互联网经济的发展，为保险行业带来了增量市场，同时随着网民规模的扩大，用户的行为习惯已发生转变，这些都需要互联网的方式进行触达。作为一项新兴事物，互联网保险在我国发展的历史只有短短十几年时间。但在这十几年间，互联网正深刻影响保险业的方方面面。受保险行业结构转型时期影响，互联网保险整体发展受阻，不同险种发展呈现分化格局，其中健康险增长迅猛，主要由短期医疗险驱动。

（一）互联网行业相关政策不断完善，推动保险业务转型升级

1. 互联网保险行业合规政策不断出台，保险业务结构主动转型

在互联网保险保费规模爆发增长时期，车险和理财型人身险是重要的组成部分，这两类险种标准化程度较高，适宜在互联网渠道进行销售，且保单金额较高，因此占据了互联网保险大部分的收入来源。但是随着 2016 年商车费改政策的落实，使网销车险失去了价格优势，2017 年《关于整治机动车辆保险市场乱象的通知》的发布，加强了对第三方车险平台的监管，使得互联网车险的发展进入冷静期。另外，2016—2017 年，原银保监会接连出台相关政策收紧人身险理财型产品业务，直接影响了互联网保险的保费收入数据。

2. 互联网保险新规正式实施，推动保险业实现数字化转型升级

随着互联网技术在保险行业的不断深入运用，互联网保险业务作为保险销售与服务的一种新形态，深刻影响着保险业态和保险监管。在互联网保险领域，原银保监会于 2020 年 12 月正式发布了《互联网保险业务监管办法》，并于 2021 年 2 月 1 日正式实施，对互联网保险行业的基本业务及监督管理作出规范。2021 年 10 月 22 日，原银保监会颁布了《关于进一步规范保险机构互联网人身保险业务有关事项的通知》，被业内称为史上最严互联网人身险新规，对保险公司经营互联网人身保险业务，从偿付能力充足、综合评级良好、准备金提取充分、公司治理合格四个方面，提出了具体要求。互联网保险新规的推

出，有助于互联网保险行业的规范经营，维护消费者利益，并将推动保险业实现数字化转型升级。

（二）互联网保险渠道端“格局打开”，产品端“万物皆可保”

1. 渠道端“格局打开”

互联网保险销售渠道主要分为官方平台、代理机构建立的电商平台和第三方销售平台，三种模式各具优势。官方自销有利于品牌的建立和推广，如中国平安建立的平安直通、泰康人寿成立的泰康在线。2021 年泰康在线实现保费收入 74.41 亿元，累计服务客户超 1.7 亿人次，保单总量突破 65 亿件；代理机构可提供类似“保险超市”专业渠道和一站式服务；第三方平台包括电商、咨询即综合类平台则为运费险、产品质量退货险等小额保险提供便利。

2. 产品端“万物皆可保”

在近年来保费收入增速逐步放缓的行业里，互联网保险始终“逆势”而上，得益于互联网保险产品结构的不断优化。互联网保险在线上渠道打通的基础上，各保险公司不断挖掘用户需求、设计产品，丰富了保险品种和使用场景。从种类对比，互联网保险公司产品已经跳脱出传统保险，拓展出健康管理、交易安全、生活消费等碎片化场景以及企业经营场景。《2022 年新青年互联网保险服务体验趋势洞察》显示，互联网保险主要消费者“Z 世代”，即作为互联网原住民的“95 后”群体，愿意尝试新险种，其中宠物险、视力健康险、医美保险、滑雪意外险等创新险备受青睐。

（三）我国互联网健康险以医疗保险为主，通过互联网销售惠民保类业务崭露头角

2020 年，由于新冠疫情影响，居民健康保障意识受到极大提升，保险线上销售渠道受到热捧。2022 年上半年，我国互联网健康险中医疗保费收入为 109.6 亿元，占比 88.2%。其中百万医疗保费收入 57.5 亿元，占比 46.3%，占据半壁江山；重疾险 11 亿元，占比 8.9%；通过互联网销售的区域定制型商业医疗险（惠民宝）保费收入 7.5 亿元，占比 6%，惠民宝业务崭露头角。

（四）前沿科技应用加深，驱动保险业创新发展

互联网金融的高速发展，金融科技起了不可或缺的作用，而保险业同样需要科技手段不断赋能，未来互联网保险的概念将逐渐与保险科技概念融合，推动保险产业链的重塑再造，为保险业打开新的增长空间。

模块三

互联网理财

【内容简介】

本模块通过正确认识互联网理财的概念及特点，在此基础上分析比较同传统理财相比互联网理财拥有的特点及优势；结合“资管新规”的出台，来探讨资管新规对互联网理财的影响及互联网理财的发展趋势。

【案例导入】

巨头加速布局，互联网理财新风口开启

当前随着银行理财产品收益率不断下降，居民投资权益类资产的意愿强烈。而在精准、高效等优势的加持下，居民理财向互联网端转移将是大势所趋，近期互联网理财市场热度持续攀升。除了银行等金融机构加码发展线上渠道外，第三方理财平台也加速抢占市场，上线多种理财产品，同时还布局投资顾问等领域，帮助用户制定资产配置策略。

2020 年 7 月 13 日，支付宝理财平台上线“金选专区”，首期推出了定期理财、基金等超过 50 只产品。而除了支付宝，腾讯理财通、度小满金融等不少互联网理财平台也都在加速抢占居民理财市场。除了加速产品上线，在服务端，互联网理财平台还在布局投顾等业务，帮助用户制定资产配置策略。上线 3 个月，由蚂蚁金服和先锋领航投顾联手推出的“帮你投”近日晒出的成绩单也取得了不错的业绩。

资料来源：中国理财网。

请思考：同传统理财产品相比较，互联网理财有哪些优势？

【基础知识】

一、互联网理财的概念

视频：互联网理财的概念

互联网理财产品自 2014 年在国内广泛兴起。所谓互联网理财，从广义上看，一切通过互联网的方式，帮助客户实现财富增值的模式都属于互联网理财的范畴，既包括所有传统金融机构的网络销售，又包括 P2P 等具有投资属性的互联网金融子行业。因此，我们前两个模块所讲的互联网基金和互联保险也都属于互联网理财的概念。

大家所熟悉并经常使用的余额宝（阿里巴巴）、理财通（微信）、百度百赚、零钱宝（苏宁易购）、收益宝（同花顺），以及金融机构在互联网端推出的各类理财，诸如华夏活期通、平安盈（平安银行）、现金快线（工商银行）、南方现金宝（南方基金）以及民生如意宝等都属于互联网投资理财的范畴。

二、互联网理财的优势

视频：互联网理财的优势

与传统理财相比，互联网理财具有诸多优势。

（一）投资时间更加灵活、投资方式更加方便快捷

传统的理财产品需要投资者在工作时间去银行网点购买，而互联网理财不受时间和区域限制，投资者只需要在手机或者电脑端就可以选择、购买投资理财产品，投资时间更加灵活，且可随时随地操作。另外，互联网理财的购买方式较为便捷，互联网渠道与银行、基金公司等金融机构之间打通了交易账户，投资者可以在同一个平台选择不同类型的投资品种，也可以对同一平台上的同类理财产品进行比较后就直接完成交易，简化了烦琐的平台注册、资金划转等流程。

（二）理财产品多样化、受众群体更加广泛

互联网理财产品的种类多样，所涉及的领域广泛，既包括银行、基金公司等金融机构

在各自网络平台发售的理财产品，又包括各大互联网平台代销的理财产品，给予投资者更大的选择空间，从而使得其适用人群也随之扩大，适应各阶层人群的投资理财需求。互联网理财产品的出现，让更多的投资者可以参与理财，极大地拓展了理财的群体。

（三）投资门槛及投资成本较低

1. 投资门槛低

传统的银行理财投资起点较高，不同收益率的理财产品购买起点不同，一般为大众理财产品为1万元起购，针对贵宾客户或私行客户理财产品起点高达10万元、20万元甚至是100万元，传统基金类产品投资起点稍低，一次性基金购买在银行端投资需要1000元起，基金定投的起点为100元。同传统理财相比，互联网投资理财的投资起点较低，基金一次性购买低至100元，而基金定投的投资起点低至10元，几乎零门槛的投资起点，大大拓宽其投资群体。

2. 投资成本低

在传统的理财方式中，一些收费类理财方式如股票基金购买，在银行柜台购买需要收取1.5%的申购费，如在银行互联网端购买（网银或手机银行）收费会低至4折，而在其他平台购买更会低至1折，大大降低了投资成本。低廉的成本吸引了更多消费者的投资，互联网平台客户量迅猛增长。

三、我国互联网理财的发展现状和趋势

目前，我国互联网理财发展势头强劲，不仅各商业银行感受到互联网理财产品带来的强大压力而加快了理财产品网络销售进程，第三方支付以及移动支付、网络保险平台以及网络小额贷款等依托于网络的新型业态理财更是抓住了这个机遇，快速抢占市场。

（一）《资管新规》对互联网理财产生的影响

虽然互联网理财发展迅猛，但2018年是互联网理财的转折之年。2018年酝酿已久的《关于规范金融机构资产管理业务的指导意见》（以下简称《资本新规》）终于落地，其对于我国的资产管理市场具有里程碑意义。其对于理财行业具有规范和监管的作用，2018年我国互联网理财指数有所下降，降幅高达23.45%，且互联网理财规模的增幅也低于往年。

1. 明确资产管理业务必须具有相关牌照

《资管新规》第三十条明确规定："资产管理业务[①]作为金融业务，属于特许经营行业，必须纳入金融监管。非金融机构不得发行、销售资产管理产品，国家另有规定除外。"这就要求所有以资产管理为名义的业务都要回归到金融机构。理财属于资产管理业务的一种，更要回归到金融机构。

2. 打破刚性兑付[②]

《资管新规》明确提出打破刚性兑付，构建"卖者尽责、买者自负"的投资关系，这

① 资产管理业务是指银行、证券、基金、期货、保险资产管理机构、金融资产投资公司等金融机构接受投资者委托，对受托投资者资产进行投资和管理的金融业务。

② 刚性兑付于2005年左右提出，最初来源于信托行业，是信托产品到期后，信托公司必须分配给投资者本金和收益，当信托计划出现不能如期兑付或兑付困难时，信托公司需要兜底处理。

使得我国互联网理财不再是以往的比拼收益率，而是要进一步向提高资产管理水平转变。

3. 各种互联网的“宝宝类”理财产品面临穿透式监管

《资管新规》规定，“实行穿透式监管，对于多层嵌套资产管理产品，向上识别产品的最终投资者，向下识别产品的底层资产”。按照《资管新规》的要求，各类“宝宝类”产品必须落实投资者适当性等合规要求，依法合规开展经营活动。

（二）《资管新规》下互联网理财发展趋势

在以“资管新规”为核心的规则调整之下，2018 年的互联网理财市场受到一定的冲击，但从长远看，健全的制度和充分的监管能够让互联网理财的发展回归资产管理的本质，走向更加稳健的发展。同时，《资管新规》首次对“智能投顾”作出规定，给予互联网理财无限的想象空间。

《资管新规》给银行理财产品带来最大的变化就是从预期收益型产品向净值型产品转型，打破了原有银行理财业务刚性兑付、资金池运作等旧的生态模式。净值型理财产品是指产品发行时未明确预期收益率，产品收益以净值的形式展示，投资者根据产品的实际运作情况，享受浮动收益的理财产品。《资管新规》改变了惯有银行理财产品的表达方式，不得承诺保本保息，不得宣传产品的预期收益率，而是采用“类基金”产品的净值化管理方式，以单位净值来表达理财产品运作过程，并给予金融机构一定的过渡期，到 2020 年年底净值型产品将全面替代收益类理财。2020 年受新冠疫情影响，将过渡期延至 2021 年年底（部分银行净值化转型最晚可放宽至 2025 年）。银行业公布的 2021 年半年报显示，已有多家银行保本理财产品全部清零，净值型理财产品比例上升。据银行理财登记中心数据，截至 2021 年第三季度末，银行理财市场存续规模达 27.95 万亿元，净值型产品规模占比达 86.56%，同比提高 26.08%。

模块四

电子信用卡

【内容简介】

本模块主要介绍电子信用卡的概念、电子信用卡同传统实体信用的区别、信用卡发卡组织、电子信用卡的种类及特点等基本知识；在此基础上了解电子信用卡的支付流程及存在的问题。

【案例导入】

华为推出电子信用卡：基于华为 Pay，可在手机端申请

随着 5G 时代的来临，我们现在出门早已不用带钱包和银行卡了，一部手机就可以解决所有的支付问题。

2020 年 4 月 8 日，华为举行线上发布会，除在国内发布 P40 手机之外，还宣布推出 HUAWEI Card：一款基于 HUAWEI Pay 的电子信用卡产品，用户可在华为手机端申请，额度最高为10万元。HUAWEI Card是华为携手银联及合作银行为华为手机用户打造的专属数字化信用卡，具备数字与实体双卡属性，致力于为用户提供极简、安全、透明、健康的数字信用卡服务体验。电子信用卡支付时直接用HUAWEI Card里的付款二维码即可，使用方便快捷。

资料来源：搜狐网。

请思考： 电子信用卡与信用卡相比，有哪些不同？

【基础知识】

一、电子信用卡的概念

视频：电子信用卡的概念

（一）什么是电子信用卡

电子商务活动中使用的信用卡为电子信用卡。电子信用卡是基于银行卡上的BIN码派生出来的虚拟账号，它没有实体卡片作为载体，但可以通过网络直接用于支付结算。

实际上，早在2014年就有第三方支付机构联合商业银行推出过电子信用卡，但由于客户信息安全等因素，被央行叫停。随着移动支付应用越来越广泛，从2017年开始，银行又重新推出电子信用卡，试图收回移动支付领域的失地。

（二）电子信用卡与信用卡的区别

1. 发卡形式

信用卡是一张实体卡，即在银行申请办理信用卡后，会邮寄给申请人一张实体卡片，卡片上包含发卡银行名称、卡片结算组织、卡号、卡片有效期、持卡人姓名等信息。而电子信用卡是虚拟的信用卡，没有实体卡片，由一组虚拟卡号、CVV2码、有效期等信息组成。

2. 支付方式

信用卡的刷卡形式不受限制，既可以通过POS机刷卡消费，也可以绑定支付宝、微信等第三快捷支付进行扫码或线上支付。电子信用卡虽然没有实体卡片，但是可以刷卡消费，不过需要借助支付宝、微信、云闪付等移动支付工具支付。

3. 还款方式

信用卡既可以通过线上转账还款，也可以在银行柜台和ATM插卡还款。电子信用卡只能通过线上还款。

二、电子信用卡的特点和种类

视频：电子信用卡的特点和种类

（一）电子信用卡的特点

电子信用卡不仅具备了实体信用卡的所有功能，同实体信用卡相比，还具有以下特点。

1. 制造成本低

电子信用卡为虚拟卡片，没有制卡成本，且不需要寄给持卡人，省去邮寄费用。

2. 办卡简便快捷

电子信用卡办理简便快捷，少则几分钟多则十几分钟就可以获得申请结果。申请成功后会收到虚拟信用卡号，绑定第三方支付工具即可以支付消费。而实体信用卡申请涉及审批、制卡、寄卡等环节，从申请到收到实体卡片一般来说至少需要一周甚至更长时间。

3. 使用安全性较高

电子信用卡不会发生因信息被盗后被恶意透支的风险。客户在使用此卡时也可以有效地避免私人信息泄露。

（二）电子信用卡的种类

1. 按照信用卡发卡机构划分，电子信用卡可分为银行电子信用卡和非银行电子信用卡

（1）银行电子信用卡。银行电子信用卡是由银行等金融机构发行，方便客户取得融资途径，并且具有购物消费、转账结算等功能。

知识链接

线上支付时代到来　中信银行大面积推行电子信用卡

2020年6月18日，中信银行信用卡中心发布了信用卡到期换卡的策略公告，指出除年龄超过65岁的，有线下用卡习惯的客户，以及特殊卡种外，原则上到期后均配发电子信用卡。同时，信用额度小于2000元的，默认发放电子信用卡，若持卡人需要实体卡的，中信银行不再免费提供，需要自行支付制卡费15元。

随着信息化时代的来临和人们用卡习惯的改变，线上支付比例大大超过线下刷卡支付。线上支付不仅给消费者带来便捷，还可以降低银行成本。未来，迎合了大众消费需求的电子信用卡将得到广泛推广。

资料来源：中信银行官方网站。

（2）非银行电子信用卡。非银行电子信用卡是指银行以外机构发行的信用卡，如零售电子信用卡、旅游电子信用卡、手机运营商发行的电子信用卡等。零售电子信用卡是由百货公司、石油公司、电信公司等企业发行的，持卡人可以在指定商店购物或在加油站加油消费。这种信用卡发行范围较窄。旅游娱乐卡是由航空公司、旅游公司等发行的，用于支付各种交通工具费用以及就餐、住宿、娱乐费用等，发行对象多为商旅人士。其代表卡种为美国运通卡（见图3－1）。还有最近手机运营商直接发行的通过手机支付的电子信用卡，如基于HUAWEI Pay的HUAWEI Card。

图3－1　招商银行美国运通卡（招行AE百夫长白金卡）

2. 按照流通范围划分，电子信用卡可分为国际卡和地区卡

（1）国际卡。国际卡是指发卡机构发行的国际信用卡组织品牌的信用卡，在全球可

以受理该品牌信用卡的机构、网点均可使用。但无论是哪个国家的发卡机构，信用卡的结算货币都必须是可自由兑换货币。

（2）地区卡。地区卡是由区域性信用卡组织发行或某个国家及地区发行的，仅在某个区域、国家或地区使用的信用卡。

3. 按照信用卡从属关系，电子信用卡可以分为主卡和附属卡

（1）主卡。主卡是发卡机构向满足一定年龄，具有完全民事行为能力，具有稳定工作和收入，信用记录良好的个人发行的信用卡。

（2）附属卡。附属卡是指主卡持卡人为自己具有完全民事行为能力的直系亲属（配偶、父母、子女）申请的，由发卡机构发放的信用卡。附属卡既可以和共享账户和信用额度，也可由主卡自主限定附属卡的信用额度，主卡持卡人对主卡和附属卡发生的全部债务承担清偿责任。

三、电子信用卡支付流程及存在的问题

视频：电子信用卡支付流程及存在的问题

（一）电子信用卡支付流程

1. 网上购物

消费者只能在支持电子信用卡的网站上使用电子信用卡进行购物。消费者在结账时选择电子信用卡支付，商家通过其开户银行对消费者的电子信用卡进行认证，认证成功后通知商家，商家将订购的商品寄送消费者。

2. 商家与银行进行资金结算

商家将加密后的信用卡号与密码发送给收单银行，收单银行将信用卡卡号发送给消费者的信用卡发卡银行请求确认，发卡银行在确认与授权后将其返回给收单银行。在消费者收到商品后，商家的收单银行与发卡银行进行资金清算。

3. 发卡银行与消费者进行资金结算

消费者的发卡银行向商家支付货款后，同时也将该笔款项记录在消费者账单中，消费者需要在免息还款期之内偿还款项。

（二）电子信用卡支付存在的问题

1. 安全问题

针对网络交易，由于无法实际接触实体卡片，因此只能采取信息校验的方式进行认证。一旦信息校验通过，则认为交易方就是持卡人本人，随即完成该笔支付。当前，网络交易通常需要验证完整的银行卡号、信用卡安全码、完整姓名、卡片有效期这四类信息。然而，由于各卡组织和各银行的标准不同，最少的情况下，仅需要银行卡号 + 信用卡安全码这两条信息即可完成支付。而在一些实际发生的网络支付风险案例中，存在消费者信息被黑客窃取的风险。

2. 支付方式统一问题

电子支付中存在着多种支付方式，每种方式都有其自身的特点，有时两种支付之间不能做到相互兼容，因此，当电子交易中的当事人采用不同支付方式且这些支付方式又不能互相兼容时，双方有可能无法实现网上交易。同时，就单种支付方式而言，也存在标准不

统一的问题。如智能卡就存在多种标准问题，目前执行的通用标准是 ISO7816 和 CEN726 标准，包括智能卡和智能卡阅读器的格式、协议和功能。这两个标准设计的目的是在智能卡和智能卡阅读器内部或二者之间提供高效的操作，但没有考虑最大限度发挥智能应用程序效率的问题。

目前，还有三种企业标准在使用，且这三种标准在支付方式上也存在着统一的问题。一是由 IBM、Oracle、Sun、Netscape 等公司支持的 Open Card Frame Work 标准，是一种基于网络计算机（NC）的标准。二是微软公司制定的 PCSC（个人计算机智能卡）工作组标准。三是 Sun 公司的 Java Card API 标准，为花旗银行、VISA、第一联合银行等提供支持。

模块五

电子钱包

【内容简介】

本模块从介绍电子钱包的概念及特点入手，通过认识几种常见的电子钱包，来进一步掌握电子钱包的种类与功能。

【案例导入】

中石化厦门“电子钱包”服务助力复工复产

“来加油站，加油不用下车，通过手机就能快速付款，全程只需要 3 分钟时间！还可以提前预约加油、线上开发票，真是太方便了！”车主陈先生在中国石化会展加油站体验了“电子钱包”服务闪付功能后，立刻在公司的微信群里和同事分享。

2020 年 5 月，中石化厦门分公司在全市 50 座中石化加油站点大力推广“电子钱包”服务，车主免下车、免用卡、免结算开票，就能享受便捷又安全的加油服务。车主可通过下载“车 e 族”App 或“中国石化加油卡掌上营业厅”App、微信搜索进入“中石化一键加油”小程序，注册、登录账号，开通“石化钱包”服务功能并绑定车牌号，输入车辆所需油品标号和最大加油金额，首次充值成功后，便可选择加油站或导航到附近加油站加油，即可获得线上下单、快速支付、加完即走的高效加油体验。

为了进一步推广“电子钱包”服务，中石化厦门公司推出专属优惠活动，车主在吕岭路站、高殿站、集美站等 10 余座加油站使用“电子钱包”服务功能，即可享受 0.3 ~ 1 元/升的油品直降优惠。据悉，自“电子钱包”服务功能上线以来，厦门地区已有 6 万车主体验了该项功能，日均消费交易笔数突破 2200 笔，单日最高交易 14 万升油品。

资料来源：凤凰网财经，https：//finance. ifeng. com/c/7wq5NBIP9PD。

请思考：电子钱包的特点有哪些？

【基础知识】

一、电子钱包概述

（一）电子钱包的定义

视频：电子钱包的定义

电子钱包是在网上小额购物时常用的一种电子支付手段。它是一种装载电子货币的载体，消费者需要在电子钱包内存放电子货币，如电子现金、电子零钱、电子信用卡等，其作用就像生活中随身携带的钱包一样。

电子钱包有两种概念。一是纯粹的软件，主要用于网上消费、账户管理，这类软件通常与银行账户或银行卡账户是连接在一起的。二是小额支付的智能充值卡，持卡人预先在卡中存入一定的金额，交易时直接从储值账户中扣除交易金额。例如，作为商家的会员预先储值，在消费时直接打开微信卡包就可以扫码支付。

目前，世界上有 VISA Cash 和 Mondex 两大电子钱包服务系统，其他电子钱包服务系统还有 HP 公司的电子支付应用软件（VWALLET），微软电子公司的电子钱包 MS Wallet、IBM 公司的 Commerce POINT Wallet 软件，Master Card Cash、Euro Pay 的 Clip 和比利时的 Proton 等。

知识链接

中银电子钱包

中银电子钱包（E－wallet）是一个可以由中国银行长城电子借记卡和长城国际卡持卡人，用来进行安全网上购物交易并储存交易记录的软件，就像生活中随身携带的钱包一样。

中国银行采用了国际公认的安全标准（SET，安全电子交易）以保证持卡人网上购物的安全性。即：涉及交易各方的数据，在发送时，均通过加密处理。所以商户只能看到消费者的订单信息，而银行只能看到有关支付信息，最大限度地保证了持卡人交易信息的安全性。此外，每笔交易都需要经过各方进行合法身份验证，确定无误后，才会进行交易。而中银电子钱包正是实现安全网上购物的重要组成部分。

中银电子钱包软件可通过以下途径免费获得。

1. 在中国银行网站下载。

2. 在中国银行网点领取中国银行制作的电子银行钱包光盘。

3. 持卡人在使用长城卡进行购物时，卡片信息（如卡号和卡片到期日）及支付指令可以通过电子钱包软件进行加密传送和有效性验证。电子钱包可以在 Microsoft Netscape 等公司的浏览器软件上运行。

（二）电子钱包的特点

电子钱包的应用与生活中的钱包类似，可以存放各种电子货币与电子信用卡，但其在性能上也有自己的特点。

1. 个人资料的应用与管理方便、快捷，交易效率较高

消费者申请电子钱包后可获得一个属于个人的电子钱包档案，可在此档案中增加、修改、删除个人资料，当需要上述信息时，只需要在界面上单击“钱包图标”，就可以把已

有的个人商务信息安全传送到商家网站，而不用重复填写，简化了消费者购物流程，也提高了交易效率。

2. 可以使用多个信用卡和多个电子钱包

使用电子钱包时，消费者可以绑定多张信用卡，由持卡人任意选择使用。同时，软件供应商提供的电子钱包客户端软件一般都具有使用多个钱包的功能，即一个电子钱包软件可以让多人各自授权使用而互不干涉。当启动电子钱包后，只要输入不同的用户名与开包密码，就能打开不同的钱包。

3. 购物记录的保存与查询

电子钱包软件的每一次交易，无论成功或失败，都会将结果记录，供客户进行查询，电子钱包会逐笔列出刷卡消费的日期、消费商家和消费金额，可以帮助客户了解自身消费的基本情况，帮助做好家庭记账。

4. 多台计算机使用同一套电子钱包，共用同一张数字证书

一般消费者在不同的环境下会使用不同的电脑，如在家会使用台式电脑，而出差会携带笔记本电脑，电子钱包软件借助软件与计算机的非对应性，通过复制数字证书并安装，使得不同的计算机都可以运用自己的电子钱包软件进行网上购物。

5. 安全性较高

电子钱包将个人资料储存在服务器端，可以通过技术手段确保安全，且不在个人电脑上储存任何个人资料，避免资料泄露的危险。同时，网络支付传送采用 SET 协议安全机制，使得在使用电子钱包时，不管应用何种电子货币，即使是电子信用卡也保证安全可靠。

6. 对参与各方要求较高

使用电子钱包进行网络支付，需要在一整套电子钱包服务系统中进行，并且客户需要配置电子钱包客户端软件才可以使用，给客户带来一定的不便。

（三）几种常见的电子钱包

1. Agile Wallet

可以处理消费者的结算和购物信息，提供快速和安全的交易。消费者第一次用 Agile Wallet 购物时需要输入姓名、地址和信用卡数据。这些信息会被安全地存储在 Agile Wallet 服务器上。以后访问支持 Agile Wallet 的商家网站时，在商家的结算页面上会弹出有顾客购物信息的 Agile Wallet 框。消费者验证了框内信息的正确性后，点击确认即可完成购物交易。消费者还可将新的信用卡和借记卡信息加入受保护的个人信息中。

2. eWallet

免费的钱包软件，用户可下载并安装在自己计算机上。eWallet 将顾客个人信息和结算信息存在钱包里，甚至还专门为用户留出放照片的地方（就像真正的钱包一样）。购物完成时，只需点击图标并输入口令，然后从 eWallet 中选定信用卡并拖到结账表中，eWallet 就能把用户在安装软件时所提供的个人信息填写到表中。为保护用户的个人信息，eWallet 还有加密和口令保护措施。

3. Microsoft Wallet

微软公司为钱包的标准化而推出的。用户输入 Microsoft Wallet 里的所有个人信息都经

过加密并用口令进行保护。新版本还能同电子现金系统、网络银行账户及其他结算模式交互。目前，它支持运通卡、Discover 卡、万事达卡和 Visa 卡。

Microsoft Wallet 的使用方法：当用户在支持 Microsoft Wallet 的网站上选好商品后，切换到电子结账平台时，网站的软件会询问用户是自己输入信息还是让 Microsoft Wallet 代用户输入。若选择后者，就会显示出钱包中的信用卡清单，用户可挑选一种信用卡并输入用户的口令。若用户有多个送货地址，用户可告诉 Microsoft Wallet 究竟让商家把商品送往何处。剩下的工作就由 Microsoft Wallet 和商家网站来完成了。

4. Mondex 电子钱包

Mondex 卡终端支付是电子钱包早期的应用，类似于 IC 卡。

二、电子钱包的功能和分类

视频：电子钱包的功能和分类

（一）电子钱包的功能

1. 个人资料管理

消费者申请电子钱包后，将为其开立一个属于个人的电子钱包档案，消费者可在此档案中增加、修改、删除个人资料。

2. 网上付款

消费者在网上选择商品后，登录电子钱包，选择入网银行卡，向“金融联”支付网关发出付款指令来进行支付。

3. 消费记录查询

消费者可以通过电子钱包完成支付的所有历史交易进行查询。

4. 银行卡余额查询

消费者可通过电子钱包查询个人银行卡余额。

5. 商户站点链接

电子钱包内设众多电子商户站点链接，用户可通过链接直接登录商户站点进行购物。

（二）电子钱包的分类

根据电子钱包储存位置不同，电子钱包可分为服务器端电子钱包和客户机端电子钱包。

1. 服务器端电子钱包

这类电子钱包是在商家服务器或电子钱包软件公司的服务器上储存消费者的信息。由于客户机与服务器之间的安全漏洞问题，可能会导致将客户信息泄露给未经授权的第三方的风险。

2. 客户机端电子钱包

这类电子钱包是在消费者自己的计算机上储存消费者信息，可有效避免由于攻击服务器而泄露客户信息的可能，但也存在着下载时间长、不便于携带等缺点，因为客户如果不是在安装了自己电子钱包的计算机上购物的话，就无法得到自己电子钱包的支持。

（三）电子钱包的支付流程

使用电子支付需要经过以下支付流程（见图 3－2）。

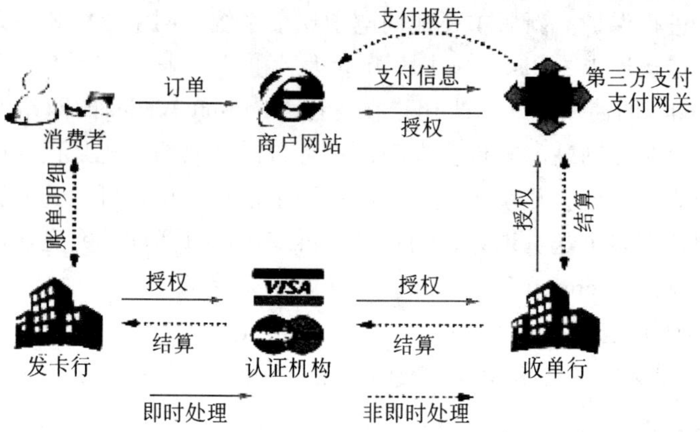

图 3－2　电子钱包支付流程

（1）顾客（即购物消费者）通过互联网查找自己想购买的物品。

（2）顾客在计算机上输入订货单。

（3）通过电子商务服务器与有关商店联系并立即得到应答，告诉顾客所购货物的单价、应付款数、交货等信息。

（4）顾客确认后，用电子钱包支付。将电子钱包装入系统，单击电子钱包的相应项或电子钱包图标打开，输入保密口令，顾客确认是自己的电子钱包并使用电子钱包中的一张电子信用卡来付款。

（5）电子商务服务器对此信用卡号码采用某种保密算法加密后，发送到相应的银行，同时销售商店也收到经过加密的购货账单，销售商店将顾客编码加入电子购货账单后，再转送到电子商务服务器上，经过电子商务服务器确认后，将其送到信用卡公司和商业银行，在信用卡公司和商业银行之间要进行应收付款和账务往来的电子数据交换和结算处理。信用卡公司将处理请求送到商业银行请求确认并授权，商业银行确认并授权后再将其送回信用卡公司。

（6）如果经商业银行确认后拒绝并且不予授权，则说明顾客的这张信用卡额度不够。在商业银行拒绝支付时，顾客可以再单击电子钱包的相应项选择使用另一张电子信用卡，重复上述操作。

（7）如果经商业银行证明这张信用卡有效并授权后，交易成功。与此同时，销售商店留下整个交易过程中发生往来的财务数据，并且出示一份电子收据发递给顾客。

（8）上述支付完成后，店家将按照顾客提供的电子订货单信息将货物发送给顾客。

【项目练习】

一、单项选择题

1. 以下（　　）不属于互联网基金的特征。

A. 效率高、成本低　　B. 操作便捷

C. 投资门槛高　　D. 可实现产品和客户需求高度匹配

2. 以下（　　）属于互联网基金模式。

A. 在银行柜台申购基金　　B. 在银行自助机具申购基金

C. 在基金公司渠道购买基金　　D. 购买余额宝

3. 互联网保险是指保险公司或保险机构以互联网和电子商务技术为工具来支持（　　）的经营管理活动的经济行为。

A. 保险推介　　B. 保险培训　　C. 保险销售　　D. 保险理赔

4. 以下不是互联网保险的优势的是（　　）。

A. 互联网保险可以降低成本，提高经营效率，使保险机构具有更强的竞争力

B. 互联网保险可以有效提升保险业的透明度

C. 互联网保险可以为客户提供个性化服务，挖掘更多市场容量

D. 互联网保险可以取代传统保险

5. 关于互联网理财的说法错误的是（　　）。

A. 从广义上看，一切通过互联网的方式，帮助客户实现财富增值的模式都属于互联网理财的范畴

B. 传统金融机构的网络销售不是互联网理财

C. P2P 属于互联网理财的范畴

D. 余额宝属于互联网理财的范畴

6. 与传统理财相比，（　　）不是互联网理财的优势。

A. 投资时间灵活　　B. 理财产品多样

C. 投资门槛低　　D. 投资成本高

7. 下列不属于电子信用卡特点的是（　　）。

A. 制卡成本低　　B. 安全性好

C. 办卡方便快捷　　D. 透支额度高

8. （　　）在互联网保险中占主导地位。

A. 意外险　　B. 健康险

C. 终身寿险　　D. 定期寿险

9. 对于保险电商平台模式，说法错误的是（　　）。

A. 该类网络平台不属于任何保险公司或者附属于某大型网站，保险公司可以依托有成熟技术的第三方提供的网站进行保险产品的销售

B. 保险电商平台，在互联网保险业务活动中担当为保险消费者和保险机构提供网络技术支持辅助服务的网络平台角色，其经营模式类似于保险超市

C. 该模式又进一步分为专业的电商平台开辟的保险频道、纯保险电商平台、保险公司自家网站三种模式

D. 这种模式的优势在于客户可在保险超市中进行自由比价，购买流程就像网上购物一样，体现了以客户为中心的服务理念

10. 一般情况下，（　　）的申购手续费率最高。

A. 基金公司网站交易　　B. 商业银行网上交易

C. 证券公司网上交易　　D. 第三方平台基金交易

二、多项选择题

1. 以下关于互联网基金的说法正确的有（　　）。

A. 从销售渠道来看，通过互联网平台实现交易的各类型基金均属于互联网基金范畴

B. 从基金产品类型来看，由于余额宝的广泛普及，货币市场基金在互联网基金里占有很大的比重

C. 互联网基金依靠互联网平台交易的大数据分析为基础开展业务，比以商业银行为主要销售渠道的传统基金销售模式效率高，但成本也较高

D. 互联网基金操作便捷且资金交易门槛比较低

E. 互联网基金是基金公司同第三方平台机构的一种深度跨界融合

2. 以下哪些属于互联网基金的交易渠道？（　　）

A. 基金公司网站交易　　B. 商业银行网银上交易

C. 证券公司网上交易　　D. 第三方平台基金交易

E. 证券公司网上商业银行柜台交易

3. 以下哪些属于互联网保险基金的交易渠道运营模式？（　　）

A. 传统保险公司官方网站模式　　B. 专业的电商平台开辟的保险频道

C. 纯保险电商平台　　D. 银行网站开辟的保险销售模式

E. 搭售模式

4. 以下关于电子信用卡和信用卡的说法错误的有（　　）。

A. 信用卡是一张实体卡，而电子信用卡是虚拟卡

B. 电子信用卡的刷卡形式不受限制，既可以通过 POS 机刷卡消费，也可以绑定支付宝、微信等第三快捷支付进行扫码或线上支付

C. 电子信用卡由一组虚拟卡号、CVV2 码、有效期等信息组成

D. 信用卡既可以通过线上转账还款，也可以在银行柜台和 ATM 插卡还款

E. 电子信用卡只能通过线上还款

5. 以下（　　）属于电子钱包的特点。

A. 个人资料的应用与管理方便、快捷，交易效率较高

B. 可以使用多个信用卡和多个电子钱包

C. 购物记录的保存与查询

D. 多台计算机使用同一套电子钱包，共用同一张数字证书

E. 安全性较高

6. 以下关于电子钱包的说法不正确的有（　　）。

A. 是在线下小额购物时常用的一种电子支付手段

B. 是一种装载电子货币的载体

C. 是一个用来携带电子货币的可独立运行的软件

D. 在电子钱包内存放电子货币，如电子现金、电子零钱、电子信用卡等

E. 其作用就像生活中随身携带的钱包一样

三、判断题

1. 互联网理财产品所涉及的领域广泛，给投资者带来更大的选择空间，从而使得适用人群也随之扩大，适应各阶层人群的投资理财需求，体现的是互联网理财产品多样化的优势。 (　　)

2. 一些收费类理财方式如股票基金购买，在银行柜台购买需要收取 1.5% 的申购费，在其他平台购买更会低至 1 折，大大降低投资成本。 (　　)

3. 目前互联网保险险种主要涉及旅行类保险、车险、意外险、健康险，以及一些场景创新类产品（如航班延误险、退货运费险等）。 (　　)

4. 基金公司网站平台可以购买到多家基金公司的开放式基金。 (　　)

5. 使用电子钱包进行网络支付，需要在一整套电子钱包服务系统中进行，并且客户需要配置电子钱包客户端软件才可以使用，给客户带来一定的不便。 (　　)

6. 互联网理财产品购买的起点为 1 万元人民币。 (　　)

7. 保险电商平台不同于保险公司自建的网络销售平台，其独立于保险公司，能够公正评价和对比保险产品，减少信息不对称。 (　　)

8. 根据电子钱包储存位置不同，可将电子钱包分为服务器端电子钱包和客户机端电子钱包。 (　　)

9. 同信用卡相比，电子信用卡的制造成本较高。 (　　)

10. 目前，第三方平台为我国互联网保险保费收入主要来源。 (　　)

四、简答题

1. 简述互联网基金的交易渠道及各自的优缺点。
2. 简述保险电商平台的具体模式及各自的优势。
3. 同传统的理财产品相比，互联网理财有哪些优势？
4. 简述电子信用卡同信用卡相比有哪些不同。
5. 简述电子钱包的特点。

PPT

项目四 互联网银行征信

【知识目标】

掌握征信的含义及主要内容；掌握征信体系的三种模式；了解信联的概念及构成。

【能力目标】

熟悉征信在经济活动中发挥的作用；熟悉我国征信的相关法律条款；了解信联、银联和网联的区别。

模块一 中国人民银行征信

【内容简介】

本模块主要介绍征信的基本理论，包括征信的含义及内容、征信在我国的发展历程、征信在经济活动中发挥的作用、我国征信的相关法律条款，以及国外三种典型的征信体系模式。

【案例导入】

"未婚"变"已婚"引起的麻烦

某日，客户王某到银行申请贷款，银行查询其信用报告显示该客户已婚，遂要求该客户偕同配偶一同办理手续，才能受理其贷款申请。而该客户则称自己从未结过婚，又何来配偶？其后，该客户到人民银行征信中心申请要求异议处理。

经调查，具体情况如下：原来该客户曾经办理过一张信用卡，办卡填写资料时，营销人员告诉该客户，若婚姻状况为已婚，那么信用卡的额度会稍高一些，于是该客户就将婚姻状况填写为"已婚"。之后，相关信息被商业银行报送进入征信系统展示在个人信用报告中。

资料来源：根据网上资料整理。

请思考：在我国，征信信息包括哪些内容呢？

【基础知识】

一、征信的概念及内容

视频：征信的概念及内容

何为诚信？荀子云："君子养心莫过于诚。"孔子曰："人而无信，不知其可也。"常言道：诚信于君为忠，诚信于父为孝，诚信于友为义，诚信于民为仁，诚信于交为智。以诚信为本，无信而不立，这本是做人的应有品质。

而在19世纪初的英国，常有"绅士不付裁缝账"的现象：伦敦的裁缝们为绅士和贵族定做衣服是做好之后再收钱，结果总有一些客户不守信用，不及时付款甚至故意赖账，而给裁缝们造成了很大损失。于是，为了保护自身利益，裁缝们创立了一个交流其客户支付习惯信息的机制，拒绝为那些信用不良的客户们服务。从这个西方征信制度的雏形可以看出，这种在信息使用者之间分享客户信用信息的活动就是征信。

（一）征信的含义

何为征信？在我国，征信一词的溯源最早来自《左传·昭公八年》中"君子之言，信而有征，故怨远于其身"。这可以理解为，君子说出的话，诚信确凿而有证据，因此怨恨不满都会远离他的身边。其中的"征"即收集、证验、证实；"信"则指信用、信誉、信任，两个字合起来就是验证信用的意思。

征信，即"征之以信"，是指依法收集、整理、保存个人及其他组织的信用信息，并对外提供信用报告、信用评估、信用信息咨询等服务，帮助个人判断、控制信用风险，进行信用管理的一系列活动的总称。简言之，是专业化的、独立的第三方机构依法采集、保存、整理企业和个人的信用信息，并提供信用信息服务的行为的总称。

（二）征信的相关概念

1. 征信体系

征信体系包括征信法律、征信机构、行业标准、征信行业监管、征信市场与培育、征信教育与科研等方面的总和。

2. 信用信息基础数据库

信用信息基础数据库也称征信系统，是我国社会信用体系建设的重要基础设施，是在国务院领导下，由中国人民银行组织商业银行建立的个人信用信息共享平台，其日常运行和管理由中国人民银行征信中心承担。该数据库采集、保存、整理个人信用信息，为商业银行、企业和个人提供信用报告查询服务，为货币政策、金融监管提供统计信息服务。

3. 信用记录

信用记录是指企业和个人在一定时期内按时间顺序所积累的信用信息。它是判断企业和个人在经济活动中的道德水准和偿债能力的主要客观依据，是投资者和放贷机构进行信用风险管理的重要决策依据。

（三）征信的主要内容

征信按业务模式可分为企业征信和个人征信两类。企业征信主要是收集企业信用信息、生产企业信用产品的机构；个人征信主要是收集个人信用信息、生产个人信用产品的机构。在我国，征信的管理机构是中国人民银行征信中心。

1. 企业征信

中国人民银行从1998年开始着手建立各金融机构间，企业信贷信息共享的银行信贷登记咨询系统；2002年，该系统实现全国联网；2006年升级成全国统一的企业信用信息基础数据库。

企业征信数据的信息内容主要包括企业的基本信息、信贷信息、其他信息，具体来说，有企业的注册信息、财务报表、公共记录、雇员、进出口情况、银行往来情况、付款记录、经营者简历、企业发展史、财务报表反映不出的经营状况、产品介绍以及相关的市场宏观经济状况和行业发展状况等。

2. 个人征信

中国人民银行组织各商业银行建设的全国统一的个人信用信息基础数据库已于2004年12月在北京等七个城市试运行，2005年年底实现全国联网运行。个人信用数据库从2004年1月1日起开始采集个人信贷信息，在此之前发生的但已还清的信贷信息不采集，2004年1月1日尚未还清或之后新发生的信贷信息，个人信用数据库都会采集。

中国人民银行征信中心目前采集的个人征信数据，主要包括个人的基本信息、整体的负债情况、约定还款情况以及个人的遵纪守法情况。具体来说，有个人的贷款开立信息、贷款还款信息、准贷记卡发卡信息、准贷记卡透支还款信息、贷记卡发卡信息、贷记卡还款信息、个人身份信息、特殊交易信息和特别记录信息9类信息。

（四）征信在我国的发展

19世纪末，受西方市场经济思想的影响，一些华资银行已开始设立调查部，调查和收集客户信用状况资料，建立客户信用档案。1932年，一些华资银行共同发起，在上海设立了会员制征信机构——中华征信所。但是由于国内战争，中华征信所发展缓慢。中华人民共和国成立后相当长时间内，我国征信业几乎处于停滞的状态。从20世纪80年代起，随着我国改革开放和市场经济发展，中国现代征信业开始登上舞台，并经历了从初步探索到战略机遇改革的四个阶段。

1. 初步探索阶段（1988—1995年）

1988年，为了帮助企业债发行管理，中国人民银行批准成立了上海远东资信评级有限公司，这是我国第一家信用评级公司。随后几年间，20多家评级机构被批准成立，信用评级市场开始活跃起来。

1992年，北京新华信商业风险管理有限责任公司成立，专门从事企业征信，成为我国第一家真正意义上的征信机构。自此，征信市场雏形初现。

2. 区域平台建设阶段（1996—2002年）

1996年，中国人民银行在全国推行企业贷款证制度，开始在金融系统中引入征信制度。

1997年，上海开展企业信贷资信评级。

1999年，上海资信有限公司成立，从事企业和个人征信；人民银行把贷款证由文本登记方式转为电子化管理，银行贷款登记咨询系统上线。

2002年，银行贷款等级咨询系统建成地、省、总行三级数据库，实现全国联网查询，标志着中国征信行业迈出了重要的一步。

3. 央行统一平台搭建阶段（2003—2012 年）

2003 年，国务院赋予人民银行“管理信贷征信业，推动建立社会信用体系建设”的职责，人行设立征信管理局。

2004 年，人民银行建成全国集中统一的个人信用信息基础数据库。

2005 年，人民银行建立全国集中统一的企业信用信息基础数据库。

4. 战略机遇改革阶段（2013 年至今）

2013 年 3 月，国务院颁布实施《征信业管理务例》，明确人民银行为征信业监管部门；同年年底，人民银行发布《征信机构管理办法》。

2014 年 6 月，第一批 26 家第三方企业信机构获得人民银行颁发的企业征信牌照。

2015 年 1 月，人民银行印发《关于做好个人征信业务准备工作通知》。

2018 年 1 月，由央行指导、由互金协会与 8 家个人征信业务机构共同发起成立的百行征信有限公司成立。它作为央行征信体系的补充，作用于个人征信体系，与央行征信中心平行。

2020 年 3 月，人民银行征信中心组织商业银行开展网商银行和手机银行信用报告查询服务试点。

2020 年 12 月，全国性第二家征信机构朴道征信有限公司在北京注册成立。

2021 年 1 月，为了贯彻落实国务院常务会议关于促进征信业务发展提质、建立健全征信体系的会议精神，人民银行颁发《征信业务管理办法（征求意见稿）》；2021 年 9 月 17 日，《征信业务管理办法》经中国人民银行 2021 年第 9 次行务会议审议通过，自 2022 年 1 月 1 日起施行。

二、征信的作用

视频：征信的作用

（一）防范信用风险，促进信贷市场发展

对于单一个体而言，根据路径依赖原理（人们一旦进入某一路径，无论是“好”还是“坏”，都有可能对这种路径产生依赖），要预测一个人未来的行为方向，最好的方法就是看他过去的表现，这就是社会信用体系建设的理论基础。也就是说，商业银行在受理企业和个人的贷款申请时，往往会先参考申请人的历史信用状况，这也是使用征信的最早出发点。

征信产生之前的信贷领域，经常会出现这样一种情形：在企业和个人向银行申请贷款时，如果银行不了解其真实的信用状况，为了规避信贷风险，往往会直接采取紧缩的信贷政策。但自从征信活动的出现，银行可以通过查阅被征信人以往的信用记录，便捷地了解申请人的信用状况，从而采取相应的信贷政策。因此，征信的存在，扩大了商业银行的信贷范围，提高了商业银行的贷款审批效率，推动了信贷市场的良性发展。

（二）服务于其他授信市场，提高履约水平

现代经济的核心是信用经济，授信市场包含的范围非常广泛，除银行信贷外，还包括大量的授信活动，如以应收账款形式存在的企业之间的授信活动；以企业向个人发放的购物卡、消费卡等形式存在的授信活动；以个人之间的借款形式存在的授信活动……另外，在金融市场上还有一些从事授信中介活动的机构，如担保公司、租赁公司、保险公司、电

信公司等，这些机构在开展业务时，均需要了解受信一方的信用状况。

征信活动通过一系列的方式和专业化的手段，将受信一方的信息全面、准确、及时地传递给授信方，使受信方的风险状况直接暴露在经济交易中，有效地揭示了受信方的信用状况，进一步提高了受信方的履约水平。在这个过程中，通常采取的手段包括提供信用报告、信用评分、资信评级等。

（三）加强金融监管和宏观调控，维护金融稳定

征信机构有功能强大、覆盖范围广泛、信息完善的征信数据库，其中收录了工商登记、信贷记录、纳税记录、合同履约、民事司法判决、产品质量、身份证明等多方面的综合信息，比较完整和公正地反映了企业或个人的真实信用状况。当从更为宏观的角度进行数据分析时，则可以整合出一个企业集团、一个行业，甚至一个国家的信用风险状况。

因此，可以根据监管和调控的多种需要，全面调查、深入分析信贷市场、宏观经济的运行状况，统计不同地区、不同部门、不同行业和各类机构、人群的负债和坏账水平等，从而加强宏观调控力度，完善金融监管框架，维护金融体系的稳定运行。

（四）服务于其他政府部门，提升执法效率

根据政府信息公开法规，征信机构在信息采集的过程中，除了采集银行信贷信息外，还采集了大量的非银行信息，用于帮助授信机构防范风险。在这种情况下，当政府部门出于执法的需要时，可以要求征信机构提供帮助，依法开放征信数据库，提供相应的数据。

通过征信活动，有效解决了政府在依法行政过程中存在的信息不对称问题，并为政府部门的经济决策提供了客观的依据，而且这些依据主要是由第三方提供，真实可靠、准确性强，各部门的执法效率得到了有效提高。

（五）有效揭示风险，为市场各参与方提供决策依据

征信机构可以提供企业和个人的真实数据，实现信用报告的信息共享，并且会在这个基础上，通过合理加工数据推出客观的信用评分、资信评级等综合评价。通过这些评价，可以公正地反映企业和个人的实际风险水平，保证授信市场各方参与者的信息对称，广泛地提高了市场各方的认可度，帮助其做出更科学的经济决策。

这些综合评价主要起到两个方面的作用：一是信号的传递作用，通过这些综合评价，将新信息或现有的信息加以整合，发散给市场，市场再根据这些综合评价，对授信方的信用状况做出整体的评价；二是资格的证明作用，当信用评分和资信评级满足监管机构一定的标准时，会成为企业或个人能否取得授信或发债的有利条件之一。

（六）提高社会信用意识，维护社会稳定

在现代市场经济中，培养企业和个人具有良好的社会信用意识，有利于提升宏观经济运行效率。但是，良好的社会信用意识并不能仅依靠教育和道德的约束，还必须在制度建设上配套完备的约束机制。因此，征信就是营造诚实守信的社会信用氛围的最有力的手段，诚实守信者会得到激励，信用不良者将遭受惩戒，从而从制度上约束企业和个人的信用行为，提高全社会的信用意识。

我国人民银行的企业和个人征信系统，充分发挥“守信激励、失信惩戒”的作用，为避免出现不良记录，一些拖欠贷款的企业和个人主动偿还欠款，居民的诚信意识也开始增强。同时，人民银行通过在全国各地开展形式多样的征信宣传活动，提高了全社会的信用意识，在全社会范围内逐步形成“珍爱信用记录、享受幸福人生”的和谐信用文化。

综上所述，正是因为征信能够帮助实现信息共享，提高信息主体的信用风险意识，所以，征信在经济和金融活动中具有特殊的地位。它既是金融稳定的坚实基础，又是现代金融体系运行的重要基石，对于提高交易对手的风险识别、建设良好的社会信用环境具有非常深远的意义。

三、征信的相关法律条款

视频：征信的相关法律条款

（一）我国征信立法的基本情况

近十年来，我国征信法规制度不断推进，逐步建立了以行政法规、部门规章、规范性文件和标准主体的多层次制度体系，保护了信息主体权益，有力地促进了征信业的发展。

《征信业管理条例》（以下简称《条例》）自 2013 年 3 月 15 日起正式实施。它相当于征信管理的“宪法”或者“最高法”，使征信工作有法可循、有章可依。征信业管理条例共 8 章 47 条，对征信机构的设立条件和程序、征信业务的基本规则、征信信息主体的权益、金融信用信息基础数据库的法律地位及运营规则、征信业的监管体制和法律责任等内容进行了规定。

《征信机构管理办法》（以下简称《办法》）于 2013 年年底由中国人民银行颁布实施。《办法》为配合《征信业管理条例》的贯彻落实，进一步细化了《征信业管理条例》涉及征信机构管理的条款，规范征信机构的设立、变更和终止程序。

《个人信用信息基础数据库管理暂行办法》于 2005 年 10 月由中国人民银行制定通过，《办法》在维护金融稳定、防范和降低商业银行信用风险、促进个人信贷业务发展和保障个人信用信息安全和合法使用等方面具有很大作用。

《征信管理办法》自 2022 年 1 月 1 日起施行，它是《征信管理条例》的配套制度，与《征信机构管理办法》共同构成征信法制体系的重要组成部分，对征信行业依法从严加强监管。

（二）征信法律涉及的主要内容

1. 征信机构的准入管理

征信机构在市场准入方面，没有完全采取严格的行政许可模式，而是区分个人征信和企业征信，分别规定了不同的市场准入模式。

对个人征信机构采取较为严格的审批制，规定个人征信机构只有在股东和高管人员资格、注册资本、业务设施、规章制度等方面达到《条例》规定的条件后，向人民银行申请个人征信业务经营许可证，经批准的，方可办理工商登记并正式开展个人征信业务；未经批准，任何单位和个人都不得从事个人征信业务。其目的是通过对征信机构的许可制管理和严格的日常监管，保护个人信息主体的合法权益。

根据《征信业管理条例》第二章第六条和《征信机构管理办法》第二章第七条规定，对设立从事个人征信业务的征信机构，除符合公司法规定的条件外，还需具备主要股东信誉良好，最近 3 年无重大违法违规记录，注册资本不少于 5000 万元，有符合规定的保障信息安全的设施、设备和制度、措施，董事、监事和高级管理人员取得任职资格等条件，并经国务院征信业监督管理部门批准，取得个人征信业务经营许可证后方可办理登记。

对企业征信机构，则采取了较为宽松的备案制。从事企业征信业务的机构，只需向人民银行报备其股权结构、组织机构、业务范围、业务规则、业务系统的基本情况及信息安全、风险防范措施等即可，无须再次申领征信业务的牌照。这种制度设计模式的目的，是通过相对低的行业准入门槛，吸引更多的投资和人员从事征信行业，并通过征信机构之间的竞争，提高服务质量和水平，实现企业征信业务的快速、健康发展。

根据《征信业管理条例》第二章第十条和《征信机构管理办法》第二章第十九条规定，对设立从事企业征信业务的征信机构的管理则相对宽松。只需依照公司设立登记的法律法规向工商行政管理部门登记，自登记之日起30日内向所在地的国务院征信业监督管理部门的派出机构备案即可，不须另行审批。

我国《征信业管理条例》也主要是对收集个人信用信息进行规定，对收集企业信用信息未设置过多要求。

《征信业务管理办法》第一章第四条规定，从事个人征信业务的，应当依法取得中国人民银行个人征信机构许可；从事企业征信业务的，应当依法办理企业征信机构备案；从事评级业务的，应当依法办理信用评级机构备案。

2. 征信信息的采集范围

在信用信息征集的范围和内容方面，也区分了个人征信和企业征信。监管部门主要是对信息征集的范围和内容进行规定和限制，重点是明确征集信息的法律禁止事项，包括禁止征集和限制征集的内容。

《征信业管理条例》明确规定个人的敏感信息和反映个人财产状况的信息禁止采集；而对企业信息，《条例》仅要求征信机构不得采集法律、行政法规禁止擅自采集的企业信息，不得侵犯企业的商业秘密。

根据《征信业管理条例》第三章第十四条规定：禁止征信机构采集个人的宗教信仰、基因、指纹、血型、疾病和病史信息以及法律、行政法规规定禁止采集的其他个人信息。征信机构不得采集个人的收入、存款、有价证券、商业保险、不动产的信息和纳税数额信息。但是，征信机构明确告知信息主体提供该信息可能产生的不利后果，并取得其书面同意的除外。同时，征信机构不得采集法律、行政法规禁止采集的企业信息。

《征信业务管理办法》按照依法采集、为金融等活动提供服务、用于识别判断企业和个人状况三个维度，将符合上述标准的基本信息、借贷信息、其他相关信息，以及基于这些信息的分析评价信息界定为信用信息。此新规大幅度扩展了信用信息的外延，从而把大量助贷业务纳入了征信范畴。

3. 征信信息的征集程序

在信用信息征集程序方面，监管部门会考虑信用信息的征集是否需要经过信息主体同意。《征信业管理条例》对个人信息的查询和征集上有相对严格的规定，信息主体可以向征信机构查询自身信息，个人信息主体有权每年两次免费获取本人的信用报告；在向征信机构查询企业信息的方面，没有作出类似的要求，而是鼓励企业信用信息公开透明，为企业征信业务的发展提供较为宽松的制度环境。

根据《征信业管理条例》第三章第十八条、第二十条、第二十一条规定，信息主体以外的单位或者个人向征信机构查询个人信息时，除法律、行政法规公开的信息外，应当取得信息主体本人的书面同意并约定用途，未经本人同意不得采集。征信机构可以通过信息主体、企业交易对方、行业协会取得信息，也可以获取政府有关部门依法已公开的信息、政府有关部门依法已公开的信息，人民法院依法公布的判决、裁定等信用信息，采集和对外提供时都不需要取得企业的同意；企业的董事、监事、高级管理人员与其履行职务相关的信息，视为企业信息，采集和使用时也不需要取得信息主体的同意。征信机构不得采集法律、行政法规禁止采集的企业信息。

《征信业务管理办法》对信用信息采集、整理、保存、加工、提供和使用等征信业务的各个环节进行了明确规定。《办法》第二章第七条、第九条、第十二条、第十五条规定，信用信息采集应遵循最小、必要的原则，不得过度采集；信息提供者向征信机构提供信用信息的，征信机构应当制定相关制度，对信息提供者的信息来源、信息质量、信息安全、信息主体授权等进行必要的审查；征信机构采集个人信用信息应当经信息主体本人同意并且明确告知信息主体采集信用信息的目的。依照法律法规公开的信息除外；采集企业信用信息，应当基于合法的目的，不得侵犯商业秘密。

4. 个人隐私保护

个人信用信息是个人在经济活动中产生的敏感信息，涉及个人隐私，因而不能像公共产品一样无条件共享。可是在市场经济条件下，个人向银行借款或举债能否按期归还，涉及公众的利益，在追求个人利益与公众利益的平衡中，个人必须有限地让渡其隐私。为了保护个人的合法权益，防止个人信息不被滥用，需要一个有效的征信监管体系去规范征信机构及其业务。对个人征信进行监管的目的之一，就是在信息披露和保护隐私，以及信息披露和便于个人从商业银行获得贷款之间保持一种平衡，保证征信机构“有条件”地采集、保存、使用征信数据，尽可能地保护个人的利益。个人在征信活动中享有以下权利：知情权、纠错权、异议权和司法救济权。

《个人信用信息基础数据库管理暂行办法》采取了授权查询、限定用途、保障安全、查询记录、违规处罚等措施，保护个人隐私和信息安全，保障了个人征信系统的规范运行。

同时，为了促使个人改正并保持良好的信用记录，在惩恶扬善和维护个人权益之间达到一个合理的平衡，《征信业管理条例》第三章第十六条规定，将不良信息的保存时限设定为 5 年，超过 5 年的应当删除。

《征信业务管理办法》第二章第二十条规定，个人不良信息保存期限届满，征信机构应当将个人不良信息在对外服务和应用中删除；作为样本数据的，应当进行匿名化处理。

四、国外征信体系模式

视频：国外的征信体系

从国际发达国家的经验看，征信体系模式主要有三种：市场主导型模式、政府主导型模式和会员制模式。

（一）以美国为代表的市场主导型模式

市场主导型模式又称民营模式。这种社会信用体系模式的特征是征信机构以营利为目的，收集、加工个人和企业的信用信息，为信用信息的使用者提供独立的第三方服务。在社会信用体系中，政府的作用一方面是促进信用管理立法，另一方面是监督信用管理法律的贯彻执行。美国、加拿大、英国和北欧国家采用这种社会信用体系模式。

“美国模式”是典型的市场主导型。从简单征信服务到比较完善的现代信用体系的建立，美国的征信业差不多经历了160多年的时间。美国的征信服务机构都是独立于政府之外的民营征信机构（或称为私人信用调查机构），是按照现代企业制度方式建立，并依据市场化原则运作的征信服务主体。

美国的征信服务机构具有明显特征：①在机构组成方面，征信机构主要由私人和法人投资组成。②在信息来源方面，民营征信机构的信息来源广泛。消费者信用调查机构的信用信息除了来自银行和相关的金融机构外，还来自信贷协会和其他各类协会、财务公司或租赁公司、信用卡发行公司和商业零售机构等。③在信用信息内容方面，民营征信机构的信息较为全面，不仅征集负面信用信息，也征集正面信息。④在服务范围方面，美国民营信用调查机构是面向全社会提供信用信息服务。服务的对象主要包括私人银行、私人信用机构、其他企业、个人、税收征管机构、法律实施机构和其他联邦机构，以及本地政府机构等，这些机构都是征信报告的需求方。

美国对征信的立法是由于20世纪70年代征信业快速发展导致了一系列问题而开始的，走的是一条在发展中规范的立法过程。到现在美国不仅具备了较为完善的信用法律体系和政府监管体系，而且与市场经济的发展相伴随，形成了独立、客观、公正的法律环境。政府基本上处于社会信用体系之外，主要负责立法、司法和执法，建立起一种协调的市场环境和市场秩序，同时其本身也成为商业性征信公司的评级对象，这样就保证了征信公司能确保其独立性、中立性和公正性。

（二）以欧洲为代表的政府主导型模式

政府主导型又称公共模式或中央信贷登记模式。这种模式是以中央银行建立的“中央信贷登记系统”为主体，兼有私营征信机构的社会信用体系。中央信贷登记系统是由政府出资建立的全国数据库网络系统，直接隶属于中央银行。中央信贷登记系统收集的信息数据主要是企业信贷信息和个人信贷信息。该系统是非营利性的，系统信息主要供银行内部使用，服务于商业银行防范贷款风险和央行进行金融监管及执行货币政策。据世界银行统计，法国、德国、比利时、意大利、奥地利、葡萄牙和西班牙7个国家有公共信用登记机构，即中央信贷登记系统。其中，除法国外，其他6国都有市场化运营的私人征信机构。

欧洲征信业的发展主要采用的是政府主导型模式。欧洲对于征信的立法最初是源于对数据、个人隐私的保护，因此与美国相比，欧洲具有较严格的个人数据保护法律。

欧洲的政府主导型征信模式与美国的市场化模式的差别体现在三个方面：一是信用信息服务机构是被作为中央银行的一个部门建立，而不是由私人部门发起设立；二是银行需要依法向信用信息局提供相关信用信息；三是中央银行承担主要的监管职能。

（三）以日本为代表的会员制模式

会员制模式是指由行业协会为主建立信用信息中心，为协会会员提供个人和企业的信用信息互换平台，通过内部信用信息共享机制实现征集和使用信用信息的目的。在会员制模式下，会员向协会信息中心义务地提供由会员自身掌握的个人或者企业的信用信息，同时协会信用信息中心也仅限于向协会会员提供信用信息查询服务。这种协会信用信息中心不以营利为目的，只收取成本费用。日本采用这种社会信用体系模式。

日本的征信体系明显区别于美国和西欧国家，采用的是会员制征信模式，这主要是由于日本的行业协会在日本经济中具有较大的影响力。尤其对于个人征信而言，在日本没有商业化运作的个人征信企业。

目前，日本的信用信息机构大体上可划分为银行体系、消费信贷体系和销售信用体系3类。相应的行业协会分别是银行业协会、信贷业协会和信用产业协会。这些协会的会员包括银行、信用卡公司、担保公司、其他金融机构、商业公司、零售店等。三大行业协会的信用信息服务基本能够满足会员对个人信用信息征集考查的需求。例如，日本银行协会建立了非营利的银行会员制机构，即日本个人信用信息中心，地方性的银行作为会员参加"信息中心"。到1988年，日本全国银行协会把其国内的信息中心统一起来，建立了全国银行个人信息中心。信息中心的信息来源于会员银行，会员银行在与个人签订消费贷款的合同时，均要求个人义务提供真实的个人信用信息。这些个人信息中心负责对消费者个人或企业进行征信。该中心在收集与提供信息服务时要收费，以维持中心的运行与发展，但不以营利为目的。不过，日本征信业同时也存在一些商业性的征信公司。

日本的消费者的信用信息并不完全公开，只是在协会成员之间交换使用，之前并无明确的法律规定，但在银行授信前，会要求借款人签订关于允许将其个人信息披露给其他银行的合同。日本也注重完善了有关保护个人隐私的基本法律，重点确定个人金融信用信息、医疗信息、通信信息的开放程度。

知识链接

环联

环联创建于1968年，总部设在芝加哥，是分析、决策与信息管理领域的全球领先公司。该公司利用先进技术与分析专长，对所有可获取的数据进行处理，为商业客户提供服务，以深入透彻地了解企业所面临的挑战，为全球的企业客户创造优势，并更好地控制风险，帮助企业更好地决策、提高效率和把握机遇。目前该公司商业客户及消费者遍布全球多个国家，保存全球5亿多消费者及商业客户的信贷记录，向45000个商业客户提供解决方案，是2015年上市的全球第三大个人征信机构。环联提供的主要业务包括风险管理、销售与市场营销服务、欺诈防范与身份管理及催收管理等。

环联通过在当地设立子公司来实现其全球发展战略，目前在中国北京市东城区东长安街1号设立了中国的子公司——环联信息技术（北京）有限公司。

资料来源：李永红．互联网征信［M］．北京：中国人民大学出版社，2020.

模块二

互联网银行信联

【内容简介】

本模块主要介绍我国信联的基础内容，包括信联的产生过程、信联的构成、信联在我国经济市场中发挥的作用，以及信联、银联和网联的区别及联系。

【案例导入】

信联，改变你我的生活

小张去年结婚，买了一套新房，在银行贷款了 60 万元。小张近期生意失败亏损了 20 余万元，急需资金周转，但公司已有不少负债，无法再通过银行得到资金。此时，有好心人向小张推荐——找互联网金融公司借款，手续相对简便，借款要求没有银行复杂，相对容易能得到资金。小张不禁动了心，想试一试，以解燃眉之急。

沟通了几家互联网金融公司后，小张能在任意一家互联网金融公司贷到的款项最多为 10 万元。这时，小张动了心思——能否同时在两三家互联网金融公司贷款呢？如此一来，贷款总金额就可以弥补资金缺口了。

资料来源：李永红．互联网征信［M］．北京：中国人民大学出版社，2020.

【基础知识】

一、信联的概念及构成

视频：信联的概念及构成

（一）“信联”的产生

个人征信是金融市场基础设施的重要组成部分，对互联网金融发展有着重要意义。我国的个人征信原来主要集中在信贷系统，对个人影响也主要体现在信贷方面，但随着互联网金融业务的创新和发展，个人征信数据采集由线下扩展到线上，由信贷渗透到生活的点点滴滴，信息的重要性正逐步凸显，但传统征信渠道的数据已经不能满足市场的征信需求，因此亟待扩充。然而，国内信用行业鱼龙混杂，信用机构良莠不齐。与此同时，大部分信用企业提供的服务存在风险量化不足、动态跟踪缺失、市场细分薄弱和信息来源分散等痛点。

同时，征信市场存在着诸多问题：一是网贷机构不愿共享债务信息，市场无法建立一个有效的征信体系；二是缺乏有公信力的征信机构，试点机构要么自营借贷业务，难以采集其他机构的信贷数据，要么自身实力不足，无法建立有效的信息采集体系和输出方式；三是市场信贷数据不足，以网贷数据作为核心征信数据，覆盖人群有限，不能服务更多的无信用数据人群。在此背景下，有一定官方背景的“信联”就应运而生了。

2014 年，央行发布《征信机构管理办法》，放开对个人征信机构设立的准入。

2015 年 1 月，央行下发《关于做好个人征信业务准备工作的通知》，公布了首批 8 家个人征信试点机构名单，其中包括芝麻信用、腾讯征信、前海征信、鹏元征信、中诚信征信、中智诚征信、拉卡拉信用以及华道征信，准备时间为六个月。

2016 年 9 月，由中国互联网金融协会组织建设的“互联网金融行业信用信息共享平台”正式开通。该平台定位于建立国家基础性信用信息数据库，与央行征信中心形成有效补充，逾期严重的用户将会受到一定的限制，例如贷款服务、信用评估，甚至对出行、购房等生活也会产生直接影响。蚂蚁金服、京东金融、分期乐等 17 家互联网金融企业首批签约《中国互联网金融协会互联网金融服务平台信用信息共享合作协议》。这些企业将部分业务数据上报至共享系统，接受政府监管机构、协会的监管，并且在成员企业之间流动，相当于建成了互联网金融领域的首个征信系统。各单位可以从更多元的角度对借款人的信用状况进行交叉比对，提高信息校验的准确性。

但对于2015年央行公布的8家征信试点的机构，历经一年多的时间，迟迟未得到官方颁发的个人征信业务牌照。2017年4月20日举行的个人信息保护与征信管理国际研讨会上，陈雨露[①]曾表示，央行正积极稳妥地加快推进个人征信业务牌照发放工作，同时，征信机构在公司治理结构和业务开展上应确保独立，防止利益冲突。开展业务要客观中立，不能受信息提供者和信息使用者等其他主体的支配。征信产品和服务的使用不能与征信机构股东或出资人的其他业务相捆绑，不能成为股东或出资人牟取他利的手段。

2017年5月，央行征信管理局局长万存知曾发文称，8家从事个人征信开业准备的机构存在三个突出的问题：业务闭环不利于信息共享、不具备第三方征信的独立性、没有了解和遵守征信的基本理念及规则等，因此，从监管标准判断，8家机构的个人征信业务准备工作均不合格。

由此可见，人民银行对征信行业始终坚持审慎稳健从严的监管原则，审慎审批个人征信牌照。人民银行严格按照《中华人民共和国行政许可法》《征信业管理条例》等法律法规的要求，受理、审批百行征信有限公司从事个人征信业务的申请。从世界各国实践来看，征信产品作为"有条件的公共产品"，准入门槛和标准均较高较严，个人征信机构的数量不宜过多。而我国个人征信市场起步较晚，需要根据实际情况不断探索，随着我国信息技术的快速发展，建立集中统一的互联互通、信息共享的征信基础设施已经具备了现实的可行性。

2017年11月，中国互联网金融协会第一届常务理事会第四次会议，审议并通过了协会参与发起设立个人征信机构（以下简称"信联"）的事项，这被看作是完成信联建立程序上的重要一环。信联的成立旨在进一步规范互联网金融，相当于"互联网金融行业信用信息共享平台"平台的升级版。

2018年1月4日，中国人民银行官网发布"关于百行征信有限公司（筹）相关情况的公示"，称已受理百行征信有限公司（筹）的个人征信业务申请，并根据《征信业管理条例》《征信机构管理办法》等规定，将百行征信有限公司（筹）的相关情况在官方网站上予以公示。至此，外界熟知的信联官方称谓确定为百行征信。据资料显示，百行征信由央行指导、由互金协会与8家个人征信业务机构共同发起成立，注册地为广东省深圳市，注册资本为10亿元。

（二）信联的构成

百行征信有限公司的成立，意味着传言已久的我国信联面纱正式被揭开，之前包括芝麻信用、腾讯征信在内的未获牌照的8家个人征信试点机构纷纷入股。根据央行公示内容，百行征信业务范围为个人征信业务，由中国互联网金融协会牵头，与芝麻信用、腾讯征信、深圳前海征信、鹏元征信、中诚信征信、中智诚征信、考拉征信、北京华道征信8家市场机构共同出资成立。其中，中国互联网金融协会持股36%，其余8家机构分别持

① 陈雨露，2015年10月至2018年3月，任中国人民银行副行长。2023年3月任第十四届全国人大常委会委员、财政经济委员会副主任委员。

股8%。前汇达资产托管有限责任公司董事长朱焕启出任百行征信董事长，并兼任总裁。信联将纳入央行征信中心未能覆盖的个人客户金融信用数据，构建一个国家级的基础数据库，实现行业的信息共享，以有效降低风险成本。

百行征信的个人信用信息以个人负债信息为主，与负债密切相关的其他信息为辅。信息的主要来源是网络借贷信息中介机构和消费金融公司等互联网金融从业机构。服务对象也是网络借贷信息中介机构和消费金融公司等互联网金融从业机构以及商业银行等传统金融机构。芝麻信用、腾讯征信、前海征信等8家首批个人征信机构具有丰富、稳定并可持续获得数据的入口，通过这些数据，信联可以对用户进行精准地定位。一旦形成这种定位，就会对用户行为形成一定的约束，进一步控制“老赖”行为的发生。

在功能和作用方面，信联也有别于以往的征信机构。它可以看作央行征信体系的补充，由互金协会牵头，有一定官方背景，能够整合目前互金机构的征信数据、建立标准和行业规则。各类机构，特别是互联网借贷机构在授权后可以查询信联的征信数据，这对解决网贷领域的共债（在多家平台有借贷记录）等问题有很大帮助。

在数据结构和处理方面，信联与央行征信存在差异。央行的征信更多的是结构化数据，而信联可能包括非结构化数据，不再局限于数字信息，还会补充网络图片、视频、聊天记录等。数据的范围更会涵盖金融信用数据、纳税信息、产品不合格信息等。此外，除了与传统金融机构合作搜集信贷数据信息外，信联还将与互联网金融机构联结，与许多电商平台合作搜集电商违约失信信息，特别让互金机构苦不堪言的网络“乞丐”与网络“老赖”这些新生代网络信用“蛀虫”，也将随着信联功能的不断完善而逐渐现形，以至无所遁形。

二、信联的作用

视频：信联的作用

（一）推动个人信用体系建设

百行征信按商业原则运作，与央行的征信中心共同构成了全方位的征信体系。它的组建是顺应行业发展需要的重大举措，将极大地推动我国个人信用体系的建设，对完善我国的征信市场意义深远。同时，信联的成立通过联合体，可以实现各个机构之间的数据共享，统一标准，得出更客观真实的个人征信报告，打击多头借贷等行业不良现象，为消费金融、网络借贷健康发展提供强有力的支持。除此之外，百行征信还有助于我国信用体系的完善、人们诚信意识的提升，更会提高全社会的信用水平，也标志着我国征信市场进入了一个新的发展阶段。

（二）补位征信市场格局

百行征信主要在银、证、保等传统金融机构以外的网络借贷等领域开展个人征信活动，将与人民银行征信中心运行维护的国家金融信用信息基础数据库形成“错位发展、功能互补”的市场格局，提高个人征信服务的效率、全面性和准确度，信用良好的个人信息有助于解决互联网金融领域的信息分割问题，增加征信有效供给。这是我国市场化个人征信服务领域强强联合的成功范式，也是互联网金融整顿的重要成果。

相关资料显示，2020年之前，中国人民银行征信中心收录了约11亿自然人信息，其中有信贷记录的约8.1亿人。由此可见，征信中心之外的市场数据还存在着大片空白，这也是各界一直呼吁还应该在征信中心之外尽快健全按商业原则运作的全面征信机构的一大原因。随着百行征信的不断完善，在互联网金融平台贷款的不良记录也将会逐步纳入个人信用信息平台，并且向全网公开作为对银行征信的补充。也就是说，如果个人在互联网上出现逾期借贷情况，不良信用记录和违约记录首先会被计入多家征信机构的黑名单系统，之后可能还会同步到央行征信。一旦成为失信人，个人将会在信贷、消费、出行甚至子女教育领域被限制，生活的方方面面都会受到影响。

（三）化解征信“信息孤岛”困局

在过去信息技术不发达的时代，多家个人征信机构的出现和发展，有助于解决信息共享的问题。但当今信息技术高度发达，信息处理效率大幅提升，同时发展多家个人征信机构，一定程度上将不利于信息共享。近几年，随着互联网和信息技术的快速发展，互联网领域的个人金融借贷迅速增加。但由于缺乏有效的信息共享，各家机构均把信息看成自己的核心资产，不愿拿出来共享或拿出来共享的信息数据失真，导致个人过度负债的借贷市场乱象不断出现。组建百行征信有利于共享个人征信信息，化解信息孤岛的困局，通过对信用信息的有效整合和充分利用，可以提高个人征信覆盖率，降低社会交易成本，有利于服务于长尾人群的金融需求，进一步缓解个人征信产品有效供给不足的问题。

（四）防范互联网金融机构风险

信联建设起来后，各类机构，尤其是互联网金融机构在获得授权后可以查询到信联的个人征信数据，不仅能够解决金融客户在多家互联网金融机构借贷的问题，更有助于防范互联网金融机构的风险，有效遏制借贷人不法行为，降低借贷机构成本，提升互金行业安全，促进互联网金融行业的健康有序发展。

随着百行征信的发展，未来能够为互联网金融从业机构提供更高质量、标准化、精细化的数据以及更为全面、准确、及时的个人征信报告，从而防止个人过度多头借贷、骗贷等行为，防范个人信用风险跨行业、跨领域、跨地域转移传播。

（五）重塑个人征信市场

在“信联”成立前，征信机构在用户数据采集、数据分析、数据应用等多个环节有可能会出现合规问题，进而引发一系列风险问题。在数据采集方面，随着大数据征信的概念炒得比较火热，存在利用个人征信之名，过度采集或未经授权采集的情况，同时某些第三方数据公司数据来源不可靠或是虚假数据信息，也会对后续一系列信用服务产生不良影响；在数据分析方面，由于每个机构的评分系统、评分方式各有不同，缺乏统一的评分标准，比如芝麻征信主要依靠蚂蚁金服实名用户在淘宝、天猫的消费和支付数据，以及在其关联平台下的相关投资、理财、生活、公益等行为数据；腾讯征信则依托海量的用户社交数据、消费数据、安全数据、履约数据、财富数据来对个人信用进行评定。在这种情况下，同一个用户在芝麻征信和腾讯征信中有可能获得截然相反的信用评价。

百行征信的成立，有望最终解决上述个人征信机构存在的问题。它是由各市场主体强强共商共建的，所谓“百行信为先”，即各行各业守信、讲诚信都是第一位的。其牵头组织互金协会是国家级的行业自律组织，会员业态丰富、数量众多，能够保持权威性、中立性和规范性；而芝麻信用等 8 家市场机构经过在个人征信市场多年的探索与实践，在产品服务、技术支持和专业人才等方面已形成了一定的积累。百行征信的成立有利于贯彻个人信息隐私权益保护原则，统一信用评价标准，给个体更加中立全面的评价，防止个人信息被过度采集、不当加工和非法使用，加快个人征信行业企业的优胜劣汰，重塑个人征信市场体系。

三、信联、银联和网联的区别

视频：信联、银联和网联的区别

（一）网联

1. 什么是网联

网上购物、手机点餐、App 打车出行……移动支付，已渗透人们日常生活各个方面，正在逐步成为主流的支付方式。然而，用户通过第三方支付机构从银行卡上划走一笔钱，银行只能看到这笔钱去了第三方支付机构处，但这笔钱最终去了哪儿、做了什么，银行对此并不知情。不过，网联的成立使这种现象成为历史。

网联是什么呢？简单来说，它是由央行牵头策划成立的一个线上支付统一清算平台。网联全称“网联清算有限公司”，成立于 2017 年 8 月 29 日，有 45 家股东，大部分为第三方支付机构，股东中虽也有银行间市场清算所股份有限公司、中国人民银行清算总中心、中国支付清算协会、中国印钞造币总公司、中国银行间市场交易商等机构，但排除了银行和银联。

网联注册资本为 20 亿元，央行清算总中心、上海清算所等在内的央行下属 7 家单位共同出资 7.6 亿元，占股比例达到 37%，为第一大股东；国家外汇管理局直属机构梧桐树投资平台为第二大股东；支付宝和财付通分别持股 9.61%，并列为第三大股东；京东旗下网银在线紧邻其后为第四大股东。

互联网金融业务的发展，正在促进金融基础设施的快速完善。2017 年 12 月 27 日，人民银行网站发布的《关于印发〈条码支付业务规范（试行）〉的通知》在通知明确规定，自 2018 年 4 月 1 日起，银行业金融机构、非银行支付机构开展条码支付业务涉及跨行交易时，必须通过人民银行清算系统或者合法清算机构处理。

网联的建成，一方面有利于掌握第三方支付机构的资金流向；另一方面可降低其拓展、维护银行渠道的成本，为支付机构提供了统一、公共的支付清算服务，节约了连接成本，提高了清算效率。

2. 网联的诞生

2016 年 4 月，中国支付清算协会代表大会通过了“关于建设非银行支付机构网络清算平台的议案”，当月，中国人民银行等部门印发的《非银行支付机构风险专项整治工作实施方案》中明确规定，支付机构开展跨行支付业务必须通过人民银行跨行清算系统或者具有合法资质的清算机构进行。

2016 年 8 月，中国人民银行批复成立线上支付统一清算平台，即“网联平台”。

2017 年 1 月，“网联清算有限公司”名称已获（预）核准。同月，央行发文规定，支付机构应将客户备付金按照一定比例交存至指定机构专用存款账户。网联和备付金集中管理被市场认为是配套的，网联是备付金集中存管的支撑平台，为集中存管做基础准备。

2017 年 3 月，网联平台启动试运行，在此期间来验证网联平台的系统功能、业务规则和风控措施的完整性和有效性。

2017 年 6 月，网联平台宣布正式启动业务切量，即开始转接清算一般用户实际交易场景的网络支付业务。

2017 年 7 月底，包括央行清算总中心、财付通、支付宝、银联商务等在内的 45 家机构签署了《网联清算有限公司设立协议书》，拟共同发起设立网联。

2017 年 8 月，央行支付结算司向有关金融机构下发了《中国人民银行支付结算司关于将非银行支付机构网络支付业务由直连模式迁移至网联平台处理的通知》（以下简称《通知》）。《通知》中称，自 2018 年 6 月 30 日起，支付机构受理的涉及银行账户的网络支付业务，全部通过非银行支付机构网络支付清算平台（以下简称网联）处理，也就是说，非银支付机构网络支付业务需从直联模式转为通过网络支付平台处理。

（二）银联

银联全称中国银联股份有限公司，是一家经中国人民银行批准，由 80 多家金融机构共同发起设立的一个股份制金融服务机构。它是中国银行卡联合组织，通过银联跨行交易清算系统，实现商业银行系统间的互联互通和资源共享，保证银行卡跨行、跨地区和跨境的使用，目前与我国境内外两千多家机构展开广泛合作，网络遍布我国城乡，并已延伸至亚洲、欧洲、美洲、大洋洲、非洲等 160 多个国家和地区。作为国际市场上的后起之秀，银联交易量已超过 VISA、万事达卡等卡组织，成为全球第一卡组织。然而，在移动支付时代，银联却没有跟上步伐——非银行支付机构共处理移动支付业务数量远远超过传统商业银行。

（三）银联、网联和信联的区别

1. 功能地位不同

银联由人民银行牵头建立，单一大股东为中国造币总公司，是其直属机构，而且银联多任董事长和总裁均由央行领导转任和调任。银联是合法的清算机构，央行清算总中心和银联都是支付清算协会的会员。央行规定的“合法清算机构”包括中国人民银行清算总中心、银联、城商行资金清算中心、农信银资金清算中心等机构。银联的核心地位可见一斑。

网联由中国支付清算协会牵头，部分支付机构和互联网企业发起成立。其定位于处理非银行支付机构发起的涉及银行账户的网络支付业务，通过提供统一公共的转接清算服务，实现资金清算的规范化、透明化、中心化运作。网联实际上就是网络版的“银联”，是为支付宝、财付通这类非银行的第三方支付机构搭建一个共同的清算平台，接受央行的统一监管。业界比喻，网联的成立，是为银联增加了一个“弟弟”。央行一方面要求所有第三方支付机构受理的涉及银行账户的网络支付业务全部通过“网联”平台处理，另一方面明确要求银行业金融机构、非银行支付机构开展条码支付业务涉及跨行交易时，必须通过人民银行清算系统或者合法清算机构处理。因此，第三方支付机构通过网联开展清算业务成为必然选择。

信联由中国互联网金融协会牵头，由互联网征信企业发起成立。作用于个人征信体系，目标是瞄准央行征信体系之外的数据空白，构建一个国家级的基础数据库，打破互联网领域的“7—2—1 格局”（此前，由于银联的转接清算模式业务流程涉及发卡机构、收单机构和转接清算平台三方，并按照7∶2∶1的比例进行分成，作为唯一的转接清算平台，银联能从中获取一成手续费）。信联的出现，补充了央行征信、国家信息中心等在互联网信息上的不足。其运营后，征信成本也随之降低，一方面有助于各家网贷降低平台贷款利息，减少风控投入，并促使整个社会资金成本的降低；另一方面也将促使越来越多的人准时还款，减少平台坏账，提高平台利润。

2. 作用领域不同

在刷卡时代，中国银联相当于一个清算中介，负责在各大银行或金融机构之间厘清账目、划转资金。在网联出现之前，中国的支付系统分为线上支付和线下支付两块。线上支付主要是第三方支付，如支付宝、财付通、银联在线等；线下支付是传统的资金流通支付渠道，分为发卡行、收单机构和清算机构，银行是发卡行，收单机构可以是银行、第三方支付和银联商务（银联旗下的第三方支付平台），而清算机构则只有银联一家。而作为全球市场中规模最大的卡组织，负责建设和运营中国银行卡跨行和跨国转接清算系统，银联仍承担着国家金融安全战略性重任。

而在网络支付时代，作为由央行牵头组建的全新巨型清算机构，“网联”的出现，打破了银联独家官方垄断清算市场的格局，将有效解决支付平台直连银行带来的监管困难问题，规避支付风险的漏洞，降低交易成本，减少各家支付公司各自搭建平台造成的资源浪费。同时也可以帮助支付公司把主要精力用在为客户提供更多更优的支付场景和体验上，督促支付公司集中精力拓展场景，优化用户支付体验，回归到支付的本业上。

信联（百行征信）的到来，主要作用于信贷领域。它最核心的是解决了互联网金融行业的借贷数据割裂、不共享的问题，结束了之前互联网金融公司不了解借款人在其他平台是否借款，借款金额，是否有逾期的现象等。换句话说，由互金协会牵头组建的百行征信，能够把各家机构的真实借贷数据全部汇聚起来，使得一些老赖群体、骗贷群体将难以藏身，提升行业的风控水平。

与网联一样，百行征信带给了中小互联网金融平台更大的机会，原来由第三方支付所垄断的大数据，此后将被网联获取，这也对于央行建立更全面、更权威的征信系统，提供了有力的基础性资源。随着信联的不断完善，我国将建成以银联、网联、信联等机构为主，渐趋完善的金融基础设施。

知识链接

大数据征信商业模式

大数据的出现改变着每一个领域，通过大数据进行业务决策分析的优势逐渐显现。如何在数据种类庞杂的情况下对数据进行探索，云计算和大数据分析技术将交易过程、产品使用和人类行为数据化，再进行深度数据挖掘，从而通过模型模拟来判断不同变量下何种方案投入回报最高。在实际应用中，可以帮助企业通过流程优化提高其营利能力，或者通过预测市场环境变化节省成本、提高效率等。具体包括：利用大数据对客户群体进行细分，发掘新需求，提高投入回报率，进行欺诈检测、风险管理等。非持牌征信机构往往利用数据优势，切入征信产品或应用等环节。目前，实行该模式的企业主要是初创企业，如百融金服、同盾科技等。

成立于2014年的百融金服，目前已经积累了7亿实名用户，合作伙伴达30000余家。百融金服为信贷行业用户提供包括营销获客、贷前信审、贷中管控以及贷后管理在内的产品和服务；为保险行业用户提供精准营销、存量客户管理以及个性化产品定制等产品和服务。除此之外，百融金服还为银行业、小额贷款业、保险业提供行业解决方案。使用线上、线下融合的非金融与金融数据进行信用风险建模，通过风险模型识别欺诈风险和信用风险。

资料来源：魏来．征信理论与技术［M］．北京：中国人民大学出版社，2020.

【项目练习】

一、单项选择题

1.（　　）是指由专业化的独立的第三方机构为企业和个人建立信用档案，依法采集、客观记录企业和个人信用信息，并依法对外提供信用报告的活动。

A. 信用　　B. 征信　　C. 诚信　　D. 取信

2.（　　）是判断企业和个人在经济活动中的道德水准和偿债能力的主要客观依据，是投资者和放贷机构进行信用风险管理的重要决策依据。

A. 正面信息　　B. 负面信息　　C. 评分信息　　D. 信用记录

3. 2013年3月，国务院颁布实施（　　），明确人民银行为征信业监管部门。

A.《关于做好个人征信业务准备工作通知》

B.《征信机构管理办法》

C.《征信业管理条例》

D.《个人信用信息基础数据库管理暂行办法》

4. 要预测一个人未来的行为方向，最好的方法就是看其（　　），这也是社会信用体系建设的理论基础。

A. 未来的表现　　B. 过去的表现　　C. 现在的表现　　D. 言行

5. 在企业和个人向银行申请贷款时，如果银行不了解其真实的信用状况，为了规避信贷风险，往往会直接采取（　　）的信贷政策。

A. 宽松　　B. 紧缩　　C. 谨慎　　D. 暂无规定

6. 市场主导型模式又称（　　）。

A. 公共模式　　B. 中央信贷登记模式

C. 民营模式　　D. 会员模式

7. “政府基本上处于社会信用体系之外，主要负责立法、司法和执法，建立起一种协调的市场环境和市场秩序，同时其本身也成为商业性征信公司的评级对象，这样就保证了征信公司能确保其独立性、中立性和公正性。”这是哪一个国家的征信体系模式？（　　）

A. 荷兰　　B. 美国　　C. 英国　　D. 法国

8. 欧洲对于征信的立法最初是源于对数据、个人隐私的保护，因此与美国相比，欧洲具有较严格的（　　）。

A. 征信法律体系　　B. 社会信用法律体系

C. 征信违法违规处罚法律　　D. 个人数据保护法律

9. 个人标准信用信息基础数据库可以采集（　　）等非银行系统信用记录情况。

A. 贷款信息　　B. 信用卡信息

C. 居民身份信息　　D. 担保信息

10. 根据《征信业管理条例》规定，信息主体可以向征信机构查询自身信息，个人信息主体有权每年（　　）免费获取本人的信用报告。

A. 一次　　B. 两次　　C. 三次　　D. 四次

11. 个人在征信活动中有什么权利？（　　）

A. 决议权、反对权、知情权、异议权

B. 反对权、知情权、异议权、司法救济权

C. 决议权、异议权、纠错权、知情权

D. 知情权、异议权、纠错权、司法救济权

12. 在审查中小企业贷款申请时，银行会将企业法人代表信用状况的审查作为一项内容吗？（　　）

A. 会，因为企业主是企业的法人代表，企业等同于企业主

B. 不会，在实际操作中，业主的个人财物和企业财物是分开的

C. 会，其个人的行为习惯和信用状况往往决定了企业的财务风格和经营状况

D. 不会，在实际操作中，其个人的行为习惯和信用状况与企业经营状况是无关的

13. 根据我国《征信业管理条例》规定，不良信息的保存时限为（　　）年，超过（　　）年的应当删除。

A. 3，5　　B. 5，10　　C. 3，3　　D. 5，5

14. 2015 年 1 月，央行下发《关于做好个人征信业务准备工作的通知》，公布了首批 8 家个人征信试点机构名单，其中包括芝麻信用、腾讯征信、前海征信、鹏元征信、中诚信征信、中智诚征信、拉卡拉信用以及华道征信，准备时间为（　　）个月。

A. 三　　B. 五　　C. 六　　D. 十二

15. 2017 年 5 月，央行征信管理局局长万存知曾发文称，8 家从事个人征信开业准备的机构存一些突出的问题，因此，从监管标准判断，8 家机构的个人征信业务准备工作均不合格。以下哪个选项不是存在的问题？（　　）

A. 企业高管涉嫌内幕信息

B. 业务闭环不利于信息共享

C. 不具备第三方征信的独立性

D. 没有了解和遵守征信的基本理念及规则

16. “信联”的官方称谓为（　　）。

A. 百行百业　　B. 百行联业　　C. 百行征信　　D. 以上都不正确

17. 央行征信更多的是（　　），而“信联”可能包括（　　），不再局限于数字信息，还会补充网络图片、视频、聊天记录等。

A. 结构化数据，结构化数据　　B. 非结构化数据，结构化数据

C. 非结构化数据，非结构化数据　　D. 结构化数据，非结构化数据

18. 百行征信主要在银、证、保等传统金融机构以外的网络借贷等领域与（　　）开展个人征信活动，将运维的国家金融信用信息基础数据库形成“错位发展、功能互补”的市场格局。

A. 外汇管理局　　B. 银行业协会

C. 人民银行征信中心　　D. 原银监会

19. “信联”建设起来后，各类机构，尤其是互联网金融机构在获得授权后可以查询到“信联”的（　　）。

A. 个人征信数据　　B. 个人存款信息

C. 个人健康状况　　D. 关系人信用信息

20. 一旦成为失信人，个人将会在（　　）甚至子女教育领域被限制，生活的方方面面都会受到影响。

A. 信贷、消费、婚姻　　B. 消费、婚姻、出行

C. 信贷、存款、消费　　D. 信贷、消费、出行

21. （　　）全称“网联清算有限公司”，成立于 2017 年 8 月 29 日，有 45 家股东，大部分为第三方支付机构，

A. 银联　　B. 网联　　C. 信联　　D. 以上都不正确

22.《中国人民银行支付结算司关于将非银行支付机构网络支付业务由直连模式迁移至网联平台处理的通知》中称，从（　　）起，支付机构受理的涉及银行账户的网络支付业务，全部通过非银行支付机构网络支付清算平台（简称“网联”）处理，也就是说，非银支付机构网络支付业务需从直联模式转为通过网络支付平台处理。

A. 2017 年 3 月 30 日　　B. 2018 年 3 月 30 日

C. 2018 年 6 月 30 日　　D. 2017 年 6 月 30 日

23. （　　）的到来，主要作用于信贷领域。它最核心的是解决了互金行业的借贷数据割裂、不共享的问题，结束了之前互金公司不知道借款人在其他平台是否借款，借了多少，是否有逾期的现象。

A. 国家金融监督管理总局　　B. 银行业协会

C. 百行征信　　D. 网联清算有限公司

24. “网联”（网联清算）由（　　）牵头，部分支付机构和互联网企业发起成立。

A. 中国支付清算协会　　B. 人民银行

C. 中国互联网金融协会　　D. 中国内部审计协会

二、多项选择题

1. 征信机构可以提供企业和个人的真实数据，实现信用报告的信息共享，并且会在这个基础上，通过合理加工数据推出客观的信用评分、资信评级等综合评价。这些综合评价的作用是（　　）。

A. 信息的补充作用　　B. 信号的传递作用

C. 资格的证明作用　　D. 以上全部

2. 在金融市场上还有一些从事授信中介活动的机构，如（　　）等，这些机构在开

展业务时，均需要了解授信一方的信用状况。

A. 担保公司　B. 租赁公司　C. 电信公司　D. 保险公司

3. 日本的信用信息机构大体上可划分为银行体系、消费信贷体系和销售信用体系3类，分别是（　）。

A. 银行体系　B. 消费信贷体系

C. 个人房贷体系　D. 销售信用体系

4. 从国际发达国家的经验看，征信体系模式主要有（　）。

A. 以美国为代表的市场主导型模式

B. 以德国为代表的银行主导型模式

C. 以欧洲为代表的政府主导型模式

D. 以日本为代表的会员制模式

5. 征信按业务模式可分为（　）和（　）两类。

A. 征信范围　B. 服务对象　C. 企业征信　D. 个人征信

三、判断题

1. 目前个人信用信息数据库采集个人与个人之间的信用交易信息。（　）

2. 根据府信息公开法规，征信机构在信息采集的过程中，除了采集银行信贷信息外，还采集了大量的非银行信息，用于帮助授信机构防范风险。（　）

3. 目前我国央行的征信中心已经覆盖到了个人客户和企业客户的全部金融信用数据。（　）

4. “信联”的成立通过联合体，可以实现各个机构之间的数据共享，统一标准，得出更客观真实的个人征信报告，打击多头借贷这些行业不良现象。（　）

5. 在数据分析方面，每个机构的评分系统、评分方式执行人民银行指定的统一标准。（　）

6. 网联实际上就是网络版的“银联”，为支付宝、财付通这类非银行的第三方支付机构搭建一个共同的清算平台，接受央行的统一监管。（　）

四、简答题

1. 征信的作用有哪些？

2. 银联、网联和信联有哪些区别？

3. 信联可以起到什么样的作用？

4. 市场主导型模式和政府主导型模式有什么区别？

5. 在我国，征信信息的采集范围有哪些？

PPT

项目五 互联网银行资产负债业务

【知识目标】

了解互联网银行资产业务、负债业务的种类；掌握各种业务特征和要点。

【能力目标】

掌握互联网银行资产负债管理方式。

模块一 互联网银行资产业务

【内容简介】

了解互联网银行资产业务的种类；掌握互联网银行贷款审查方法；知晓互联网银行贷款的风险管理策略以及问题贷款的发现和处理策略；了解我国互联网银行信贷资产管理现状。

【案例导入】

中国银行“中银 E 贷”产品

“中银 E 贷”是中国银行利用互联网和大数据技术，为优质客户提供全流程在线的信用消费贷款。只要是中国银行的特邀客户，足不出户即可享受在线申请、秒速获批、在线提款、灵活还款的便捷服务。

贷款金额：最高可达 30 万元。

贷款期限：贷款额度有效期为 12 个月，额度期限内借款人可循环使用该额度。

贷款用途：贷款可以用于家装、购车、教育、医疗等个人合法合理的消费支出，不得用于非声明用途和法律法规禁止的个人支出。

使用方式：授信额度有效期内可循环使用、随借随还。贷款按照实际用款天数按日计息。

还款方式：单笔用款可以采用到期一次性还本付息、按月付息到期还本等还款方式。

担保方式：信用贷款，无须抵质押担保。

办理流程：

（1）下载“在线金融超市”App 或“中国银行手机银行”App，点击“中银 E 贷”，注册并绑定中行借记卡。

（2）点击激活，填写联系信息并在线签署协议后，提交贷款申请。

（3）审批通过后，点击提款，根据需要选择贷款用途、金额和期限，并输入手机验证码和动态口令，提款成功后资金即刻到账。

资料来源：中国银行官网，http：//www.boc.cn/pbservice/pb2/201602/t20160229_6465863.html。

【基础知识】

近些年，随着互联网银行的兴起，以及传统商业银行业务的互联网化，互联网银行贷款已经悄然走进了我们的生活，并且深刻影响着我们每个人的金融行为。

一、互联网银行贷款的种类

视频：互联网银行的贷款种类

目前，我国互联网银行贷款主要包含如下种类：

（一）传统银行贷款业务的互联网化

随着互联网银行的兴起，传统商业银行纷纷嗅到了时代变化所带来的挑战与商机，多渠道探索互联网银行贷款经营模式。

1. 线上线下组合模式

线上线下组合模式是传统商业银行互联网贷款的业务模式，主要做法就是，将部分贷款产品的宣传和申请端口植入银行的网银、手机银行、微信银行、直销银行等界面，使用户能够在线了解相关贷款产品信息，并且能够自助在线进行贷款申请。

在这种模式下，客户只是在线进行了贷款申请，后续的贷款调查、贷款审批以及贷款资金的发放都需要在线下实体网点进行。目前，我国主要商业银行基本都能够提供这种线上线下组合的互联网贷款模式。

2. 纯线上平台模式

纯线上平台模式是指从贷款申请到贷款发放整个业务流程全部通过线上办理。目前，传统商业银行这一贷款模式主要是针对存量客户开放。商业银行通过采集存量客户的征信信息、银行历史履约记录、持有银行产品规模等信息，利用风险评估模型，测算出每个准入客户的信贷额度。这样，被准入的客户就能够在网上银行、手机银行或者微信银行端进行在线操作，实名登录后点击即可查询自己的贷款额度，在贷款额度内，即可在线办理申请、审批、放款等流程。

3. 线上平台与第三方互联网公司组合模式

传统银行通过与第三方互联网巨头合作，丰富了获客渠道，为传统银行发展带来了巨大的客户源，对方也获得了自己想要的好处，增加了网上消费的客户，从而实现双赢局面。共同开发客户、共享资源，这就是线上平台和第三方互联网公司组合模式。

4. 银行自建电商平台

为搭建自己的客户消费场景，很多传统商业银行开始自建电商平台。中国建设银行在 2012 年 6 月打造其电子商务平台“善融商务”，其运营模式与淘宝颇相似，分为个人商城和企业商城两个端口。个人商城则类似于天猫商城，为企业及个人提供融资、理财、分期付款等多种金融服务。

知识链接

建设银行自营电商——善融商务

善融商务是中国建设银行推出的以专业化金融服务为依托的电子商务金融服务平台，融资金流、信息流和物流于一体，为客户提供信息发布、在线交易、支付结算、分期付款、融资贷款、资金托管、房地产交易等全方位的专业服务。

“善融商务”以“亦商亦融，买卖轻松”为出发点，面向广大企业和个人提供专业化的电子商务服务和金融支持服务。在电商服务方面，提供 B2B 和 B2C 客户操作模式，涵盖商品批发、商品零售、房屋交易等领域，为客户提供信息发布、交易撮合、社区服务、在线财务管理、在线客服等配套服务；在金融服务方面，将为客户提供从支付结算、托管、担保到融资服务的全方位金融服务。

个人客户——个人商城：“善融商务个人商城”定位为 B2C 平台，面向个人消费者。“善融商务个人商城”目前共出售服饰、箱包、图书、电器等 14 个品类的商品。其采用模式是通过加盟商家向消费者提供产品，目前共有 218 家店铺入驻了个人商城，如海尔集团、银泰百货、美孚、壳牌、深特汽配、玫瑰人生等知名品牌厂家直接入驻。消费者在购买商品的时候可以直接实现分期支付或者申请贷款支付，也可采用信用卡积分兑换券进行支付。

企业客户——企业商城：“善融商务企业商城”定位为独立 B2B 平台，面向企业用户。包括专业市场、对公融资、资金托管三大部分。

房 e 通：这是善融新增加的业务，主要是新房二手房等的贷款业务，帮助客户在网上就可以更便捷地申请建设银行的贷款业务，还有住房基金等多种业务。

（二）新兴互联网银行贷款

自 2014 年我国首批 5 家民营银行获批筹建以来，至今已有 19 家民营银行获批，其中 8 家银行被定位为互联网银行。在这些互联网银行中，互联网贷款业务发展规模较大的是微众银行和网商银行，开办的互联网贷款业务类型主要有如下几种。

1. 小微企业贷款

小微企业贷款主要是针对小微企业、个体工商户的贷款，依托借款人在平台的历史交易数据进行风险评估、信用评定，进而核定借款人的贷款额度。目前，市场上规模较大的小微企业贷款平台主要有网商银行的“网商贷”“信任付”，以及微众银行的“微业贷”。

2. 个人消费贷款

个人消费贷款是指针对个人的小额信用循环消费贷款，仅凭个人信用、无须担保、循环授信、随借随还。微众银行的“微粒贷”就属于个人消费贷款，“微粒贷”采用用户邀请制，仅对其白名单客户开放。

3. 与第三方平台合作贷款

互联网银行始终致力于寻求与第三方平台的合作，丰富消费场景、扩大客户来源。如微众银行与我国最大二手车电商优信合作，推出“互联网 +”汽车金融产品——“微车贷”；携手互联网装修领导者——土巴兔合作推出装修贷款产品——“微装贷”。

4. 供应链贷款

供应链贷款是互联网银行为其自有平台的采购商和供应商提供的贷款服务，如网商银行的“采购贷”“合同贷”。

5. 支农贷款

支农贷款是互联网银行为响应普惠金融政策指引而开办的涉农贷款业务。

二、互联网银行贷款的发展

视频：互联网银行贷款的发展与监督

（一）新兴互联网银行贷款的发展

1. 微众银行贷款的发展

微众银行是由腾讯公司及百业源、立业集团等知名民营企业发起设立，总部位于深圳，2014 年 12 月经监管机构批准开业，是国内首家民营银行和互联网银行。

2. 网商银行贷款的发展

网商银行是由蚂蚁金服作为大股东发起设立的中国第一家核心系统基于云计算架构的商业银行，是原银监会批准的我国首批 5 家民营银行之一，于 2015 年 6 月 25 日正式开业。

（二）传统互联网银行贷款的发展

随着互联网金融的强势崛起，银行机构经营压力不断增大，传统银行业务的互联网化转型已成为银行机构的优先战略选择，在最大限度上实现在线金融业务对传统银行业务替代，是提高商业银行竞争能力和可持续发展的关键所在。经过几年的发展，目前国内各大型商业银行均已开始试水互联网信贷业务，如建设银行的“善融商务”、工商银行的“融 e 购”、中国银行的“中银 E 贷”等。

知识链接

融 e 购商城

融 e 购商城，是中国工商银行在 2014 年 1 月 12 日正式营业的电子商务平台，汇集了数码家电、汽车、金融产品、服装鞋帽、食品饮料、珠宝礼品、交通旅游等十几大行业数百个知名品牌，近万件商品。

2014 年 1 月 12 日，中国工商银行电商平台“融 e 购”正式上线。这个项目早在 2013 年 5 月 10 日就开始启动，酝酿了整整 7 个月。

在工商银行的规划中，融 e 购的定位是打造消费和采购平台、销售和推广平台、支付融资一体化的金融服务平台，希望做到用户流、信息流、资金流“三流合一”的数据管理平台。这意味着，未来融 e 购将成为工商银行转型互联网的重要平台。

“随着淘宝、京东等电子商城的出现，线下交易被线上交易取代的趋势愈加明显。基于网络的应收账款融资和应付账款融资也越来越广泛，这是我行设立电商平台的出发点和立足点。”工商银行某分行高管说。

“融 e 购”平台将坚持“名商、名品、名店”的定位，有机整合客户与商户，有机链接支付与融资，有机统一物流、资金流与信息流。其中，重点突出银行业支付灵活、融资便捷的金融服务优势，凸显“购物可贷款，积分能抵现，品质有保障，登录很便捷”的优势特色。

“融 e 购商城将工行逸贷产品与网上购物结合起来，订单高于 600 元即可在线申请逸贷消费贷款业务，全线上，全自助，瞬时到账。”工商银行相关负责人称。

资料来源：百度百科。

三、互联网银行贷款审查

视频：互联网银行贷款审查

互联网贷款因为没有线下实体网点、业务全流程线上办理等特点，注定其贷款审查模式有别于传统银行的贷款审查模式。

（一）实时审批

为了提升客户体验，互联网银行的贷款审查不断提升审批效率，实行实时审批。为了保证实时审批，互联网银行首先是简化了客户需要提供的申请材料，通过自身的数据积累，或是寻求第三方数据，这些数据相对于客户提供的材料，更真实、更有效。通过大数据的广泛搜集和实时传输，互联网银行基于风险计量模型与 IT 系统支持，自动化地完成风险评估与风险决策的过程，获得了实时审批、实时放款的效率。

在实时审批过程中，计量模型是核心，大数据是根本，信息系统是载体，三者缺一不可。同时，大数据的不断输入，还为申请审批的评分模型及策略优化提供了数据支持。

（二）审批前置

审批前置是指审批流程在客户申请之前就已经完成，只需确认客户是否需要此项服务即可。

互联网银行结合多方数据，提前对客户风险水平进行评估，并做出授信决策。依托已经预审获批的客户名单，触达客户，完成申请过程，即可迅速与客户建立业务关系。互联网银行在审批中使用的数据非常全面，从历史信用记录情况、日常收入支出水平，到互联网浏览行为、朋友圈好友类型，无所不包。同时，互联网银行的审批前置结合了需求预测，不再仅关注客户是否符合风险准入的门槛，还更为关注受众客户群是否需要贷款，以便在恰当的时机送上融资服务。

知识拓展：三步告诉你，大数据在互联网风控场景下的应用

（三）零感知审批

零感知审批通常应用于顾客的消费场景中，顾客在支付过程中产生了借款需求，顾客只要签下借款协议，经过简短的信息核实，就可以直接把自己心仪的商品带回家了。整个过程中，贷款的申请、审批、放款、交易无缝连接，让借款人对购物环节中增添了贷款申请没有明显感知，贷款审批和款项拨付完全与借款人的支付动作合为一体。

这种零感知审批从侧面传递出借款客户的资金用途信息，保证了资金使用的真实性，便于互联网银行监管资金流向。

如今互联网已经融入了我们的生活，这种零感知的申请审批过程在互联网购物上有着更为广阔的应用空间。无论你是抱着电脑网上购物，还是用手机进行支付，都可以轻轻一点，完成整个贷款申请、审批和购物的过程。而互联网银行在获取业务量的同时，也服务了更广范围的客户，积累了更多维度的数据，提升了客户服务水平。

（四）移动审批

随着移动互联技术的发展，在审批的前端，申请过程也在悄悄发生变革，越来越多的信用卡销售人员和信贷营销人员，不再背着成堆的纸质申请表游走在大街小巷，而是改成人手一个 Pad，用于展示、介绍和办理金融业务。申请方式的改变，对信贷后端的审批处理流程产生了巨大影响。

一是实现了信息的实时传递。省去了纸质材料电子化信息录入、材料扫描的过程，节省了审批时间。

二是实现了更多的信息采集。电子化申请搜集了客户申请过程的数据，填写时长、修改的内容、在哪里填写的申请、在什么时间提交的申请，这些信息在风险识别的过程中将起到重要作用。

三是审批过程延伸至申请端。基于移动互联网络，直接可将政策判断及外部数据比对整合到申请过程中，客户填报姓名和身份证件信息，该数据即实时传送并进行查询核实，如不符合审批规定，客户甚至无须完成整个申请信息填写的过程，就可以得到审批反馈。

互联网银行正越来越多地提供网站申请入口和 App 申请入口，将贷款申请做到了网络中、手机上，也不再仅局限于自营网站或自研应用，而是与多种类型的机构合作，在购物网站、信用卡管理 App、社交工具上到处都可以看到整合而来的个人贷款申请入口。借款客户主动申请已经成为占比越来越高的获客渠道。

随着移动互联技术的发展，以及互联网银行风险管控能力的不断提升，互联网银行贷款的审批方式、流程也将不断优化，助力互联网银行贷款健康快速发展。

四、互联网银行贷款的风险管理

互联网银行贷款的便捷办理，也为互联网贷款的风险带来隐患。互联网银行贷款的风险管理主要包括如下几个方面。

视频：互联网银行贷款的风险管理

知识拓展：互联网金融公司风控部门的日常工作

（一）欺诈监测

贷款欺诈能够成功的主要原因之一就是信息不对称，当金融机构拥有大量的外部数据，采用第三方信息验证、电话核实、欺诈排查等手段可大幅度降低欺诈比例。当掌握数据信息足够多时，金融机构可以说是“比你自己都了解你”。例如，通过户籍数据可以了解申请人的家庭情况；通过学历数据可以了解申请人的教育背景；通过人民银行征信数据可以了解申请人的贷款情况；通过电信运营商数据可以了解申请人的联系人信息；通过房屋中介数据可以了解申请人的居住房产信息；通过电子商务数据可以了解申请人的消费信息……当数据积累的维度和深度足够且能够很好地整合时，就能提升对欺诈的防范能力。

（二）信用风险评估

互联网银行贷款创新的快捷、简化、纯信用的特点同样对信用风险评估提出了挑战：

申请快捷要求贷款审批系统化、自动化，降低人工审批的比重；简化材料导致更严重的信息不对称；纯信用又对客户风险评估的准确性提出更高的要求。这些特点决定了创新模式下互联网银行需从多维度获取客户信息，并以风险计量技术为基础来实现风险管理。

传统风险计量主要采用申请信息、中国人民银行征信等信息开发信用评分模型以及风险规则。大数据下风险计量技术将突破传统的限制，在数据方面将会融入大量的非传统数据，和传统数据进行结合，更全面地评估贷款人的信用情况。在风险计量技术方面将会出现新的突破，不再受限制于逻辑回归、决策树等成熟的统计方法，新型的模型技术将在实际业务中得到有效应用，从而实现全面准确评估客户风险的目的。

（三）风险预警

风险预警是指提前发现未来会爆发的风险。提前发现与预警，金融机构才能采取针对性的措施，及时控制损失。大数据在风险预警方面有着得天独厚的优势。例如，电商平台拥有商铺每个月的交易信息、用户评价信息、浏览信息、收藏信息等。商铺的还款能力源于经营，经营情况可由评价、浏览、收藏等信息综合评估。因此在整个链条中，跟踪每一节点的异动，从而实现风险的提前预警，而不需要等待违约的真正发生。

另外，大数据为了解借款人的共债问题也提供了途径。银行等传统金融机构解决共债问题的主要途径是通过中国人民银行征信报告了解借款人在其他金融机构的贷款情况。对于很多创新型金融机构来说，现阶段并不能获取中国人民银行征信报告，也无法将客户违约的情况接入中国人民银行征信系统中。目前，中国人民银行征信系统拥有我国大概 8 亿人的报告档案，但其中 3 亿人存在信贷账户信息不足，大量个人及小微企业主存在民间借贷或其他无法体现在央行征信报告中的信贷行为。针对这种情况，通过互联网可获得更多维度的信息，如通过借款人的联系人、社交圈等关联分析，或借款人在互联网上的关注、浏览的贷款信息，社交网络中贷款推销人员等方面，辅助共债情况的判断，让风险预警体系更具实时性与智能化的特征。不同来源的数据之间的互证冲突，提炼为策略，直接写入实时监控体系，使得大数据快速更新，实时地为风险监控体系提供输入，令风险异动在第一时间反馈出来。另外，对每位信贷申请人的数据进行分析、归类与整理，建立借款人档案，对异常行为模式做出预警。

（四）逾期客户管理

客户发生逾期之后的管理是风险全流程管理中非常重要的一个环节，是实现闭环管理和风险指标控制的关键。大数据对于逾期客户管理主要体现在以下三个方面：一是优化催收策略；二是客户信息丰富化；三是触达方式的多样化。

催收策略主要由催收方式和计量工具两大部分构成，由计量工具来决定客户的分类，根据客户分类决定所采用的催收方式。大数据为完善计量工具、提高计量模型的精准性提供了一种可能性。另外，大数据也衍生出新兴的催收方式。传统的催收方式包括信函、短信、电话、上门、司法等。而通过大数据可获取客户的微博微信等新兴社交工具，增加了客户触达方式，从而丰富催收方式。

客户失去联系而无法触达称之为失联，触达客户是催收的基本前提，否则就谈不上催收了。目前金融机构面临的失联主要是指利用内部系统中存储的联系方式没有办法联系到客户，但是如果获取第三方数据，可以对客户联系方式进行补充和修复。例如，电信运营商和电子商务的数据，会对失联客户联系信息的修复起到非常重要的作用。

（五）征信服务

传统征信数据主要是以中国人民银行征信数据为代表，其主要记录贷款客户的个人信息、工作信息、居住信息、贷款信息、查询信息等，是银行业衡量客户风险的重要依据。但随着大数据的兴起，金融从业者意识到客户的互联网行为数据、电信运营商数据等拥有巨大的价值，对全面进行客户的风险评估有着非常大的帮助。需求创造生产力，征信行业随之成为热点，涌现出不同形式的以互联网数据为基础的征信服务。一类征信业务主要进行真实性核查。利用数据收集的优势，对数据进行简单的整合、统计和多方匹对，从而提供校验真实性的服务。另一类征信服务是在数据收集、整理的基础上，拥有对数据强大的处理能力和业务背景，能够挖掘数据的潜在价值，建立评估模型和策略，提供信用评分的服务。这两种方式都是中国人民银行征信系统的有力补充，对金融创新业务的发展起到扶持作用。

知识链接

互联网贷款新规落地风险管控是核心

2020 年 7 月 17 日，为规范商业银行互联网贷款业务经营行为，促进互联网贷款业务平稳健康发展，原银监会制定了《商业银行互联网贷款管理暂行办法》（以下简称《办法》），自公布之日起施行。

“《办法》的落地意味着 P2P（互联网金融点对点借贷平台）时代已经终结。”中央财经大学财经研究院副研究员、湾区国际金融科技实验室副主任陈波在接受中国经济时报记者采访时表示，《办法》确立了互联网贷款的地位。未来互联网贷款业务主体是持有牌照的商业银行。

《办法》是我国互联网贷款行业经过野蛮生长，规范整治而逐步发展到相对成熟的产物。“互联网金融”在 2014 年首次被写入政府工作报告。2015 年 7 月，中国人民银行等十部门公布《关于促进互联网金融健康发展的指导意见》，明确互联网金融主要业态有七类，即互联网支付、网络借贷、股权众筹融资、互联网基金销售、互联网保险、互联网信托和互联网消费金融。自此，互联网借贷业务野蛮增长，成为金融诈骗重灾区。

对互联网金融风险的专项整治迫在眉睫。2016 年国务院办公厅公布《互联网金融风险专项整治工作实施方案》，17 个部门联合开展对互联网金融风险的专项整治。2017 年，互联网金融风险整治办和 P2P 网络借贷风险整治办发布《关于规范整顿“现金贷”业务的通知》。

综观全文，《办法》的核心思想是风险管控。《办法》要求商业银行与其他信贷业务一样，建立一套适用于网贷业务的全面风险管理体系。陈波认为，未来互联网贷款的业务主体是商业银行，且风险不能对外转移。

《办法》最大亮点在于明确强调了风险数据和风险模型方面的要求。《办法》要求，互联网贷款业务模式涉及与外部机构合作的，核心风控环节应当由商业银行独立开展且有效，不得将授信审查、风险控制、贷款发放、支付管理、贷后管理等核心业务环节委托给第三方合作机构。“这是强监管的一种模式。金融科技公司属于外包公司，参与的可能性不大。”

相较于征求意见稿，《办法》存在“两增一改”三处变动。《办法》增加了“中国银行保险监督管理委员会可以根据商业银行的经营管理情况、风险水平和互联网贷款业务开展情况等对上述额度进行调整”条款。《办法》第二十七条新增“贷款支付应由具有合法支付业务资质的机构执行”。《办法》第五十九条监管机构重点评估内容的第二点由“（银行）是否独立掌握授信审批、合同签订、放款支付、贷后管理等核心业务环节”改为“（银行）是否独立掌握授信审批、合同签订等核心风控环节”。

值得注意的是，地方银行很难开展互联网贷款业务。陈波指出，互联网贷款业务具有跨区域、效率高、成本低等特点。然而地方银行原则上服务地方客户，由此导致地方银行很难开展互联网贷款模式。

资料来源：中国经济网。

五、问题贷款的发现和处理

视频：问题贷款的发现和处理

互联网银行是通过经营风险而实现盈利的，问题贷款的形成不可避免，坏账损失是互联网银行主要成本之一。逾期客户管理是一柄“双刃剑”，如果能有效管理，不仅可以有效控制互联网银行的坏账损失，也可以增加银行收入，否则容易产生大量的坏账损失，消耗互联网银行大量的资本资源。另外，通过逾期客户的管理，可以获取催收信息，加强对逾期客户的分析，进而发现授信审批政策的问题，将信息反馈给客户引入单元，优化授信政策，实现风险管理的闭环。

（一）逾期客户形成

客户逾期是指客户在和金融机构约定时间内未履行还款的约定，是银行损失的重要来源之一。客户逾期的原因有很多种，归纳起来主要有两方面：还款意愿差和还款能力不足。

还款意愿差指客户的信用意识不强，存在侥幸心理，故意拖欠金融机构贷款不还，业内把该类客户称为“老赖”。

还款能力不足指客户没有足够的能力去支付贷款，这是客户逾期最主要的原因，可以分为三种情况：一是临时性资金周转困难，该类客户如果还款意愿良好，逾期时间不会太长，资金到账后自然会将欠款还上。二是经济恶化导致还款能力不足，如生意经营不善、失业、意外伤害、死亡等造成的客户收入下降，不具备还款能力。三是贷款金额超出自己经济承受能力，如客户恶意透支、对自己还款能力估计过高等。

逾期的原因和客户自身息息相关，但也和金融机构风险管理有着紧密的联系。逾期客户的出现还有可能是因为金融机构风险管理能力不强，过度扩张，只注重资产规模，而不注重资产质量。现在备受关注的互联网银行金融创新模式下，如果金融机构的风险管理水平不到位，贷款客户门槛低，审核不严，将会导致大量的逾期客户的产生。

逾期客户管理业务主要包含不良资产处置和逾期催收两部分主要业务。不良资产处置指通过不良资产核销、不良资产打包出售等多种方式，实现资产结构优化。逾期催收指金融机构通过不同的方式触达客户，促使客户还款，降低银行损失。

（二）逾期催收管理

逾期催收是逾期客户管理最重要的组成部分，通过不同方式触达客户实现欠款催回，同时对于风险持续恶化的客户采取措施，防止风险敞口进一步扩大。催收工具，包括短信催收、信函催收、电话催收、上门催收、司法催收等。在催收强度上，司法催收强度最高，上门催收次之，电话催收更弱，短信催收和信函催收强度最低。但催收强度越高，所需要的运营成本越高。随着逾期客户的复杂性和触达方式的增加，也不断衍生出新兴的催收方式，如微信催收、警务协作催收、公安催收函等。从渠道上看，催收分为自营催收和委外催收两大类。自营催收即金融机构的催收动作是由本机构人员来执行，而委外催收即催收工作由引入的专业催收公司来执行，以解决金融机构人员不足和部分客户催收运营成本过高的问题。

知识拓展：《互联网金融逾期债务催收自律公约（试行）》

（三）失联客户管理

失联即失去联系，是逾期催收中最为常见的问题，同时也是最难解决的问题之一。由于触达客户是逾期催收最基本的前提条件，如果无法触达客户则无法催收，更谈不上回款，故失联客户管理对提升催收效果起到重要作用，是逾期催收管理的重要组成部分。

失联分为两种情况：一是主观失联，是指客户不接催收人员电话，导致联系不上客户；二是客观失联，是指客户联系方式失效，没有办法联系客户。

客户联系方式的维护是一项长期性、持续性的工作。在客户未逾期阶段就应该建立相应的防失联机制，对于可能产生逾期风险的客户，需定期与客户保持联系，及时更新客户联系方式；对于某些风险较高的客户还可以采用回访机制，及时了解客户现状并确保客户的可联性。

新兴的互联网贷款模式下失联的问题更要引起关注。一方面，线上申请的模式下，缺少现场环节，客户有的会提供虚假联系方式、地址、工作证明或居住证明等，在没有有效数据核实的情况下，导致客户失联的可能性增加。另一方面，在失联以后，修复的外部信息较少，通过外部获取客户联系方式的可能性较小。

（四）不良资产处置

不良资产处置指银行对逾期客户形成的呆账、坏账进行处理，优化银行资产结构的过程，主要包括不良资产核销和不良资产打包出售等手段。不良资产核销指金融机构承担风险和损失，对符合认定条件的长期逾期账户的预期本金及利息，按规定程序从账面上剔除的过程。不良资产核销是金融机构处置不良资产最常见的方式，核销长期逾期的账户，更能体现金融机构当前的风险水平和财务状况。

互联网银行通过打包将不良资产出售给资产管理公司是较快甩掉不良包袱的一种方式。购买不良资产的金融资产管理公司可通过诉讼追偿、资产重组、出售等方式实现盈利。

（五）逾期信息管理

在整个信贷运营的过程中，逾期催收管理并非割裂出来的独立业务环节，而是与客户引入、存量管理密切相关的。逾期催收并非催回账款了事，而是要从逾期信息中挖掘不同客户群和产品的风险特征，从催收信息中识别客户的行为特征，从而向贷前、贷中进行反馈，是形成风险全流程闭环管理中非常关键的一步。逾期信息对金融机构来说是一笔宝贵的财富，是客户风险预测的数据来源，只有做好这部分信息积累工作，才能完整评价客户的风险—收益情况，反推前面的业务环节，知晓客户引入与客户管理的具体方向。

知识拓展：《互联网贷款管理办法》新旧版本对比

六、我国互联网银行信贷资产管理现状

互联网银行信贷的业务模式主要是基于互联网以及大数据，大部分都是信用贷款，与传统银行信贷业务相比，互联网银行信贷的风险控制以及资产管理面临更大的挑战。

（一）互联网银行信贷现状

截至 2021 年年末，19 家民营银行资产规模合计达到 1.64 万亿元。微众银行、网商银行、苏宁银行是 3 家资产破千亿元的民营银行，微众银行总资产为 4387.48 亿元，位列第一（见表 5－1）。

表 5－1　2021 年民营银行资产状况

银行	总资产（亿元）	总资产增速（%）	营收（亿元）	营收增速（%）	净利润（亿元）	净利润增速（%）	不良率（%）
前海微众银行	4387.48	26.60	269.89	35.20	68.84	38.60	1.20
浙江网商银行	4258.3	36.80	139	61.30	20.9	62.60	1.53
江苏苏宁银行	1012.21	39.50	34.56	23.31	6.03	41.10	3.01
武汉众邦银行	871.24	20.30	15.01	24.44	3.28	25.88	1.11
吉林亿联银行	598.96	33.00	14.35	－8.40	0.52	－77	1.75
湖南三湘银行	583.76	2.29	37.06	12.04	4.49	22.53	1.60
四川新网银行	571.2	40.82	26.41	12.08	0.18	29.97	1.20
重庆富民银行	541.55	1.84	19.76	15.25	3.27	51.10	1.05
北京中关村银行	522.02	49.17	11.6	62.45	3.57	75.44	1.45
天津金城银行	520.38	103	12.42	114.88	0.44	2.33	—
上海华瑞银行	459.25	5.83	16.01	38.32	2.23	9.97	1.67
山东蓝海银行	457.22	20.35	16.53	36.61	6.15	82.49	1.09
温州民商银行	283.96	25.06	7.14	24.39	3.03	74.14	0.45
辽宁振兴银行	267.15	－1.49	7.53	8.06	0.46	128	1.35
无锡锡商银行	257.9	109.60	7.7	377.30	1.38	294	0.34
梅州客商银行	248.68	7.73	2.87	12.15	0.67	10.17	0.04
安徽新安银行	185.01	0.51	8.72	24.62	1.21	172	1.28

续表

银行	总资产（亿元）	总资产增速（%）	营收（亿元）	营收增速（%）	净利润（亿元）	净利润增速（%）	不良率（%）
福建华通银行	184.34	-18.44	3.13	-36.25	0.05	-48	1.59
江西裕民银行	173.86	41.20	4.2	124.50	0.62	176	0.54

第二梯队中，武汉众邦银行、吉林亿联银行、湖南三湘银行、四川新网银行、重庆富民银行、北京中关村银行、天津金城银行几家总资产超过了500亿元。

第三梯队中，上海华瑞银行、山东蓝海银行、温州民商银行、辽宁振兴银行、无锡锡商银行、梅州客商银行、安徽新安银行、福建华通银行、江西裕民银行几家总资产在170亿元到460亿元不等。其中，江西裕民银行173.86亿元排名末尾。

从资产增速来看，锡商银行同比增长最高为109.6%，天津金城银行资产规模也实现了翻倍。而福建华通银行和辽宁振兴银行两家资产下滑，同比分别下滑18.44%、1.49%。

盈利能力方面，19家民营银行全部实现了盈利，但业绩分化明显。微众银行营业收入为269.89亿元，稳居第一。

从净利润数据来看，振兴银行、锡商银行、裕民银行实现了扭亏为盈。微众银行净利润68.84亿元，在19家民营银行中排首位，同时净利润占据了19家民营银行的50%以上。排在其后的网商银行、新网银行，2021年净利润分别为20.92亿元和9.18亿元，差距明显。而其余16家银行中，14家银行净利润不足5亿元。

从不良数据来看，民营银行不良率偏低。披露数据的18家民营银行的不良贷款率均处于2%以内。其中，最低的是梅州客商银行，仅为0.04%。

（二）银行资产管理——以微众银行风控策略为例

对商业银行而言，战略管理其实是最高级别的风险管理。微众银行的战略、愿景、使命和价值观中同样蕴含着丰富的风险管理内涵，特别是“个存小贷为特色、数据科技为抓手、同业合作为依托”这三句话可视为微众风控“三大法宝”。个存小贷意味着两端客户量多、小额、分散，有助于降低系统性风险；数据科技的应用能将客户定位做得更丰富、精准和廉价，使白名单邀请制成为可能，有助于降低客户信息不对称的风险；通过同业合作将资金和风险进行了转移分散，有助于降低资产负债结构性错配的风险。

微众银行注重风险偏好体系，以此打造符合公司发展战略的风险治理机制。微众银行董事会在每年年初确立当年全行风险偏好，并通过风险战略规划、风险偏好管理向全行传导可持续发展的风险理念和文化，不断强化全员风险意识。微众银行的风险偏好由资本类、资产类、信贷类、流动性类等定量指标和操作风险、合规、声誉类定性指标组成。微众银行注重将全行层面的、静态的指标分解落实到产品层面的、可监控的指标，进而形成具体的日常管理和监测要求，避免风险不充分暴露的隐患。通过风险偏好的严格执行，防范业务上急功近利的短期行为，强化可持续发展、风险与收益相平衡的业务发展理念。

微众银行不断探索适应互联网业务特点，具有互联网银行特色的全面风险管理体系（eRM），其主要包括风险管理数据、模型与信息系统“三大支柱”，以及体制、制度和人才建设“三大保障”。

数据是互联网银行风险管理的原材料。传统数据是标配，微众银行持续积累央行、公安、学历和法院四大征信数据，基本实现跟核心数据源直连；合理运用大股东腾讯的数据优势；引入了数十个市场数据，覆盖信用行为、网上消费、欺诈信息、汽车等领域。

模型是互联网银行风险管理的装备库。风控模型主要识别信用风险和欺诈风险，应用于信贷产品的贷前、贷中、贷后全周期，以及交易支付等领域。目前，微众银行已经研发及部署模型达数十类，既有逻辑回归、决策树等传统建模方法，也引入神经网络、随机森林等机器学习新型方法。

系统是互联网银行风险管理的生产线。微众银行所有业务、数据、模型和规则都在信息系统中进行部署，信息系统是风险管理工作开展的基础平台。截至目前，已经逐步建设并完善了包含数十套系统的全行风险管理信息系统体系，大大提升了风险管理效率和决策能力。

风险体制是互联网银行风险管理的机制保障，微众银行以产品为单位开展全流程风险管理，确保产品风险可控，业务运行合规。风险管理工作贯穿于每个产品设计、立项、实施、上线及运行等阶段，并具备产品退出机制；风险管理流程作用于每项业务的贷前、贷中、贷后等各个环节；风险管理职能覆盖了全行各类型风险，逐步完善了十大风险的风险管理职能。

风险制度是互联网银行风险管理的制度保障。自开业以来，微众银行相继制定了完整覆盖各类风险的基本制度以及针对产品业务流程的管理办法、规定和细则，对相关风险管理工作进行指导和规范，初步形成了符合监管要求、体现本行特色的全面风险管理政策制度体系。

风险人才是互联网银行风险管理的人才保障，微众银行适应前瞻性的发展要求，招募和使用各类风险人才，包括传统银行风险管理专家、专业机构及海外专家以及大数据科技专家三大主要人才团队。在此基础上，每年吸纳优秀毕业生作为储备人才和新鲜血液，不断充实和发展团队的活力与创新力。

模块二

互联网银行负债业务

【内容简介】

了解互联网银行负债业务的作用和特点；掌握互联网银行负债业务的种类；知晓各种负债业务的概念和特点。

【案例导入】

年利率4%，互联网银行抢食大额存单

微众银行旗下的“大额存单+”产品分为A、B两款，两者皆以20万元起存，存期5年，其中A款期间收益率为4.2%，截至2023年1月9日，该产品在App上显示已售完，在售的只有B款，期间收2023年年初，微众银行还新增了一个3年期的大额存单，年利率为3.35%。

和市面上多数维持在2%～3.5%的大额存单相比，微众银行“大额存单+”给出的利率遥遥领先。

截至2023年1月9日，网商银行发行中的年利率3.15%的3年期存单显示“已售罄”；新网银行新发行的5年期大额存单年利率则达到了3.85%，与此同时，百信银行同样推出了年利率2.1%～3.85%的大额存单产品。

高利率还不是互联网银行吸引储户注意力的唯一方式。在预约过程中，微众银行还设置了“送积分”活动，积分可以用来兑换京东卡、手机充值卡等。

资料来源：市界观察，https://baijiahao.baidu.com/s?id=1755178064625405677&wfr=spider&for=pc。

【基础知识】

一、互联网银行负债业务的构成和作用

商业银行负债业务主要是银行借以形成其资财的相关业务，简单来说也就是银行的资金来源，它属于银行信用业务的一种。

（一）互联网银行负债业务的构成

商业银行负债业务是银行借以形成其资财的相关业务。国内外学者将商业银行负债分为自有资本和外来资金两部分。银行自有资本按其组织形式，可以是个人资本、合伙资本或股份资本。外来资金主要有吸收存款、同业拆借以及从中央银行借入的资金等。传统商业银行的自有资本与吸收的外来资金之间应保持一定的比例，一般是以较为雄厚的自有资本，争取吸收较多的外来资金，为商业银行的持续发展保驾护航。

互联网银行负债业务是形成互联网银行主要资金来源的业务，属于互联网银行最基本的业务之一，主要有内源融资和外源融资两部分。

1. 内源融资

股权是一家企业非常重要的财产权利，持有公司的股权后，可以享有公司的经营收益，而股权融资就成为互联网银行解决资金不足的重要途径。

2. 外源融资

首先，吸收存款是互联网银行很主要的一种负债业务，它是互联网银行从事资产业务的基础。传统商业银行最早的存款形式是活期存款，后逐步发展到定期存款和特殊约定存款。现代互联网银行的存款种类、方式也有许多，在存款账户设置、期限及利率约定、存户受益方式等方面的创新不断出现。

其次，随着经营管理理论对主动性负债的肯定和银行竞争的加剧，互联网银行日益重视通过同业拆借等方式借入资金。由于远程开户现在尚且没有完全放开，互联网银行在吸收存款方面仍然面临一定的难点，所以目前仍较为依赖同业拆借。

（二）互联网银行负债业务的作用

互联网的日益普及和科学技术的飞速进步，推动我国互联网技术不断发展，互联网与金融的结合也开启了金融发展的新纪元——互联网金融。在这个大环境下，银行业和互联网的深度融合给经济增长提供了强劲的动力，互联网银行也应运而生。目前，互联网银行

已经成为商业银行中的重要组成部分。互联网银行负债业务主要是指形成互联网银行资金来源的业务，属于互联网银行比较基本的业务之一。互联网银行负债作为其重要的资金来源，对互联网银行未来持续稳定发展打下了坚实的基础，其发挥的具体作用主要有：

1. 负债是互联网银行经营的先决条件

（1）互联网银行负债规模的大小决定其资产规模的大小，互联网银行负债提供了银行大部分的资金来源。

（2）互联网银行负债结构，即互联网银行负债的期限结构、利率结构、币种结构等决定资产运用的方向和结构特征。

（3）互联网银行负债业务是互联网银行开展其他中间业务的基础。

2. 互联网银行负债是保持互联网银行流动性的重要手段

（1）互联网银行负债业务可为其聚集大量资金，满足合理的贷款、提现、支付的需要。

（2）互联网银行负债水平也决定互联网银行的盈利水平。

3. 互联网银行的负债是社会经济发展的强大推动力

互联网银行负债业务发挥了聚集社会闲散资金的功能，可在社会资金总量不变的情况下扩大社会生产资金的总量。

4. 互联网银行负债是互联网银行同社会各界联系的主要渠道

通过负债业务可以实现扩大知名度，增加客户量的目的。另外，互联网银行的负债也是其在市场上竞争性的有效体现。在互联网银行的负债业务中，自有资金是基础，标志着互联网银行的资金实力；存款负债是其重要业务，标志着互联网银行的经营实力；借款负债和其他负债是互联网银行资金的重要调剂和补充，体现互联网银行的经营活力。

知识拓展：互联网银行债务业务的重要地位

二、互联网银行负债业务的基本特点

视频：互联网银行负债业务与传统银行负债业务的异同

互联网银行负债业务与传统商业银行负债业务构成部分、对社会发挥的作用以及管理方法和模式大致相同。但是在网络化办公的当下，两者还是有着比较明显的区别。

（一）虚拟性

互联网银行的负债业务仅仅依托虚拟化的网址、手机 App 客户端、二维码等渠道进行展开，其负债业务产品和配套服务没有固定的实物形态，只是依靠计算机电子数字技术连接负债业务上下游链条关系，处理机构管理方面的协调和运作，实现完全数字化的负债业务模式。

（二）低成本

互联网银行的负债业务运营处理中心远离繁华的商业区，仅仅以互联网页面和 App 客户端的方式进行业务办理，在人员配备、物理网点租赁等方面的成本大大降低，减少了银行的运营成本；另外，互联网银行以大数据和云计算为基础，对负债业务的数据存储和计算分析，减少了资料与信息搜集、传输、管理成本。

（三）互动性

一方面，当互联网银行向客户提供负债相关产品和业务服务时，客户可以接受一系列有关联的先后交易，用户可以根据系统提供的步骤与交易结果适当调整自己在后续交易过程中的决策，所以在负债业务关联的交易过程实现了互动；另一方面，互联网银行还可以依据这些负债业务系列数据发现具有重要价值的客户群体。

知识拓展：互联网银行负债业务的特点

三、互联网银行负债业务种类

（一）同业拆借业务

互联网银行的同业拆借业务，又称为同业拆款、同业拆放、资金拆借，具体是指经国家批准的互联网银行与具有法人资格的金融机构及经法人授权的金融分支机构之间进行短期资金融通的行为，一些特指与吸收公众存款的金融机构之间的短期资金融通，目的在于调剂头寸和临时性资金余缺。

在互联网银行初创期与发展期，由于资金流入与流出的变化，在一个营业日终了时，往往出现资金收支不平衡的情况，有些互联网银行收大于支，也有一些互联网银行支大于收，此时资金不足的互联网银行就需要融入资金以平衡收支，于是产生了互联网银行与其他金融机构之间进行短期资金相互拆借的需求。

同业拆借是互联网银行临时调剂性借贷行为，在实际应用过程中有以下几个特点。

（1）互联网银行同业拆借融通资金的期限比较短。《中华人民共和国商业银行法》规定：同业拆借，应当遵守中国人民银行规定的期限，拆借的期限最长不得超过4个月。同业拆借资金主要用于金融机构短期、临时性资金需要，禁止利用拆入资金发放固定资产贷款或者用于投资。

（2）互联网银行发生的同业拆借基本上是信用拆借，拆借活动在互联网银行与其他金融机构之间进行，市场准入条件较严格，参与拆借的互联网银行主要以其信誉参与拆借活动。

（3）互联网银行同业拆借利率相对较低。一般来说，同业拆借利率是以中央银行再贷款利率和再贴现率为基准，再根据社会资金的松紧程度和供求关系由拆借双方自由议定的。由于拆借双方都是互联网银行或其他金融机构，拆借风险较小，加之拆借期限较短，因而利率水平较低。

互联网银行只靠自有资金融资是远远不够的。首先，由于竞争的加剧，互联网银行日益重视通过同业拆借等方式借入资金。由于远程开户现在尚未完全放开，互联网银行在吸收存款方面仍然面临一定的困难，所以当下还是较为依赖同业拆借。其次，因新型互联网银行没有营业网点，吸储能力很差，它们大多通过同业拆借的方式帮助其他商业银行将巨大的超额储备的钱贷出去。

知识拓展：微众银行的同业拆借之路

（二）自有资金

视频：自有资金

互联网银行的自有资金是指其拥有所有权的资本金，是互联网银行成立时依法必须筹集的资本，主要包括股本金、储备资金以及未分配利润。其中，股本金是互联网银行成立时发行股票所筹集的股份资本；储备资本即公积金，主要是以税后利润提成而形成的，用于弥补经营亏损的准备金；利润是指经营利润尚未按财务制度规定进行提取公积金或者分利处置的部分。

在互联网银行的全部信贷资金来源中，自有资金一般所占较小，几乎为全部负债业务总额的10%左右，但是自有资金银行经营活动中也发挥着十分重要且不可替代的作用。

1. 自有资金是互联网银行开业和业务经营需要的前提

在存款、同业拆借等资金流入之前，自有资金为互联网银行注册、组建和经营提供了所需资金。

2. 自有资金是互联网银行资产风险损失的物质基础

自有资金通过吸纳财务和经营损失，减少了银行破产的风险，为互联网银行债权人提供保障。

3. 自有资金成为提高互联网银行竞争力的物质保证

自有资金增强了公众对互联网银行的信心，降低了债权人（包括存款人）对互联网银行财务能力的疑虑。互联网银行必须有足够的资本，才能使借款人相信互联网银行在经济衰退时也能满足其信贷需求。

4. 自有资金为互联网银行规模的增长和新业务、新计划及新设施的发展提供资金

当互联网银行成长时，需要额外的资本，自有资金可以用来支持其增长并且承担提供新业务和建新设施的风险。另外，也有利于建立新的分支机构来满足扩大了的市场和为客户提供便利的服务。

（三）智能存款业务

视频：智能存款业务

存款业务是商业银行的立行之本，主要是指社会公众基于对银行的信任而将资金存入银行并可以随时或按约定时间支取款项的一种信用行为。吸收存款是传统商业银行赖以生存和发展的基础，占负债总额的70%以上。商业银行只有通过存款业务将资金集中起来，才能实现放款和投资等资产业务。因此，银行存款的业务量决定其放款的业务量，也直接决定未来的利差收入，从而决定其经济利润和效益。

在宏观环境变化导致银行业竞争日趋激烈与商业银行自身升级转型要求的双重驱动下，银行业与互联网开启了深层次的融合，互联网银行作为一种创新型的金融经营模式应运而生。互联网银行同样也有存款业务，包括大额存单、智能存款、定期存款。其中大额存单、定期存款的基本内容和商业银行比较类似。

智能存款业务属于互联网银行存款的一部分，是定期存款的一种变相形式，但是其本

质和核心依然是定期存款。智能存款的所有权和收益权是可以转让的，当储户需要用钱时，就可以把这个收益权转让出去，从而实现了一个类似于活动或者活期的一个实现形式，而转让的受益方则是一些机构，从而实现这种活期的效果。

互联网银行的智能存款业务和传统商业银行存款业务相比，主要有以下特点：

第一，期限灵活。产品期限可以设置为以日/月为基准。

第二，起购金额灵活。相比于大额存单的高起购金额，智能存款支持多种起购金额，并且不设上限。

第三，支取灵活。产品支持部分支取、全额支取，而且没有支取次数和额度限制。

知识拓展：智能存款的发展和应用

（四）资产证券化

视频：资产证券化

资产证券化是指以基础资产未来所产生的现金流为偿付支持，通过结构化设计进行信用增级，在此基础上发行资产支持证券的过程。简单来看，它是以特定资产组合或特定现金流为支持，发行可交易证券的一种融资形式，现在已经逐渐成为一种被广泛采用的金融创新工具而得到了迅猛发展。

资产证券化划分标准有很多种，其中根据证券化产品的金融属性不同，可以分为股权型证券化、债券型证券化和混合型证券化；根据资产证券化发起人、发行人和投资者所属地域不同，可将资产证券化分为境内资产证券化和离岸资产证券化。

资产证券化业务的开展对互联网银行有着重要意义：

（1）增强了互联网银行资产的流动性。从互联网银行的发起人角度来看，资产证券化提供了将相对缺乏流动性、个别的资产转变成流动性高、可在资本市场上交易的金融商品的手段。通过资产证券化，互联网银行能够补充资金来进行其他投资。

（2）资产证券化还为互联网银行提供了更加有效的、低成本的筹资渠道。通过资产证券化市场筹资比通过其他金融机构拆借资金或其他资本市场筹资的成本要低许多，这主要是因为发起者通过资产证券化发行的证券具有比其他长期信用工具更高的信用等级。信用等级越高，发起者付给投资者的利息就越低，从而降低筹资成本。

（3）减少了互联网银行的风险资产。资产证券化有利于发起者将风险资产从资产负债表中剔除出去，有助于发起者改善各种财务比率，提高资本的运用效率，满足风险资本指标的要求。由于增加资本是昂贵的，通过资产证券化交易出售资产就成为商业银行满足《巴塞尔协议》资本充足率要求的有效途径。

（4）资产证券化还为互联网银行提供了更为灵活的资产负债管理模式。通过资产证券化，互联网银行既可以出售部分期限较长、流动性较差的资产，也可以将长期贷款的短期资金来源置换为通过发行债券获得的长期资金来源，通过精确、有效的资产与负债的匹配，实现风险合理配置，改善银行的资产负债管理。

总之，资产证券化为互联网银行带来了传统筹资方法所没有的益处，并且随着资产证券化市场的不断深入发展，这些益处将愈加明显。

模块三

互联网银行负债资产业务管理

【内容简介】

掌握互联网银行资产负债管理的意义、原则；掌握资产负债结构管理、成本利润绩效管理等管理方式。

【案例导入】

互联网银行资产负债的深度解析

经过几年的发展，互联网银行资产负债规模虽然都大多数有了明显增长，但资产负债结构呈现分化趋势。总体来看，资产端方面，互联网银行均以发放信贷资产为主，由于客户渠道限制，同业业务依赖程度较高。由于业务差异，互联网银行在吸收存款方面也存在较大差异。

从资产结构上看，大部分互联网银行的贷款占比与全行业较为接近，均在50%左右。但是其他非信贷资产的配置则较为多样。有些银行积极参与金融投资，主要是包括各种债券等，这一点与全行业类似，也是银行流动性管理的常规操作。但同时，互联网银行留存的现金与准备金普遍较多（有些银行还有较高比例的同业资产），可能是流动性管理需要，当然也可能是由于成立时间不长，资产投放能力还在建设过程中，因此有富余流动性。

网商、金城、华瑞银行等银行的应收款项类投资占比较大，主要有理财产品、信托受益权及资产管理计划。负债端方面，互联网银行较为依赖同业负债，其中微众银行依赖同业负债程度最高，但整体而言，与全行业比，资产结构并不算非常异常。

资料来源：新浪财经，http：//finance. sina. com. cn/stock/stockzmt/2019 – 11 – 06/doc – iicezzrr7686142. shtml。

【基础知识】

互联网银行的资产是指互联网银行运用其资财的业务，而互联网银行负债业务主要是指形成互联网银行资金来源的业务。资产负债管理就是互联网银行为了在可接受的风险限额内实现既定经营目标，而对其资金运用和资金来源的规模、期限、结构等所进行的计划、协调和控制，以及前瞻性地选择业务策略的过程，是其经营管理的核心内容之一。

一、互联网银行资产负债管理意义

视频：互联网银行的资产负债管理

资产负债管理起源于20世纪60年代，最初是针对美国利率风险而发展起来的，对于资产负债进行匹配性管理的目的和意义主要有：①资产负债管理是互联网银行全面控制风险、实现短期利润增长与长期市值稳定统一关系的有力武器。利率市场化以后，资产与负债的结构匹配以及长短期限的利率错配问题必须引起高度重视，否则将引发严重的利率风险和流动性风险，而如何计量和管理这些风险，正是资产负债管理的重要研究内容。另外，只有当资产质量和风险得到控制，短期回报和长期盈利才可以统一，互联网银行的价值才能得以提升。②资产负债管理是互联网银行优化资本配置、前瞻性引导业务发展的有效工具。要想在安全经营的基础上实现长期价值的不断提升，互联网银行就必须根据业务的不同风险与收益状况配置好资本，动态、前瞻地调节业务经营。

二、互联网银行资产负债管理基本原则

从本质上看，资产负债管理是以资产负债表各科目之间的“对称原则”为基础，来缓解流动性、盈利性和安全性之间的矛盾，达到三性的协调平衡。所谓对称原则，主要是指以期限对称和利率对称的要求来不断调整其资产结构和负债结构，以实现经营上风险最小化和收益最大化。其基本原则主要有：

（一）规模对称原则

互联网银行的资产规模与负债规模应该建立在合理经济增长基础上保持相互对称、动态平衡。

（二）结构对称原则

结构对称原则又称偿还期对称原则。互联网银行资金的分配应该依据资金来源的流通速度来决定，即资产和负债的偿还期应该保持一定程度的对称关系。

（三）目标互补原则

在实际工作中，应该将安全性、流动性和盈利性综合起来考虑以全面保证银行目标的实现，实现总效用的最大化。

（四）资产分散化原则

互联网银行资产运用要注意在种类和客户两个方面适当分散，避免风险，减少坏账损失。

三、互联网银行资产负债管理结构匹配对比

（一）规模匹配

规模匹配强调的是互联网银行资产和负债的总量规模结构要合理：一方面，资产业务的发展要考虑负债业务的总量，资产规模明显小于负债规模意味着意愿的浪费，一些互联网银行成立初期资产业务投放缓慢，发展几年后应尽快实现资产和负债规模的匹配；另一方面，资产规模明显高于负债规模意味着较高的经营风险。可见，互联网银行应该保持合理的资产负债结构，才能实现健康发展。

（二）期限匹配

期限匹配强调的是互联网银行资产和负债的期限结构不要错配，典型的错配结构是用短期的负债支撑长期的资产业务，这将严重影响互联网银行的流动性，风险较大。某些互联网银行的负债严重依赖期限较短的同业负债，而资产端却投向了期限较长的业务，资产负债期限结构错配现象严重。

（三）定价匹配

定价匹配要求互联网银行资产业务和负债业务的定价要匹配，负债是成本，资产带来收益，所以二者的定价匹配才能实现预期收益。

四、互联网银行资产负债管理成本利润绩效分析

视频：互联网银行经营绩效分析

经营绩效是企业经营者为了实现企业的既定目标，通过对企业拥有资源的经营和管理后，所完成最终的效率与效果。结合时代背景，互联网银行经营绩效是一定经营期间的互联网银行经营者业绩，其经营效益水平主要表现在盈利能力、资产运营水平、偿债能力和后续发展能力等方面。

互联网银行的经营绩效，对于其持续经营和未来发展有着至关重要的作用。

首先，经营效率的分析可以实现正确评价互联网银行一定时期经营业绩的效果。利润是互联网银行一定时期经营业绩的集中表现和核心内容，它是评价互联网银行某时期运行成功与否的主要指标。

其次，及时准确发现互联网银行经营管理中可能存在的问题。互联网银行经营效率分析反映了已有成绩，也能够发现工作中存在的问题。

最后，为互联网银行经营管理提供决策依据。通过发现问题并分析原因，可以为进一步的财务及经营管理决策提供依据，使互联网银行少走弯路，减少决策差错。

互联网银行经营绩效体现着其在行业的竞争力，应当结合互联网银行的具体情况，运用合理的经营绩效评价方法对其经营效益和经营业绩进行综合性分析。当下，互联网银行经营绩效的评价衡量方法和指标很多，评价方法根据复杂程度可分成单一指标评级法和多指标评价法。

单一指标评价方法顾名思义就是互联网银行在经营绩效评价时只挑选几个重点关注的评价指标来衡量评价结果，如资本充足率、净资产收益率、净利润等，然后把这些评价按年份进行纵向对比，抑或是与银行业其他公开的数据进行横向对比，由此对互联网银行的整体经营情况作出评价结果，这是早期经营绩效评价使用的方法。

与之对比的多指标综合评价是选取互联网银行多个不同类型的指标，通过数理统计等方法对选取的评价指标进行整合最终得出一个最终评价结果，依据评价得分来发现银行在综合经营绩效力上的表现，这是现代经营绩效评价常用的方法。相对于单一指标评价，多指标评价可以涵盖更广的评价覆盖面。

【项目练习】

一、单项选择题

1. 建设银行“善融商务”属于（　　）。

A. P2P 网贷平台　　B. 银行自建电商平台

C. 互联网众筹　　D. 银行与第三方合作平台

2. 网商银行的“网商贷”属于（　　）。

A. 小微企业贷款　　B. 个人消费贷款

C. 与第三方平台合作贷款　　D. 供应链贷款

3. 微众银行的“微车贷”业务属于（　　）。

A. 小微企业贷款　　B. 个人消费贷款

C. 与第三方平台合作贷款　　D. 供应链贷款

4. 微众银行的“微粒贷”业务属于（　　）。

A. 小微企业贷款　　B. 个人消费贷款

C. 与第三方平台合作贷款　　D. 供应链贷款

5. 微众银行的成立日期是（　　）。

A. 2013 年 12 月　　B. 2014 年 12 月

C. 2015 年 12 月　　D. 2016 年 12 月

6. “微粒贷”的授信额度是（　　）。

A. 100 元～10 万元　　B. 1000 元～30 万元

C. 500 元～20 万元　　D. 1 万元～20 万元

7. 网商银行的成立日期是（　　）。

A. 2013 年 6 月　　B. 2014 年 6 月　　C. 2015 年 6 月　　D. 2016 年 6 月

8.《民营银行互联网贷款管理暂行办法》（征求意见稿）是于（　　）下发的。

A. 2014 年 6 月 29 日　　B. 2015 年 6 月 29 日

C. 2016 年 6 月 29 日　　D. 2017 年 6 月 29 日

9. 审批流程在客户申请之前就已经完成，只需确认客户是否需要此项服务即可的审批模式是（　　）。

A. 实时审批　　B. 审批前置　　C. 零感知审批　　D. 移动审批

10. 以下哪种审批模式便于互联网银行监管资金流向？（　　）

A. 实时审批　　B. 审批前置

C. 零感知审批　　D. 移动审批

11. 以下哪种方式能够提前发现未来会产生的风险？（　　）

A. 欺诈监测　　B. 信用风险评估

C. 风险预警　　D. 逾期客户管理

12. 客户失去联系而无法触达称为（　　）。

A. 客户逾期　　B. 客户失联　　C. 客户违约　　D. 客户欺诈

13. 客户在和金融机构约定时间内未履行还款约定的行为属于（　　）。

A. 客户失联　　B. 客户逾期　　C. 客户违约　　D. 客户失效

14.（　　）是互联网银行风险管理的原材料。

A. 数据　　B. 模型　　C. 信息系统　　D. 历史信用

15. 负债是互联网银行重要的（　　）。

A. 资金来源　　B. 资金运用　　C. 资金去向　　D. 资金投资

16. 互联网银行负债不包括（　　）。

A. 自有资金　　B. 吸收存款　　C. 发放贷款　　D. 借款

17. 以下不属于互联网银行负债业务与传统商业银行负债业务区别的是（　　）。

A. 虚拟性　　B. 低成本　　C. 互动性　　D. 资金方向

18. 互联网银行的负债业务一般不依托（　　）渠道进行展开。

A. 虚拟化的网址　　B. 实体网点

C. 手机 App 客户端　　D. 二维码

19. 一般来说，同业拆借利率是以（　　）为基准，再根据社会资金的松紧程度和供求关系由拆借双方自由议定的。

A. 商业银行挂牌存款利率　　B. 中央银行再贷款利率和再贴现率

C. 商业银行挂牌贷款利率　　D. 互联网金融公司常用利率

20. 同业拆借应当遵守中国人民银行规定的期限，拆借的期限最长不得超过（　　）个月。

A. 1　　B. 3　　C. 4　　D. 6

21. （　　）有利于发起者将风险资产从资产负债表中剔除，有助于发起者改善各种财务比率，提高资本的运用效率，满足风险资本指标的要求。

A. 贷款证券化　　B. 贷款长期化　　C. 资产证券化　　D. 存款资产化

22. 发起者通过（　　）发行的证券具有比其他长期信用工具更高的信用等级，等级越高，发起者付给投资者的利息就越低，从而降低筹资成本。

A. 贷款证券化　　B. 贷款长期化　　C. 资产证券化　　D. 存款资产化

23. 互联网银行的智能存款业务，是基于（　　）产生的。

A. 国有商业银行　　B. 股份制银行

C. 城商行　　D. 互联网基因的民营银行

24. 智能存款的底层资产是（　　），之所以能做到年利率超过 4%，最主要是“收益权转让”。

A. 活期存款　　B. 定期存款　　C. 通知存款　　D. 定活两便

25. 在存款、同业拆借等资金流入之前，（　　）为互联网银行注册、组建和经营提供了所需资金。

A. 发行债券　　B. 借款

C. 向中央银行借款　　D. 自有资金

26. 自有资金是指其拥有所有权的资本金，是互联网银行成立时依法必须筹集的资本，不包括（　　）。

A. 股本金　　B. 吸收存款　　C. 储备资金　　D. 未分配利润

27. 资产负债管理起源于 20 世纪 60 年代（　　），最初是针对利率风险而发展起来的。

A. 中国　　B. 英国　　C. 美国　　D. 日本

28. （　　）是互联网银行一定时期经营业绩的集中表现和核心内容，它是评价互联网银行某时期运行成功与否的主要指标。

A. 资本　　B. 负债　　C. 利润　　D. 现金流

29. （　　）方法是互联网银行在经营绩效评价时只挑选几个重点关注的评价指标来

衡量评价结果。

A. 单一指标评价　　B. 多指标综合评价

C. 复合指标评价　　D. 多维指标评价

二、多项选择题

1. 我国互联网银行贷款种类有（　　）。

A. 传统银行贷款业务的互联网化　　B. P2P 网贷平台

C. 新兴互联网银行贷款　　D. 互联网众筹

2. “微粒贷”的特点包括（　　）。

A. 仅凭个人信用　　B. 无须担保

C. 循环授信　　D. 随借随还

3. 移动审批模式有哪些特点？（　　）

A. 实现了信息的实时传递　　B. 实现了更多的信息采集

C. 审批过程延伸至申请端　　D. 提高了审批风险

4. 互联网贷款审批模式有哪些？（　　）

A. 实时审批　　B. 审批前置　　C. 零感知审批　　D. 移动审批

5. 互联网信贷实时审批需要的条件包括（　　）。

A. 计量模型　　B. 大数据

C. 信息系统　　D. 依赖客户提供的资料

6. 互联网银行信贷的风险管理模式有（　　）。

A. 欺诈监测　　B. 信用风险评估

C. 风险预警　　D. 逾期客户管理

E. 征信服务

7. 互联网银行进行欺诈监测的方式有（　　）。

A. 第三方信息验证　　B. 电话核实

C. 欺诈排查　　D. 诉诸法律

8. 逾期客户的管理体现在（　　）方面。

A. 做好风险预警　　B. 优化催收策略

C. 客户信息丰富化　　D. 触达方式的多样化

9. 客户逾期的原因包括（　　）。

A. 临时性资金周转困难　　B. 经济恶化导致还款能力不足

C. 贷款金额超出自己经济承受能力　　D. 银行未通知客户

10. 催收工具包括（　　）。

A. 短信催收　　B. 信函催收　　C. 电话催收　　D. 上门催收

11. 客户失联包括哪些状况？（　　）

A. 主观失联　　B. 客观失联　　C. 主动失联　　D. 被动失联

12. 不良资产处置包括哪些方式？（　　）

A. 不良资产核销　　B. 不良资产打包出售

C. 责任人认定　　D. 计提拨备

13. 微众银行的风险偏好定量指标有哪些？(　　)

A. 资本类指标　　B. 资产类指标　　C. 信贷类指标　　D. 流动性指标

14. 微众银行的风险偏好定性指标有哪些？(　　)

A. 操作风险指标　　B. 合规指标

C. 声誉类指标　　D. 负债类指标

15. 微众银行全面风险管理体系（eRM）“三大支柱”是指（　　）。

A. 风险管理数据　　B. 模型　　C. 信息系统　　D. 征信数据

16. 微众银行全面风险管理体系（eRM）“三大保障”是指（　　）。

A. 体制　　B. 制度　　C. 人才建设　　D. 内控制度

17. 商业银行负债业务主要由（　　）组成。

A. 自有资本　　B. 外来资金　　C. 发放贷款　　D. 证券投资

18. 互联网银行外来资金主要有（　　）。

A. 吸收存款　　B. 同业拆借

C. 向中央银行借入的资金　　D. 实收资本

19. 互联网银行自有资本按其组织形式，可以划分为（　　）。

A. 个人资本　　B. 合伙资本　　C. 吸收存款　　D. 股份资本

20. 根据资产证券化发起人、发行人和投资者所属地域不同，可将资产证券化分为（　　）。

A. 境内资产证券化　　B. 国外资产证券化

C. 国际资产证券化　　D. 离岸资产证券化

21. 根据银行证券化产品的金融属性不同，可以分为（　　）。

A. 股权型证券化　　B. 债券型证券化

C. 存款型证券化　　D. 混合型证券化

22. 互联网银行 App 上仍有三种存款产品，分别是（　　）。

A. 银行柜面储蓄　　B. 大额存单

C. 智能存款　　D. 定期存款

23. 负债由（　　）组成。

A. 储备资金　　B. 自有资金　　C. 发放贷款　　D. 外来资金

24. 资产负债管理的基本原则主要有（　　）。

A. 规模对称原则　　B. 结构对称原则

C. 目标互补原则　　D. 资产分散化原则

25. 所谓对称原则，主要是指以（　　）的要求来不断调整其资产结构和负债结构，以实现经营上风险最小化和收益最大化。

A. 期限对称　　B. 人员对称　　C. 规模对称　　D. 利率对称

26. 互联网银行经营绩效是一定经营期间的互联网银行经营者业绩，其经营效益水平主要表现在（　　）等方面。

A. 盈利能力　　B. 资产运营水平

C. 偿债能力　　D. 后续发展能力

27. 以下评价指标属于单一指标评价方法的有（　　）。

A. 资本充足率　　B. 净资产收益率

C. 净利润　　D. 资产规模

PPT

项目六 互联网银行的客户需求

【知识目标】

了解互联网银行使用意向的理论基础；理解互联网银行使用意向的各种影响因素及方向；理解互联网银行使用满意度的提升策略。

【能力目标】

理解不同的因素如何影响客户对互联网银行的使用意向；理解对于互联网银行来说，如何提升其用户的满意度。

模块一

互联网银行使用意向的理论

【内容简介】

本模块主要介绍互联网银行使用意向的理论基础，具体包括信任转移理论、理性行为理论、技术接受模型、创新扩散理论以及整合型科技接受模型。

【案例导入】

信任是可以转移的

从营销和心理学的论点来看，信任是可以转移和嫁接的。

很多的商家为了说服潜在顾客相信他们的产品或服务，会有意识、有目的地去获得一些通常的、权威的、可敬的个人、组织、机构给予的认证、证明、推荐等。比如，两个陌生人想要快速建立亲密关系，最直接有效、最便捷的方式就是找到他们共同的可信赖的好朋友来引见。

信任的转移和嫁接主要从以下四方面来体现：

第一，信任的转移与嫁接很多时候就是一种心理暗示，就如同人们常说的“朋友的朋友是朋友”。

第二，在人们心里，如果某种事物获得了人们尊敬的个人、组织或机构的认可，那么大脑就会立刻觉得可信，前提是某个个人、组织或机构必须是人们信任的，具有权威性的。

第三，人类属于群居动物，有归属需求。在群居社会里，大多数的人都尊敬诸如寺院、教会、医疗机构、国家机构和科学家等，当你的产品或服务与这些组织或者它们的标志、形象产生联系的时候，就能获得人们的强烈信任。

第四，人们普遍都能接受科学和医学的权威形象给予的建议和警告，如果你经常看电视或接触网络，就可以经常看到很多产品在有意制造着这样的关联。

那为什么信任的转移和嫁接会有效？

首先，信任的转移与嫁接就是一种关联效应，这种关联效应让人们信赖的个人、组织或机构为商家的产品或服务提供了权威的认证，这样做以后，可信赖的个人、组织或机构的权威、声望就会与商家的产品或服务发生转移和嫁接。

其次，信任能够轻而易举地转移和嫁接，其根源在于人性的懒惰。各种可敬的、可信赖的个人、组织或机构的权威性和声望让懒惰的人不用亲自去研究寻找答案，就能轻松做决定。

最后，信任的转移与嫁接事实上就是一种安全感的转移。可信赖、可敬的个人、组织或机构给人以安全感，与之相关联的产品或服务也就间接地给人带来了安全感。

【基础知识】

一、信任转移理论

（一）信任转移理论的内涵

信任是一种心理期望，是植根于个性之中的、在个体心理的发展过程中不断形成的信念或期望。一般来说，信任意味着面临风险，而影响消费者信任的因素是多方面的。信任是影响使用者接受新兴技术的重要因素。由于高风险和不确定性的存在，信任在网络和移动环境下的交易中显得尤为关键，对我们理解互联网银行使用者的行为具有重要作用。由电子商务发展而来的互联网银行是一类商业模式创新。与传统实体银行营销模式相比较，考虑到新技术形态出现的时间较短，加上移动设备本身的限制，互联网银行面临着更大的不确定性和风险。所以，要使使用者对互联网银行产生初始信任存在一定的困难，解决该问题的一种方法是利用“信任转移理论”。

信任转移机制，是基于品牌延伸理论而来。所谓品牌延伸，是指借助原有已建立的品牌地位，将原有品牌转移使用于其他产品或服务（包括同类和异类），从而期望减少新产品进入市场的风险，以更少的营销成本获得更大的市场回报，而客户对原品牌的态度，是决定其如何看待延伸产品的重要因素。

信任的转移是一个认知过程，属于信任建立过程中的一环。消费者的信任既可以从某个可信实体向另一个不知名的实体转移，也可以从熟知的环境向陌生环境转移。也就是说，信任转移有两种表现形式，分别称为“渠道内信任转移”和“渠道间信任转移”。

渠道内信任转移是指客户信任一个实体，转移到信任同一渠道内的另一个相关实体，比如客户对某个网站的信任，会影响其对该网站上链接的其他陌生网站的信任。渠道间信任转移则指信任一个实体，转移到对另一个渠道内的陌生实体的信任，如客户对实体店铺的信任，会影响其对网上店铺的信任程度，或者对传统银行的信任转移到对网上银行的信任。

根据信任转移理论，用户对互联网企业的品牌信任，能够转移到其对互联网银行的初始信任。正如时下火热的社区团购，用户在初次选择购买平台时，往往倾向于选择自己熟悉的互联网企业。

（二）信任转移理论的应用举例

以韩国消费者为研究对象，构建从线下银行到网上银行的信任转移模型，围绕客户对线下银行的信任是否会对其使用网上银行形成正面感知开展研究，结果表明，客户对线下银行的已有信任能够影响网上银行的一些指标，其中包括满意度、结构保证以及网站流量等。

以社会资本理论为基础，以线下实体业务的客户为研究对象，构建了关于网上业务与实体业务相结合的零售商信任转移模型（见图 6－1），模型解释了用户在访问网站前的网上信任形成机制。研究发现，线下口碑、期望约束力以及线下信任都对消费者的网上信任具有显著影响。

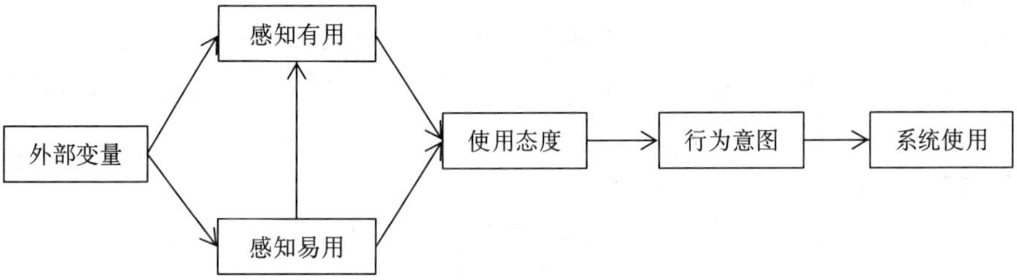

图 6－1　关于网上业务与实体业务相结合的零售商信任转移模型

以网上业务和实体业务结合的零售商作为研究对象，利用群体理论构建了网下信任转移至网上信任的模型（见图 6－2）。研究发现，网下信任、结构保证、流程整合以及环境常态都对消费者的网上业务的初始信任具有显著影响。

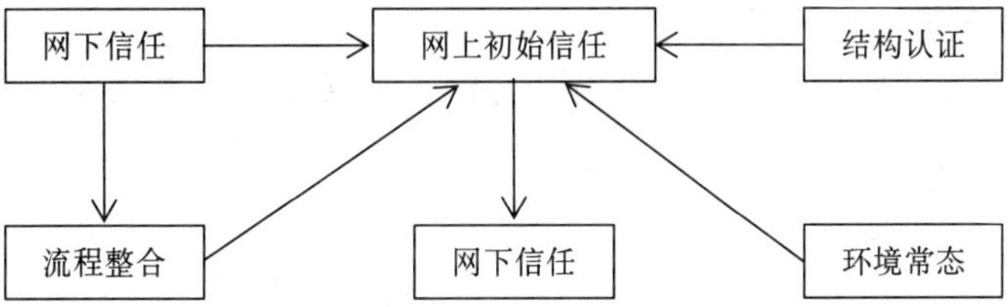

图 6－2　网下信任转移至网上信任的模型

对影响客户对互联网银行的初始信任、对互联网银行使用意向的因素以及影响因素间的相互关系进行验证与分析。验证了信任转移理论的有效性，同时也扩展了其理论的适用性。

目前，各领域关于信任转移的研究尚处于初期，现有的文献也还没有对信任转移现象做出足够深刻和全面的分析。国内外有关渠道间信任转移的研究主要集中于信任从实体向线上环境的转移，值得指出的是，大量研究表明，用户信任也是一个随时间动态变化的过程，互联网银行获得的初始信任在用户有交互经历之后可能会增强也可能会减弱。大量学者的进一步研究可以对影响互联网银行持续信任的因素进行进一步的分析，也可以对不同阶段的互联网银行信任度进行纵向数据的对比研究。

二、理性行为理论

随着互联网金融的快速发展，互联网银行作为不设立网点的银行企业开始涌现。但是作为一种新生事物，互联网银行在推广过程中受到了社会各界的质疑，也得到了学界的高度关注，学者针对互联网银行如何能被人们所认可和接受开展了大量研究工作，理性行为理论就是其中一项重要的理论模型。

（一）理性行为理论的定义

理性行为理论（Theory of Reasoned Action，TRA），又译作“理性行动理论”，是由美国学者菲什拜因（Fishbein）和阿耶兹（Ajzen）于 1975 年提出的，主要用于分析态度如何有意识地影响个体行为，关注基于认知信息的态度形成过程。理性行为理论认为，个人和他所处的社会的普遍观念是一个人的态度和价值观念的重要决定因素。而个人态度和价值观念又决定了一个人是否会产生采取某种特定行为的动机，动机最终决定了某种行为最终是否被一个人所采纳。总之，理性行为理论认为个人价值观和关于社会价值取向的信念决定了一个行为最终会不会发生。

理性行为理论的三个基本假设：

（1）通常情况下人类具有理性特点，并根据整体观和系统处理、应用进入大脑的信息。

（2）人类意识不受无意识的诱因或力量控制。

（3）人类行为是完全可以自我控制的。

自问世之后，理性行为理论在技术接受研究领域得到了广泛应用。总体上该理论认为，人们的一切行为都是人们在综合了自身的价值判断，估计了别人可能会产生的看法和综合考虑了社会规范后，经过理性思考最终做出的决定。

（二）理性行为理论的模型

理性行为理论模型的具体构成包括行为意图、态度和主观规范（见图 6－3）。

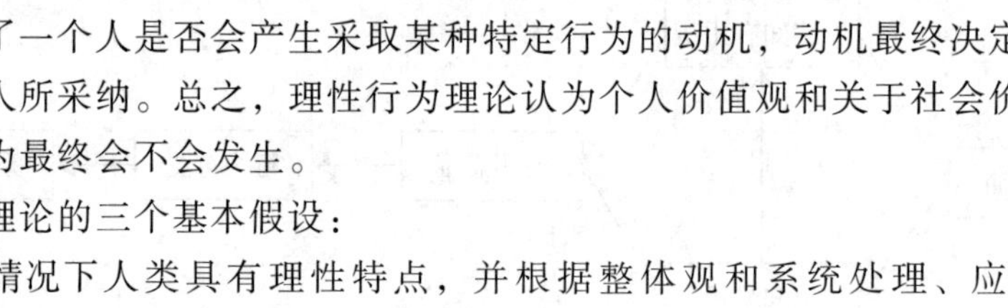

图 6－3　理性行为理论模型框架

1. 行为意图

行为意图是指个体对执行某一特定行为的概率判定，反映个体执行特定行为的意图强度。理性行为理论认为，使用行为意图这一变量来预测行为最为合适，而其他因素则都是通过影响行为意图从而间接影响个体行为。

2. 态度

态度是指个体对某一特定行为产生的正面或负面的感受及评价。个体对某类行为的态度，会受到个体的行为信念、对结果的评价以及心理等多方面因素的影响。其中，信念与评价反映了个体认为行为可能带来的结果以及可能会发生的概率。

3. 主观规范

主观规范是个人对于是否采取某项特定行为所感受到的社会压力，并由此产生的行为意图，从而影响其最终是否采取某项特定行为。

总之，理性行为理论是一个通用模型，它提出任何因素只能通过态度和主观规范来间接地影响行为，这使得人们对行为的合理产生了一个清晰的认识。通过这个模型，有助于我们分析广大的金融消费者对互联网银行的使用意向。

知识拓展：生活中的羊群效应

三、技术接受模型

互联网银行交易的实现是通过互联网和互联网银行的客户端来实现的，所以，互联网银行除了体现出传统银行的金融交易属性以外，还体现出其特有的技术属性。

因此，对于互联网银行的使用意向研究，我们可以应用技术接受模型，也就是从用户对互联网银行技术的接受情况，来研究用户对互联网银行的接受状况，这种方法将技术接受模型（Technology Acceptance Model，TAM）运用到互联网银行的研究中，通过模型中对技术的“感知有用性”（Perceived Usefulness，PU）和“感知易用性”（Perceived Ease of Use，PEU）来研究用户对互联网银行的接受程度。

技术接受模型最早提出于 1989 年，是学者 Davis 运用理性行为理论，研究用户对信息系统接受时所提出的一个模型，其最初的目的是对计算机广泛接受的决定性因素做解释说明。该模型认为，当出现某种新技术时，许多因素都会影响用户的决定。这些因素分为感知有用性和感知易用性。技术接受模型具有出色的简洁性，并且易于操作，针对性强，在实证研究中得到了广泛的应用。

（一）感知有用性

感知有用性是指个人使用特定系统可提高其工作绩效的程度。在用户使用互联网银行的相关行为研究中，感知有用性被有的学者定义为：用户相信通过使用互联网银行后，其任务绩效可以获得提升，如互联网银行的理财产品是否收益率更高。感知有用性对用户使用互联网银行的态度、意图或行为有显著影响，是技术接受模型中预测用户对互联网银行接受度的一个重要变量。

信任水平的增加同样可以增加用户对互联网银行感知有用的水平。互联网银行网站或客户端是否有用，一方面依靠相关技术属性的有效性，如高级的搜索引擎等；另一方面依靠技术背后的人本属性，这是技术背后的非技术层面。信任体现了对技术的信任，更重要的是对技术背后的人本属性的信任，因此感知有用性增加对互联网银行的使用意向有积极的影响。

(二) 感知易用性

感知易用性是指个人认知到的使用某个特定系统不需要耗费任何力气的可能性。用户在使用互联网银行时，业务处理的过程通常相对简单，相关的业务流程和手续相对简化，能够明显提升使用的感知易用性。

技术接受模型通过以下途径进行运作（见图6－4）：未知的外部变量作为外生变量影响模型，产生有用感知和易用感知，二者联合影响行为态度及行为意图，同时，行为态度也会影响行为意图，也就是说感知有用性和感知易用性会对使用者对自身是否采取行为产生影响。在技术接受模型中，感知有用性和感知易用性是影响个体是否接受新技术的两大变量，并且感知易用性会正向影响感知有用性，最终影响客户的使用态度、行为满意，以及实际行为。

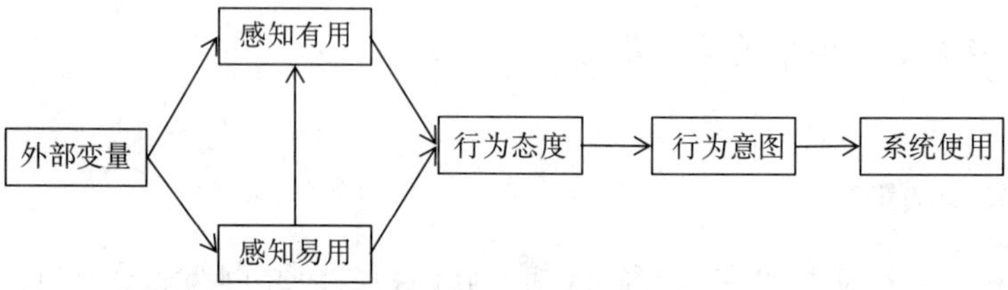

图6－4 技术接受模型

当技术接受模型被应用于了解用户对互联网银行业务接受程度的研究时，感知易用性被定义为用户相信使用互联网银行业务不需要耗费任何力气的可能性。用户对于互联网银行容易使用的感知会增加用户对互联网银行的接受程度，因为如果使用者在使用互联网银行时需要很多的专业知识，或者使用程序繁杂，那么其在使用互联网银行过程中势必要增加更多的时间成本去学习相关知识，这将会导致用户放弃使用互联网银行。由此可见，更适合用户上手使用的操作界面和服务能被更多用户接受和使用，对于各个互联网银行来说，应当建立快速便捷的操作平台，简化各个交易环节，压缩不必要的等待时间，明晰业务办理流程，如明确导航栏的分类检索功能、增加语音查询功能等。当用户体验感好，认为操作方便，也会增强其使用意向。

另外，感知有用性对网上银行的使用意向同样起到正方向的作用，而使用意向可以直接作用于实际的使用，故其可以间接地正向影响实际使用，即互联网银行功能性越强，用户更倾向于接受。随着互联网银行业务的多元化发展，互联网银行也从初始的单一网上支付发展为集转账、信用卡还款以及理财等多方面功能于一体，这也促使更多的客户接受这一新兴事物。为了使互联网银行今后各项业务能顺利发展，建议其从增加用户感知有用性的角度针对某些特定人群制定一些个性化服务和标准，来充分发挥互联网银行的能动性和技术优势，全方位地满足不同客户的不同需求，打造自己的优势品牌和特色服务，增加用户的使用意向，在维护好现有资源的前提下，吸引更多的其他优质资源，创造更大的利润。

总之，对于互联网银行的感知易用性与感知有用性一起，共同对用户是否选用互联网银行产生影响。互联网银行应充分考虑设计高效并且让用户更方便使用的技术以及业务流程。

四、创新扩散理论

创新扩散理论是传播效果研究的经典理论之一，是由美国学者埃弗雷特·罗杰斯（E. M. Rogers）于20世纪60年代提出的一个关于通过媒介劝服人们接受新观念、新事物、新产品的理论，侧重大众传播对社会和文化的影响。罗杰斯认为，创新是一种被个人或其他采用单位视为新颖的观念、实践或事物；创新扩散是指一种基本社会过程，在这个过程中，主观感受到的关于某个新语音的信息被传播，通过一个社会构建过程，某创新的意义逐渐显现。他还指出消费者最先购买或使用创新型产品的行为可以充分体现消费者个人的创新性。

该理论认为创新扩散是指新产品、新服务或新思想不断地扩散和传播最终被多数用户采纳和使用的过程，绝大多数的创新扩散都是以S型曲线的趋势逐步上升（见图6-5），S型曲线的坡度取决于其被受众接受的速度。在扩散的早期，采用者很少，进展速度也很慢；当采用者人数扩大到居民的10%～25%时，进展突然加快，曲线迅速上升并保持这一趋势，即所谓的“起飞期”；在接近饱和点时，进展又会减缓，使整个过程类似于一条“S”型的曲线。在创新扩散过程中，早期采用者为后来的起飞做了必要的准备。这个看似“势单力薄”的群体能够在人际传播中发挥很大的作用，即劝说他人接受创新。

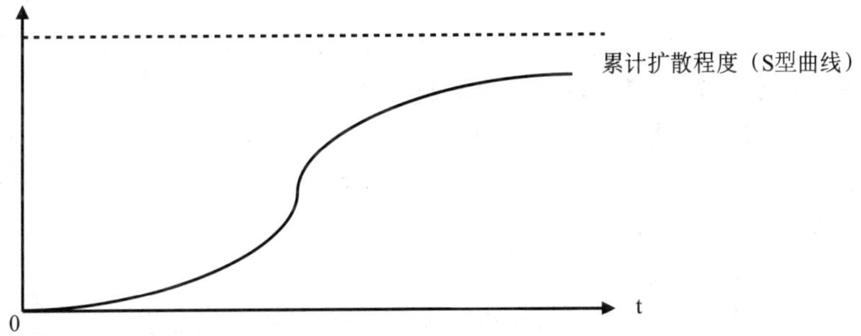

图6-5 创新扩散的S型曲线

（一）用户采纳创新的过程

（1）认知阶段。个人（或其他决策单位）了解到某项创新的存在并对它的功能有所认识。

（2）说服阶段。个人（或其他决策单位）对创新形成赞同或反对的态度。

（3）决策阶段。个人（或其他决策单位）对创新做出采纳或者拒绝的选择行为。

（4）实施阶段。个人（或其他决策单位）将创新付诸使用，也包括再创新和修改创新。

（5）确认阶段。个人（或其他决策单位）为已完成的创新—决策寻求进一步的证实，或者改变先前做出的接受或拒绝的决定。

（二）创新扩散过程中对应的群体（见图6-6）

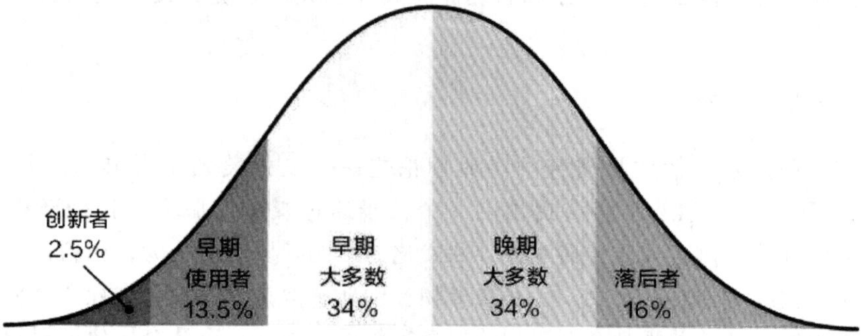

图6-6 创新扩散过程中的不同群体

（1）创新者。创新者具有冒险精神，从系统外引入新观念，启动创新思想在本系统内的扩散，是新思想采纳的“把关人”，尽管他们并不一定受到系统内其他成员的尊敬。

（2）早期采用者。早期采用者受到其他成员的尊敬，是既成功又谨慎的创新采纳者，在系统中扮演意见领袖的角色，会和周围人谈论自己对于该创新的主观评价，减少创新扩散过程中的不确定性。

（3）早期的大多数。这个群体深思熟虑，既不是第一个吃螃蟹的人，也不是最后一个抛弃陈腐观念的人。他们在扩散中起到承上启下的重要作用，相互影响，谨慎地跟随创新潮流，但很少会领导这种潮流。

（4）晚期的大多数。这个群体的人数与早期的大多数一样占全体人数的1/3，他们对创新持怀疑态度，他们在大多数成员采用创新后才会跟随。他们采用创新，可能既出于经济利益的考虑，也是因为周围大多数人给他们造成了压力。

（5）滞后者。滞后者是系统内最后采纳创新的群体，他们坚持传统，对事物的看法较为狭隘，部分人几乎与系统社会网络隔离。由于财力有限，他们对创新具有抵制态度，只有确信不会失败后才会采纳。

（三）创新是否被接受的取决因素

在创新扩散的过程中，一个创新能否被大众接受，取决于以下五个因素。

（1）复杂性。复杂性是指采用者在面对采用该创新产品或创新技术时所感受到的困难。

（2）相对优越性。相对优越性是指创新技术或创新产品较旧技术旧产品所表现出来的优势，如经济性、便利性、时间节约性。

（3）相容性。相容性是指创新技术或创新产品与原有技术或产品相比，潜在用户的价值观、经验和需求的差异越小，相容性越高。

（4）可试用性。可试用性是指创新技术或创新产品在正式使用前是否可以先试用，以此来降低用户的风险性和不确定性。

（5）可观察性。可观察性是指创新技术或创新产品采用后能否直接观察到，越容易被其他用户观察到的则扩散的效果越好。

也就是说，一项创新与其所取代的事物相比，其优势越明显，相容性越高，同时易于采用，则说明与现存的价值观可以通过试用进行考察，并且人们可以直接观察结果，那么这项创新就更容易被人们接受。

(四) 启示

对于互联网银行企业来说，可以从创新扩散理论当中得到一些启示。

(1) 应积极配合创新扩散过程的S型曲线，将及时、迅速、广泛的大众传播与劝服效果突出的人际传播结合，分段、分步、有针对性地瞄准目标人群，确定相应的传播策略，从而最终牢牢把握住可能采纳创新的消费大军。具体来说，可以先依据互联网银行先行者的特征，找出潜在的前期使用者，如市场调查、新闻发布会等；再选定适合这部分先行群体的传播方式，进行产品的体验营销；最后，打造正面传播。

(2) 应将营销和广告活动视作一个持续、渐进的过程，要进行战略规划，考虑中长期的策略与计划。针对产品推广的不同阶段进行不同策略的广告活动，至少要考虑前期需要广泛宣传和广铺市场，中期需要细致深入地传达说服性信息，后期要根据受众的分化采取多元策略，并着重整合营销传播。

(3) 应注重强调互联网银行的相对优越性，如利用大数据进行精准营销，但同时需要考虑用户对新技术的容忍与需求，即不能偏离传统银行角色。

做好上述几点，将有助于互联网银行快速被广大金融客户所接受。

五、整合型科技接受模型

(一) 整合型科技接受模型的定义

整合型科技接受模型（Unified Theory of Acceptance and Use of Technology，UTAUT）是我们可以用来研究互联网银行使用意向的一个比较全面的理论模型。该模型是文卡塔斯（Venkatesh）将之前的八大理论模型整合而来，包括理性行为理论（TRA）、技术接受模型（TAM）、计划行为模型（TPB）、创新扩散理论（IDT）、激励模型（MM）、计划行为理论（TPB）、解构计划行为理论、计算机使用模型（MPCU）和社会认知理论（SCT）等。

整合型科技接受模型，相对于之前的理论模型来说，整合后的模型对方差变异的解释能力，得到了显著的提升，并认为是在预测客户对信息技术使用意向的研究中，最完整的模型。

(二) 整合型科技接受模型解析

整合型科技接受模型的变量主要包括绩效期望（Performance Expectancy）、努力期望（Effort Expectancy）、社会影响（Social Influence）及促成因素（Facilitating Conditions）。其中，绩效期望与感知有用性及相对优势的内涵相近，而付出期望则与感知易用性及复杂性基本一致，群影响与理性行为理论模型中的主观规范（Social Norm）相似。

整合型科技接受模型还包括四个调节变量：性别、年龄、经验和自愿性。实证结果显示，该模型对使用行为的解释力高达70%，比过去所知的任何一个模型都更加有效。整合型科技接受模型理论很好地对其他理论进行了整合，相较之前的理论，实证研究表明其更加完善。虽然该理论提出的时间较晚，许多学者进行了积极的尝试，目前基于整合型科技接受模型的应用研究逐渐丰富起来，研究领域包括中小型企业无线网络的使用、政府电子商务、网上社区微博，以及互联网银行等。

运用整合型科技接受模型，对个人用户使用互联网银行的意向进行分析，梳理得出四个关键因素，分别是网络使用年限、学历、年龄和性别。一是年龄与网上银行的使用意向成反比，即年龄越大的人群，其使用意向越低，猜测是年龄增长会降低新兴事物的接受能力，一些人还可能持有过于传统的观念，对互联网银行存有着抵制情绪，在未来互联网银行的推广过程中，如果能开展富有成效的沟通和推介，获取客户的信任，这部分人群将蕴含着较大的市场资源。二是网络使用年限以及学历都与网上银行的使用意向成正比，也就是说，使用网络年限越久，学历越高，人们对网上银行的接收程度更高，主要是因为这部分人群一直在积极拥抱互联网、数字化带来的新事物，并且有着较好的电子设备使用基础，对互联网金融业务了解较为透彻。三是性别与网上银行的使用意向相关性不强，男性的使用意向略微高于女性。综上所述，按照影响权重排序，网络使用年限是最重要的影响因素，往后依次是学历、年龄和性别，性别的影响最不明显。

模块二

互联网银行使用意向的影响因素

【内容简介】

本模块主要介绍互联网银行使用意向的几个主要影响因素，具体包括绩效期望、付出绩效、感知风险、互动需求以及品牌信任。

【案例导入】

期望值对积极性的影响

期望值是人们判断自己达到某种目标或满足需要的可能性的主观概率。著名心理学家和行为科学家维克托·弗鲁姆认为，人总是渴求满足一定的需要并设法达到一定的目标。这个目标在尚未实现时，表现为一种期望，期望的概念就是指一个人根据以往的能力和经验，在一定的时间里希望达到目标或满足需要的一种心理活动。

对于目标的期望值怎样才算适合？可以将其形容为摘苹果。只有我们跳起来能摘到苹果时，才会努力去摘。倘若跳起来也摘不到，就不会去跳了。如果坐着能摘到，也不会选择跳起来摘。由此可见，领导者给员工制订工作定额时，要让员工经过努力就能完成，再努力就能超额，这才有利于调动员工的积极性。定额太高会让员工失去完成的信心，就不会努力去工作；定额太低，唾手可得，员工也不会努力工作。领导者制订工作、生产定额，以及使员工获得奖励的可能性都有个适度问题，只有适度才能保持员工适当的期望值。

弗鲁姆认为，期望的东西不等于现实，期望与现实之间一般有三种可能性，即期望小于现实，期望大于现实，期望等于现实。这三种情况对人的积极性的影响是不同的。

1. 期望小于现实，即实际结果大于期望值

一般来说，在正强化的情况下，如奖励、提职、提薪、分房子等，当现实大于期望值

的时候，有助于提高人们的积极性，在这种情况下，能够增强信心，增加激发力量。而在负强化的情况下，如惩罚、灾害、祸患等，期望值大于现实，就会使人感到失望，因而产生消极情绪。

2. 期望大于现实，即实际结果小于期望值

一般来说，在正强化的情况下，会产生挫折感，对激发力量产生削弱作用。如果在负强化的情况下，期望值大于现实，则会有利于调动人们的积极性，因为这时人们做了最坏的打算和准备，而结果却比预想的好得多，这自然对其积极性是一个很大的激发。

3. 期望等于现实，即人们的期望变为现实

所谓期望的结果，是人们预料之中的事。在这种情况下，一般来说，也有助于提高人的积极性。如果从此以后没有继续给以激励，其积极性则只能维持在期望值的水平上。

在实际生活中，每个目标的效价与期望常呈现负相关。难度大、成功率低的目标既有重大社会意义，又能满足个体的成就需要，具有高效价；而成功率很高的目标则会由于缺乏挑战性，做起来索然无味，而导致总效价降低。因此，设计与选择适当的外在目标，使其既给人以成功的希望，又使人感到值得为此而奋斗，就成了激励过程中的关键问题。

资料来源：https：//wk. baidu. com/view/7c76cb0e52ea551810a6876c？pcf = 2。

【基础知识】

一、绩效期望

（一）绩效期望的定义

绩效，也称为业绩、效绩、成效等，反映的是人们从事某种活动所产生的成绩和成果。从不同的层面出发，对绩效的理解也不尽相同。从企业层面看：绩效就是利润，就是销售收入；绩效就是规模，就是市值，就是市场占有率；绩效就是企业可持续发展的能力。从消费者层面看：绩效是所消费的物品给自己带来的用处；绩效是资产的保值增值；绩效是对自己需求、欲望等得到满足的度量。

期望，是指人们对某样东西提前勾画出的一种标准，达到了这个标准就是达到了期望值，是对人或事物的未来有所等待和希望。

综合上面两个概念，绩效期望（Performa Expectancy，PE）与感知有用性、相对优势相似，是指用户感知使用该信息技术在多大程度上能够提高自己的工作绩效，即对工作生活有所帮助的程度。

通俗来讲，绩效期望是人的一种期待，就是他想要达到的一种结果，并试图去证实，属于组织行为学的范畴。比如说，一位金融消费者期望自己能够快速安全地办理金融业务，就是一种绩效期望。

绩效期望是整合型科技接受模型当中的一个重要变量，对绩效期望的理解也应该放在这样的一个整体中。整合型科技接受模型的变量主要包括绩效期望、努力期望、社会影响及促成因素，这四个变量同时也会受到性别、年龄、经验和自愿性等的影响。

在整合型科技接受模型当中（见图 6 - 7），众多因素都对消费者的使用意图及使用行为产生影响，其中绩效期望是一个影响较大的因素。

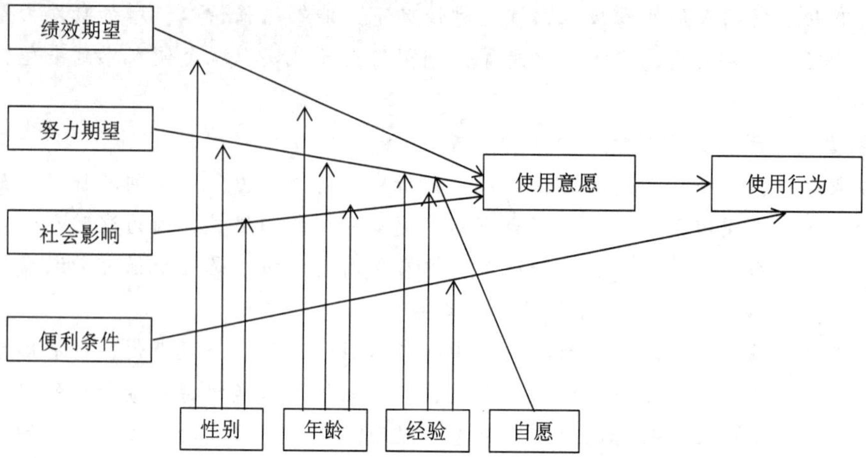

图 6-7 整合型科技接受模型

(二) 互联网银行的绩效期望

以往的研究表明，绩效期望能够显著的影响客户对网上银行或手机银行的使用意向。同样，对于互联网银行来说，绩效期望对互联网银行的使用意向有显著正向影响，同时绩效期望是影响客户对互联网银行采纳意愿最为重要的因素。

以下列举一些使用者关于互联网银行积极的绩效期望：①互联网银行对于完成我的金融业务很有用；②我相信使用互联网银行会让我简单快捷、及时有效地完成相关金融业务；③我相信使用互联网银行能够提高我的效率，省去不少时间和麻烦；④我相信使用互联网银行能够提高我的收益。

用户对互联网银行的绩效期望，会对其使用意愿产生影响。也就是说，只有在认为互联网银行是有用的，可以更有效率地办理业务的前提下，用户才愿意使用互联网银行。

互联网银行企业应当从提高用户绩效期望这个角度出发，致力于提高用户使用互联网银行 App 或网站时的获得感、满足感，由此逐步培养用户的使用习惯。从我国一些头部互联网企业的经验来看，他们都经历过依靠营销发放福利红包的补偿机制阶段。因此，互联网银行在积累客户阶段，应该吸取以往类似企业的成功经验，在手续费及优惠力度上做出相应调整，增强互联网银行对用户的吸引力，由此提升互联网银行用户的绩效期望，有效地增强用户对互联网银行的使用意愿。

二、付出绩效

(一) 付出绩效的定义

付出绩效，也叫作付出期望，与感知易用性、复杂性的概念一致，是指个体对使用新系统所感知到的容易程度。与技术接受模型中的易用性不同，它还考虑了技术或产品的复杂性，因此可以使用付出绩效来衡量个人接受产品和技术所需的努力量。

付出绩效是整合型科技接受模型当中的一个重要变量。对付出绩效的理解也应该同期望绩效一样，放在一个整体当中。整合型科技接受模型的变量主要包括绩效期望（Performance Expectancy）、付出绩效（Effort Expectancy）、社会影响（Social Influence）及促成因素（Facilitating Conditions），这四个变量同时也会受到性别、年龄、经验和自愿性的影响。

（二）互联网银行的付出绩效

对于互联网银行来说，付出绩效包括以下几点内容：①互联网银行的操作简单且易懂；②互联网银行的使用技能易掌握；③互联网银行很容易使用；④学习如何使用互联网银行对我而言很简单。

通常，用户在轻松自由的氛围下能够增强对新产品的使用意愿。相反，如果投入学习的时间成本高于使用该产品带来的效用，那么用户并不愿意去学习使用。这就要求互联网银行企业，完善基础服务，降低使用门槛，提升用户努力期望。比如，用户使用互联网银行时，一般只需要使用手机 App，初次使用时系统应当提供提示的指令，引导用户进行操作来办理业务。如果在办理业务过程中遇到问题，可以选择相关疑问，直接获得客服帮助。此外，如果用户在学习使用该类产品的过程中，感知业务办理流程简便快捷，那么同样会增强对互联网银行的使用意愿。

需要注意的是，随着互联网的普及，互联网技术应用的范围不断扩大，人们知识水平不断提高，使用互联网的频率越来越高，学习领悟新知识的能力逐渐增强，因而付出绩效对于互联网银行使用意愿的影响力将有逐渐减小的趋势。

三、感知风险

（一）感知风险的定义

消费者的任何购买行为，都可能无法确知其预期的结果是否正确，而某些结果可能令消费者不愉快。所以，消费者购买决策中隐含着对结果的不确定性，而这种不确定性，也就是风险最初的概念。

感知风险（Perception Risk）这个概念由 Bauer（1960）提出，首次将这一概念由心理学范畴延伸至市场营销领域，用于分析消费者行为。消费者在处于某种新环境下进行消费行为时，不确定将会产生何种结果，这种不确定性越高，其潜在风险越大，相应地，他们就会降低在这种新环境下采取消费行为的意向。感知风险是消费者行为研究中的一个重要变量，越来越多的研究表明，感知风险对个体的决策、态度的形成和信息的处理都有显著的影响。诞生于个体信息处理阶段的感知风险可能是影响消费者购买决策的重要因素。

感知风险包括两个因素：①决策结果的不确定性。例如，顾客买了一台笔记本电脑，尽管其配置很好但也可能发生死机、运行速度慢等情况。②错误决策后果的严重性。例如，如果顾客买的这台笔记本电脑总是出现问题，是否会影响其工作效率？是否会造成工作的失误？

感知风险理论的研究，其基本假设在于消费者的行为是目标导向的，在每一次购买时，都有一组购买目标。当消费者主观上不能确定何种消费（地点、产品、品牌、式样、大小、颜色等）最能配合或满足其目标，即产生了感知风险。或者，是在购买行为发生后，结果不能达到预期的目标时，所可能产生的不利后果，也产生了感知风险。

（二）感知风险的构成

顾客的感知风险可分为财务风险、功能风险、身体风险、心理风险、社会风险和时间风险。研究表明，这六种风险可以涵盖感知风险中88.8%的内容。

（1）财务风险。产品定价过高或产品有质量问题等招致经济上蒙受损失所产生的风险。

（2）功能风险。产品不具备人们所期望的性能或产品性能比竞争者的产品差所带来的风险。

（3）身体风险。产品可能对自己或他人的健康与安全产生危害的风险。

（4）心理风险。因决策失误而使顾客自我情感受到伤害的风险。

（5）社会风险。因购买决策失误而受到他人嘲笑、疏远而产生的风险。

（6）时间风险。购买的产品需要调整、修理或退还造成的时间浪费而带来的风险。

由于顾客在购买的整个过程中都冒着某种程度的风险，因此，每个顾客都在努力回避或降低这种风险。从这个意义上讲，顾客的购买行为就是一种减少风险的行为。其中，在顾客购买决策的做出是对企业产品认同及接受程度最为直接的表现。而顾客改变、推迟或取消购买决策在很大程度上是受到感知风险的影响。

（三）互联网银行的感知风险

感知风险在互联网银行领域具体表现为，客户在使用互联网银行服务时，存在的潜在损失。由于互联网银行的环境与信息系统领域不同，面临更多的不确定性与风险，已成为客户使用互联网银行或手机银行的重大阻碍。

通过互联网银行进行金融活动是移动信息技术在资本领域上的一种创新应用，究其本质，仍属于信息网络技术，因此它也存在互联网本身所具有的隐私泄露、资金被盗等风险，用户通过互联网银行办理资金融通、证券交易、购买理财产品、转账等业务时，都会被要求开立银行账户并对身份进行验证，虽然开发主体不断对软件进行升级处理，采取相应防范和控制风险的措施，但现实生活中仍然存在用户的账户信息泄露等安全隐患，因此用户在使用时应该谨慎对待。除此之外，近年来网络P2P平台出现的违约问题，也增加了客户对互联网银行的感知风险。

感知风险对互联网银行的使用意向有显著负向影响。对于互联网银行来说，如何降低用户的感知风险，对增加用户使用意愿来说是至关重要的。因此，互联网银行企业应建立并不断完善安全保障体系，注重交易资金安全和个人信息保护，避免用户的财产损失和信息泄露，提升客户端及网站防黑客、防病毒等能力，同时，还可以在用户打开相应客户端时以提醒的方式对告知用户该软件能有效保护账户安全，一定程度消除用户的疑虑，增强用户的信任，从而降低其风险感。

四、互动需求

（一）互动需求的内涵

在上述案例中，菲利普·科特勒提到，被网络连接的消费者，越来越像一个具有共同精神追求和普世价值观的立体的“人”，我们需要超越琐碎而狭隘的“营销技术与手艺”，将“交换”和“交易”提升为“互动”和“共鸣”。

这是企业从对“消费者”的营销到对“人”的营销观念的转变，因为我们知道，每一个消费者，包括互联网银行的消费者，他们都是实实在在、活生生的人，并且有与人沟通交流的需求。这是一种层次比较高的营销理念。

在互动营销中，互动的双方一方是消费者，一方是企业。只有抓住其共同利益点，找到巧妙的沟通时机和方法，才能将双方紧密地结合起来。互动营销尤其强调，双方都采取一种共同的行为，达到互助推广、营销的效果。

（二）互动需求对互联网银行使用意向的影响

基于社会互信理论，当客户认为与人的接触对其使用金融服务很重要，他们将不愿意选择使用相关自助服务内容。

对于互联网银行来讲，互动需求指客户在办理业务时，有与人接触和沟通的需求。

网上银行服务面临很高的不确定性，因为交易的发生是在电脑端或者手机端上，而不是在一个固定的场所，隔着屏幕，客户不能直接观察服务人员的行为，更不能够根据通过物理接触，比如握手及客服的行为信号来做出相关的决定。因而，一些对网上银行持拒绝态度的客户，常常抱怨网上银行缺少社会维度，也就是说，互联网银行脱离了在营业点与人面对面办理业务的状态，客户面对的更多的是电脑屏幕或者手机屏幕，而上面大部分时候只有一系列的文字和数字。

客户的这种互动需求，在使用互联网银行的时候不能很好地满足，会导致什么样的后果呢？我们不难推断出，互动需求对互联网银行的使用意向有显著的负向影响。互动需求对客户互联网银行使用意向的影响，要比传统的电子银行相对更重要。

两者的区别在于，我们比较熟悉的电子银行，都是基于传统银行的网络端或移动端，虽然也是在电脑或者手机上操作，但是其线下设有大量的营业网点，客户的业务在网上与网下之间存在一定的衔接，遇到问题也可到就近营业网点咨询，因此互动需求在一定程度上能得到满足。

然而，互联网银行是完全不设物理网点的银行，客户遇到了任何问题只能通过网络或电话咨询，无法满足客户面对面的互动需求，降低了客户的心理安全感，相对于传统的电子银行来说，互动需求对互联网银行使用意向的影响应该更大。

学术上的一些调查研究也同时证明了，互动需求对使用意向存在显著的负向影响，即越偏好与人面对面交流，完成金融业务的用户，将更不会选择使用无物理网点的互联网银行。

（三）互联网银行满足客户互动需求的思路

虽然不设立物理网点节约了不少的运营成本，但是由于无法满足客户的互动需求，也妨碍了部分人群对互联网银行的使用。所以，互联网银行在功能的设计上应更加地人性化，尽量满足不同客户的多样化需求，并提供方便快捷的咨询渠道与平台，尤其应重视人工客服这一块，而不是简单地让客户选择功能键，与系统语音进行交流，由此可以在一定程度上避免客户因咨询流程缓慢或烦琐，而放弃对互联网银行的使用。此外，还应注重用户的体验感，如为新人设置首单优惠，为老客户定制专享福利等；在理财产品或定期存款到期前，通过短信或电话提醒投资者，一方面使用户享受收益到账的愉悦感，另一方面也可以让用户体验到专属的关怀。

五、品牌信任

（一）品牌信任的含义

品牌信任，是指由于期望这个品牌会带来积极的结果，在面临风险的情况下，客户信赖该品牌的意愿。品牌信任应包含品牌可靠度和品牌承诺两层含义。

1. 品牌可靠度

品牌信任体现为一种可靠性，也就是说一个可靠的品牌应有足够的实力去满足消费者的需求。一个品牌要想拥有自己的市场地位，成为消费者心目中的可信任品牌，则必须在行业中有自己的竞争优势。企业要想得到消费者对其品牌的信任，必须通过产品与服务显示出可靠性与优势，从而满足消费者的心理追求，激发其强烈的购买欲望。

2. 品牌承诺

品牌信任实质上也是商家对消费者的承诺，从品牌的外在形象到内在质量都应表现出对消费者负责的态度。若企业片面认为顾客好糊弄，借此破坏对消费者的一贯承诺（如虚假的品质宣传、夸大其词的广告、缺乏诚意的服务等）就会使消费者利益受损，由此带来的后果就是品牌声誉的下降和品牌偏好的转移。

（二）品牌信任的影响因素

要树立消费者的品牌信心，使消费者真正喜欢自己的品牌，并达到提高品牌忠诚度的目的，除了深入理解品牌信任内涵之外，还应进一步认识影响消费者的品牌信任因素。影响消费者品牌信任的因素可从以下四个方面进行考虑：

（1）品牌质量。品牌信任所强调的是一种可靠性，以达到消费者“买了称心，用着放心”的心理效果。

（2）企业价值观。品牌信任实质上是一种承诺，而要真正履行承诺，重要的一点就是要让消费者知道，企业的核心价值观是“唯利是图”还是“服务至上”。

（3）品牌认同感。品牌要得到消费者的信任，还要考虑品牌能否被消费者从心理上接纳与认可。

（4）品牌形象。品牌形象是以消费者为主体的公众对品牌存在形态的反映，是公众对品牌的内涵及特征做出的概括和评价。

客户对互联网银行的品牌信任具体表现在以下几个方面：①该互联网企业是值得信赖的；②该互联网企业能遵守承诺；③该互联网企业可以保障客户的最大利益；④该互联网企业能尽全力解决客户的问题。

总之，品牌信任在客户对互联网银行使用意向中，起到明显的间接和直接的影响作用。由于客户对互联网企业的品牌信任，能够推动其对互联网银行初始信任的建立，因而互联网企业今后在制定相关战略时，应着重通过构建客户的信任，来吸引更多的用户使用。一方面，通过打造优秀的品牌形象，树立良好的口碑，增强客户对互联网企业的品牌信任，特别是客户在对互联网银行还比较陌生的情况下，主要依赖于对其背后运营者的品牌信任，来建立其对互联网银行的初始信任；另一方面，通过发挥社群影响的作用，同时降低产品或服务的复杂性，从而提高客户的初始信任程度。

知识拓展：建立消费者品牌信任的对策

模块三

互联网银行使用满意度的提升策略

【内容简介】

本模块主要介绍互联网银行使用满意度的提升策略，具体包括互联网银行使用满意度提升的重要性、互联网银行使用满意度提升的原则、目标以及方法。

【案例导入】

全球银行 1000 强出炉 5 家中资行杀进前十

2022 年 7 月，《银行家》杂志在官网发布了“2022 年度世界银行 1000 强榜单”。该榜单显示，我国有 141 家银行上榜，其中 122 家银行位次有所上升，占比超 86%；6 家银行位次与上年持平，另有 2 家新晋银行入围。

“对中国银行业而言，2022 年又是不平凡的一年。值得一提的是，中国排名靠前的银行比其他国家的同行增长更快。排名前 20 的 10 家中国银行中，有 9 家的一级资本增速达到双位数。”《银行家》编辑马克奈特表示。

在总体水平上，中资银行日益占据主导地位。在 1000 强的全球银行榜中，上榜的中资银行占总一级资本的 1/3。与 2021 年相比，这一数字略有上升。在亚太地区，中资银行占一级资本总额的 65%，高于 2021 年的 62%。

此次上榜的银行中，有 141 家中资银行。中国工商银行、中国建设银行、中国农业银行和中国银行连续第五年蝉联前 4 名。随着交通银行位列第 10，中资银行目前首次占据前 10 名的半壁江山。同时，我国 12 家股份制银行全部上榜。

此外，以客户为中心的思想在该榜单上也得到了清晰的体现，客户满意度是该榜单的一项考量因素。近年来，激烈的竞争迫使金融企业在生产经营中更多地关注客户，并以客户的需求和利益为中心，最大限度地满足客户的需求，由此才能提升金融企业的竞争优势。

资料来源：https：//baijiahao. baidu. com/s？ id = 1737664559854347299&wfr = spider&for = pc。

【基础知识】

一、互联网银行使用满意度提升的重要性

近年来，我国互联网银行取得了快速发展。不过随着传统银行的发力追赶、监管的日益趋紧，我国互联网银行发展面临着越来越大的竞争压力，因此，急需通过提升客户使用满意度来增强市场竞争力。

(一) 提升使用满意度是互联网银行服务的内在要求

服务是银行业永恒的主题，服务质量是银行的生命线。服务质量是一种综合评价，既体现了服务本身满足需求的程度，又反映了客户对服务过程的感知。客户是在体验服务过程中，将预期的服务与感知的服务相比，最终形成对服务质量的评判。就互联网银行而言，服务质量不仅体现在服务态度、服务便利、服务环境方面，更体现在服务意识、服务能力、服务价值方面。当前，我国的金融业正处于转型时期，使用满意度已成为银行核心竞争力的重要因素，从而被各行所关注。

(二) 提升使用满意度是互联网银行改革与发展的根本要求

客户是互联网银行的衣食父母。在当今金融竞争日趋激烈的条件下，由于产品同质化程度更高，竞争焦点越来越集中到对客户的使用满意度提升上。目前，我国互联网银行正加快推进战略转型，通过建立以客户为中心、以市场为导向、运行科学高效的经营机制和管理体制，形成为客户提供最佳金融服务的经营理念、业务流程和管理框架，不断激发经营活力、增强竞争实力，从而促进业务快速、健康、持续发展。而能否提升客户使用满意度，促进客户忠诚度和贡献度，是互联网银行发展的根本要求。

(三) 互联网银行面临传统银行的竞争

传统商业银行逐渐重视线上渠道，不再仅通过物理网点去增加客户量，而是跟紧时代潮流不断通过线上为客户办理业务，例如设立偏网络化的直销银行，以经营情况较好的民生直销银行为例，其主要将客户群特征定位在“潮”“忙”“精”，将产品设计得简单且精准，客户仅通过 App 便可以办理日常业务，操作较为简单及快捷，这与互联网银行类似。

(四) 互联网银行开户吸储困难

2015 年 12 月底，央行发布《中国人民银行关于改进个人银行账户服务加强账户管理的通知》，首次提出将个人银行账户分为Ⅰ类、Ⅱ类、Ⅲ类账户，每人在同一家银行只能开立一个Ⅰ类户，已有Ⅰ类账户的，再开户时只能是Ⅱ、Ⅲ类账户，不同类别的账户有着不同的功能、额度和权限。其中Ⅰ类银行账户等级最高，可享受的银行服务也最为全面。不过开立第一类账户时本人必须到网点柜台进行身份验证，而开立第Ⅱ类和第Ⅲ类账户时客户不必去柜面办理，仅通过远程电子设备即可，开户过程简单快捷，但是第Ⅱ类和第Ⅲ类账户的功能会受到限制。如第Ⅱ类账户不能为客户办理转账和支取现金的业务，且其每日支付的最高额度是 1 万元，第Ⅲ类账户主要用于支付小额及免密消费，每日最高支付金额 1000 元。由于互联网银行是轻资产运营模式，客户没办法去柜台进行开户柜面验证，故互联网银行无法为客户开立全功能银行账户，仍然要面对开户吸储困难的问题。

(五) 互联网银行营销渠道单一

营销渠道有线上和线下两种方式。不同于直销银行，互联网银行在营销产品及拓展业务方面不具备渠道优势，虽然直销银行是线上经营模式，但其可以通过母行在线下营销，营销人员可以在母行营业网点对直销银行进行宣传及答疑，这样可以扩大其影响力，实现母行与其优势互补的效果。然而，互联网银行是线上运营模式，无物理网点，仅被动地等待客户咨询，不能主动开发客户。由此可见，互联网银行单一的营销渠道已明显地限制其发展，必须要提高宣传力度。

二、互联网银行使用满意度提升的原则

（一）坚持服务立行的原则

提升服务质量是一个覆盖各业务环节全过程的、长期持续的工作，是贯穿互联网银行发展始终的战略任务。互联网银行要牢固树立“服务立行”的战略思想，坚持把实施服务立行战略作为基础工作来抓，以提升服务质量倒逼经营理念、业务流程、体制机制的变革，从而推动战略转型、促进业务发展。

（二）坚持提升服务质量与流程建设相结合

流程建设是提升服务质量的重要内容，提升服务质量的关键是建立有序、高效的服务流程。要以改造、优化业务流程为核心，提高业务操作效率，缩减客户在线等待时间，提高客户满意度。需要强调的是，互联网银行在进行流程优化整合的同时，必须时刻谨记合法合规的重要性，关键业务环节坚决不能跨越，业务合规发展是大前提。

（三）坚持提高服务效率与防范金融风险相统一

提高服务效率和防范金融风险既对立，又统一。不仅要防范经济风险，也要规避社会声誉风险。设计业务流程、制定和执行管理制度时，必须以客户为中心，着力提高服务效率，同时有效控制风险，使服务质量得到实质性提升，塑造互联网银行“高品质、高效率、负责任”的良好社会形象。

在实际业务中，确实存在很多提升服务与风险管理不能兼顾的情况，例如为了缩减客户等待时间，或为了简化手续，某些互联网银行降低了客户准入门槛，没有严格完成客户的尽职审查工作，这就为互联网银行业务的合规发展埋下了隐患。因此，互联网银行在不断提升客户使用满意度的过程中，应通过技术手段的优化来提升服务效率，而不能通过降低合规要求的方式取悦客户，实现提高服务效率与防范金融风险的统一发展。

（四）坚持标准化服务与差异化服务同步推进

标准化和差异化是高品质服务的两个方面，标准化主要体现在行为规范、业务程序、平台形象的一致性上，差异化主要体现在针对不同类型客户提供不同的服务产品、服务手段上。标准化是基础，差异化是更高要求，二者相辅相成。要把标准化和差异化同步推进、同时提高，为提升客户满意度创造必要条件。互联网银行因其有大数据的优势，可以对其客户进行细分，并在此基础上精准把握客户个性化需求，在产品推送、金融方案制订等方面给客户提供专属定制的服务模式，精准地把握客户需求，提高服务效率，提升客户使用满意度。

（五）依托员工服务意识的提升

提升客户使用满意度，要依托员工的服务意识的提升。服务意识是发自员工内心的一种本能和习惯，是可以通过培养、训练形成的。服务意识有强烈与淡漠、主动与被动之分。这是认识程度问题，认识深刻就会有强烈的服务意识；有了强烈展现个人才华、体现人生价值的观念，就会有强烈的服务意识；有了热爱集体、无私奉献的风格和精神，就会有强烈的服务意识。只有深刻认识到搞好服务就是自己的职责，才能形成良好的服务意识，才能实现由被动服务应对竞争，向主动服务抢占市场的转变，才能将服务意识的作用力转化为推动工作的强大动力，进而提升客户使用满意度。

三、互联网银行使用满意度提升的目标

（一）品牌形象升级

互联网银行提升客户使用满意度，要达到的首要目标就是品牌形象的升级。互联网金融市场竞争非常激烈，互联网银行和客户之间还存在着明显的信息不对称，客户对互联网银行的了解往往通过媒体宣传以及客户之间的口口相传，所以互联网银行的口碑打造、品牌形象树立就显得至关重要。高效、便捷、舒适、个性化等，应该是互联网银行致力于打造的品牌形象标签。

（二）满足客户个性化需求

互联网银行提升客户使用满意度，一个很重要的评判标准是要看其提供的产品和服务是否能够满足客户的个性化需求。互联网银行新产品开发和推广能力较强，适时推出定位明确、适用、多样化的新产品和产品组合。为中端客户提供特色套餐产品，为大众客户提供标准快餐产品。

互联网银行主要为小微企业及个人用户提供金融服务，其客户对服务的要求更高及更具个性化，故互联网银行需要考虑更多的风险。在产品设计上，互联网银行强调从客户需求的角度出发，研发的产品容易得到客户的推广。国外发展较成熟的互联网银行通常会为客户提供有限的及标准化的理财产品，且主要的产品有抵押贷款类及储蓄类，此产品较简单，客户可以有效的管理。产品的优点是利率高，操作简单，且客户通过远程便可以办理业务。

互联网银行相较于传统商业银行，一个主要的竞争优势就是通过大数据计算，精准把握客户需求，进而为客户提供私人定制的金融服务方案。私人定制、个性化产品，这既是互联网银行的竞争优势，也是互联网银行的发展方向。

（三）服务流程规范高效

互联网银行应该致力于改造及优化业务操作与管理流程，在控制风险、合规经营的前提下，缩短业务处理时间、简化客户办理业务的环节和手续，基本实现服务效率、风险防范、成本控制三者的有机统一。在追求业务办理效率的同时，互联网银行要时刻注意合规的重要性，在对业务流程进行整合的过程中，要反复论证精简后的流程是否符合监管部门的监管要求，是否完成了对客户以及业务的尽职审查，不能为了提高效率而突破合规底线。

（四）提高员工素质

互联网银行提升客户使用满意度，归根结底是要通过员工服务意识的提升来实现。因此互联网银行提升满意度的一个目标是要实现员工精神状态良好，前台人员客户意识强、服务技能熟练，后台人员服务意识强、工作效率高，建立多门类、多层次的专业化销售服务队伍。

（五）管理支撑协调有力

互联网银行要实现内部管理职责清晰、信息沟通顺畅、协调配合到位，后台对前台、上一工作环节对下一工作环节、上级行对下级行的服务支持有力，各层面、各环节执行有力，良好的内部协调工作机制，是互联网银行提升客户使用满意度的制度保证。

（六）实现互联网银行自身盈利最大化

互联网银行提升客户的使用满意度，最终的目标是要追求自身盈利最大化。在这个过程中，互联网银行要注意两点：一是在提升使用满意度的各项投入中，要注意核算成本和收益；二是注意投入的有效性，对客户市场进行细分，保证投入回报的最大化。

四、互联网银行使用满意度提升的方法

（一）细分市场，精准服务营销

一方面，互联网银行可以通过对目标市场的详细调研，准确定位客户的市场目标，把不同类型的消费群体分类，锁定每类消费层次的行为特征与偏好，预设其可能消费的业务。另一方面，随着支付宝、微信支付等网络支付软件的盛行，第三方平台支付占据可观市场份额，银行可以借此掌握不同用户的网络支付行为信息，准确把握相应的消费偏好，了解他们现在缺少什么服务或者热衷于消费什么类型产品，从而制订出符合其个性特点的营销方案，进而将几组金融产品与服务捆绑，通过组合套餐的方式向顾客推送。例如，银行卡和信用卡、银行卡和针对性的网络理财产品、支付宝等第三方支付平台与网络理财产品，以细化捆绑消费的形式拓展业务，吸引不同类型的消费者，做到精准服务营销。

（二）新渠道营销策略

在互联网时代的背景下，传统营销手段（如电视、广播、户外广告）逐渐被冷落，而新媒体的兴起带给互联网银行一个营销新思路。目前除了银行营销人员直接推荐服务外，用户主要通过微信、微博平台了解到网银的宣传信息，互联网银行可以抓住这个机会：申请官方微博、建立微信公众号、发布广告到微信朋友圈等宣传新上线的业务或者优惠活动，将营销策略完美融入顾客经常使用的社交软件，借网络广告之手塑造互联网银行良好形象、推广特色产品与服务，全天候、无距离、直接、高效地发布银行最新动态。

（三）创新产品与服务，带来品牌效应

创新策略可以通过不断创新优化产品与服务，使个性化产品与优质服务因突出特质而在市场上占据份额。我国互联网银行由于缺乏多样化的产品功能，略显扁平单一的服务模式，导致了忽略自身的品牌效应和优惠促销方式，限制营销活动的发挥空间，针对这种情况，可从以下几方面入手。

1. 产品多样化策略

利用数字化平台加强信息产品建设，强化中间业务的开发，结合不同顾客行为特征发布多种理财产品、投资产品、贷款产品，通过现有产品的多样化结合改变传统金融理念。同时利用大数据背景搜集各平台、各渠道的顾客网上消费信息，招聘大数据的金融分析人才，有针对性地贴合个人消费特质地设计理财建议、财务管理等私人化定制产品，为客户打造一系列业务链，搭载互联网媒介，将产品人性化、电子化的特点发挥极致，扩大业务领域，可以更好地提升银行对市场变化的反应速度，使银行更具竞争力。

2. 产品差异策略

金融产品通常有着相似性、易模仿性的特点，且不同金融工具在不同银行中的价格也大致相同，这就导致各大银行同质化竞争激烈，故应努力打造产品特色，将本家的产品与竞争对手的区分开。只有不断创新产品才能吸引顾客进行主动性消费，尊重顾客的自主选

择权，利于顾客建立起对品牌的偏好与忠诚度，增强产品在营销方面主动性与主导性，做到以顾客需求为导向，避免盲从和同质化竞争。

3. 低价策略

互联网银行可以适当采用价格策略吸引用户，提供免费服务与优惠服务。例如，对某业务办理限时打折收费，优惠办理银行新推出的理财业务等，增强顾客对于互联网银行的关注与尝试，有利于让更多的潜在消费群体感受到网络银行提供的便利和优势所在，起到抢占市场先机的作用。

（四）强化互联网银行安全性宣传

互联网银行的安全性一直是备受用户关注的问题，安全性的高低成为左右产品使用效果的重要指标，这就要求互联网银行必须注重安全性的宣传：首先，加大普及互联网的安全防控措施的力度，做到让顾客更容易理解数字化的交易模式，并熟练掌握其中的操作流程，消除不安全感；其次，强化各种防范制度，建立诈骗风险提示制度、安全防控系统，提高安全意识，真正解决用户在使用过程中的疑虑。

知识拓展：什么是顾客满意度？

【项目练习】

一、单项选择题

1. 信任是人和人之间的纽带，也是（　　）的维系。

A. 利益　　B. 情感　　C. 债务　　D. 责任

2. 一位京东商城的忠实客户在选择互联网金融平台时，很倾向于选择京东金融，其理论依据最可能是（　　）。

A. 信任转移理论　　B. 理性行为理论

C. 技术接受模型　　D. 创新扩散理论

3. 绝大多数的创新扩散都是以（　　）的趋势逐步上升，只不过有的新技术、新产品服务被受众接受的速度快，有的反之，导致该曲线的坡度是不完全相同的。

A. U 型曲线　　B. W 型曲线　　C. S 型曲线　　D. V 型曲线

二、多项选择题

1. 整合型科技接受模型的变量主要包括（　　）。

A. 绩效期望　　B. 努力期望　　C. 社会影响　　D. 促成因素

2. 以下属于使用者关于互联网银行积极的绩效期望的是（　　）。

A. 互联网银行对于完成我的金融业务很有用

B. 我相信使用互联网银行会让我简单快捷、及时有效地完成相关金融业务

C. 我相信使用互联网银行对我来说非常简单

D. 我相信使用互联网银行能够提高我的收益

3. 感知风险包括哪两个因素？（　　）

A. 决策结果的不确定性　　B. 决策时间的不确定性

C. 错误决策后果的严重性　　D. 决策主体的不确定性

三、判断题

1. 信任转移有两种表现形式，分别称为“渠道内信任转移”和“渠道间信任转移”。（　　）

2. 理性行为理论认为，人们的一切行为都是人们在综合了自身的价值判断、估计了别人可能会产生的看法和综合考虑了社会规范后，经过理性思考最终作出的决定。（　　）

3. 感知有用性是指个人认知到的使用某个特定系统不需要耗费任何力气的可能性。（　　）

4. 基于社会互依理论，当客户认为与人的接触对其使用金融服务很重要，他们将不愿意选择使用相关自助服务内容。（　　）

5. 互联网银行是完全不设物理网点的银行，客户遇到了任何问题只能通过网络或电话咨询，无法满足客户面对面的互动需求，降低了客户的心理安全感，相对于传统的电子银行来说，互动需求对互联网银行使用意向的影响应该更大。（　　）

四、简答题

1. 信任转移有两种表现形式，分别是什么？
2. 什么是感知有用性？
3. 什么是感知易用性？
4. 互联网银行使用满意度提升的目标有哪些？
5. 互联网银行使用满意度提升的方法有哪些？

PPT

项目七 互联网银行的风险

【知识目标】

了解互联网银行风险的概念、特点及与传统银行风险的异同点；熟悉互联网银行信用风险、操作风险、流动性风险、市场风险等诸多风险点；掌握互联网银行风险产生的原因及解决办法。

【能力目标】

具备互联网银行风险识别方法；能够区分互联网银行风险的不同类别；能够灵活运用互联网银行风险分析方法；能够根据互联网银行风险管理理念解决实际问题。

模块一 互联网银行风险概述

【内容简介】

本模块主要介绍互联网银行风险的概念、互联网银行风险的基本特点、互联网银行风险与传统商业银行风险的相同点和不同点，让学生初步认识互联网银行风险的基本知识。

【案例导入】

微众银行领监管200万罚单，涉及向关系人发放信用贷款等问题

《中华人民共和国商业银行法》（2015年修正）第五十二条规定要求商业银行的工作人员应当遵守法律、行政法规和其他各项业务管理的规定，不得在其他经济组织兼职。2018年1月，原银监会发布的《关于进一步深化整治银行业市场乱象的通知》也明确指出，在案件与操作风险方面，严禁银行员工参与民间借贷、非法集资、充当资金掮客、经商办企业或在企业兼职等。

2019年8月13日，深圳前海微众银行（以下简称“微众银行”）因四项违法违规案由收到了深圳银保监局开出的罚单（行政处罚决定书文号：深银保监罚决字【2019】4号），这也是微众银行首次受到监管处罚。其主要违法违规事由有：存在财务部门负责人存在未经核准履职长期未整改，向关系人发放信用贷款，组织员工经商办企业，员工使用本行贷款购买股票及期货等四项违规行为，深圳监管局根据《中华人民共和国商业银行法》第七十四条、《中华人民共和国银行业监督管理法》第四十六条规定，对微众银行没收违法所得29.1万元，罚款200万元。

资料来源：新浪财经，http：//finance.sina.com.cn/roll/2019－08－13/doc－ihytcitm8945438.shtml。

请思考： 微众银行面临的风险有什么特点？与传统商业银行风险有何异同？

【基础知识】

一、互联网银行风险的概念

视频：互联网银行风险的概念

（一）风险的概念

“风险”一词的英文是“Risk”，来源于古意大利语“riscare”，意为“todare”（敢），其实指的就是冒险，是利益相关者的主动行为。从不同的角度出发，风险有不同的意义。对风险的理解是相对的，既可以是一个正面的概念，也可以是一个负面的概念，一方面与机会、概率、不测事件和随机性相结合，另一方面又与危险、损失和破坏相结合。

根据风险的演变过程，可以将风险概括为在生产过程中生产目的或生产成果的不确定性，通常表现为生产过程中付出的成本或者遇到影响因素的不确定性、生产结果与预期想象结果的差异性。通过风险的定义可以看出，风险是由两个因素共同作用组合而成的：一是该危险发生的可能性，即危险概率；二是该危险事件发生后所产生的后果。

（二）互联网银行风险的概念

互联网银行风险伴随着互联网银行的出现而产生并持续存在，它是在传统银行的电子业务或纯互联网银行经营发展过程中存在的不确定性和挑战因素。互联网银行风险是指互联网银行遭受损失的一种潜在可能性，由于技术缺陷、信用和制度体系不完善、业务操作不规范等原因导致金融消费者权益受损、互联网银行业务不稳定等风险。

由于互联网银行主要以互联网为平台进行业务经营与产品服务，网络的虚拟性和开放性给它带来了较大的不确定性和黑客攻击的风险。另外，互联网银行风险还可能发生在远程业务申请和审批过程中，一些超权限操作和违规行为也引发了不同程度的风险。作为传统银行的新兴产物，互联网银行不仅具有传统商业银行业务与经营管理中的固有风险，如信用风险、操作风险、流动性风险、市场风险、法律风险等，还具有依托互联网创新产生的新风险，如远程开户风险、大数据征信风险、同业合作风险等。

二、互联网银行风险的特点

视频：互联网银行风险的特点

在传统银行基础上建立的互联网银行具有实体银行风险的相关特征，如风险的不确定性、风险的损害性等。随着互联网技术的发展，其风险特征也在发生实质性变化，如风险的复杂性、隐蔽性、传播性、危害性进一步加强，具体表现为以下几方面。

（一）传播速度快、规模大

互联网银行依托的高科技网络技术具有快速远程处理功能，为便捷快速的金融服务提供了强大的IT技术支持；反之，高科技也可能会加快互联网银行支付、清算相关风险的扩散。互联网银行是一个单纯在互联网平台进行业务申请和处理的机构，从客户的开设账户、资料存档、业务申请、资料复核、业务审批、信誉追踪等都是通过Internet技术来完成的。基于互联网平台业务受网络技术即时性、传播速度快影响，互联网银行风险传播速度也相当惊人。网络技术的开放性也使互联网银行业务备受国际贸易信贷与支付业务的青睐，当一国业务面临威胁或产生较高风险时，业务风险也会以很快速度通过互联网渠道传播到其他国家，引发全球性金融危机。

另外，我国目前的社会征信体系尚待完善，交易双方时常出现逆向选择并发生道德风险，影响金融市场的稳定，从而给交易双方带来不必要的经济损失。一旦由于某些原因导致互联网银行出现交易安全问题，顾客损失惨重，互联网银行的声誉便大打折扣，不利于互联网金融行业的可持续发展。

（二）监管难度大

互联网银行具有虚拟性特征，增加了确认交易者身份、信用评价等方面的信息不对称。由于互联网银行通过电子信息交易平台进行交易，交易双方不像传统商业银行那样在柜台有形的市场进行面对面交易，重要的是其交易平台控制权一般掌握在非金融企业手中，除有效的市场监管之外，难以验证交易者的身份信息与交易动机。

在信息不对称的金融市场中，以刷脸为代表的创新支付技术，给没有物理网点、以信息化为主导的互联网银行增加了监管风险难度。不仅微众银行这些纯互联网银行支付中出现了刷脸技术，甚至招商银行、中国邮政储蓄银行等这些传统型商业银行也将人脸识别技术植入了新用户注册、信贷审批过程中，刷脸技术对客户资料隐私的保密及客户资金的安全使用方面也带来了更大的监管难度。

（三）交叉传染性强

传统商业银行的监管可以通过分业经营、设置市场屏障或特许经营等各种方式，将金融风险隔离在相对独立的领域。而互联网银行这种物理隔离的有效性相对减弱，尤其是防火墙作用可能因网络黑客等破坏而衰减，因此“防火墙”的建设更需要加强。

互联网技术给互联网银行带来的最大问题是信息安全问题，技术风险会导致互联网银行的客户信息泄露、丢失，威胁了客户的资金安全。与传统商业银行封闭运行的业务系统相比，互联网银行的用户敏感信息和个人财产存在更大的安全隐患，也加速了支付、清算等风险的扩散，使得风险在非传统金融机构与传统金融机构之间出现转移。

（四）复杂性和破坏性大

传统风险的存在和新风险的产生使互联网银行经营风险复杂性加大，错综复杂的风险种类给银行造成了更大的威胁。以物理网点为支撑的传统商业银行拥有自身的核心运营管理机制，通常是由领导层提前对部门间进行划分和分工，机构间业务统一的同时又具有业务独立的特征，一旦哪个业务环节出现问题，就可以通过业务链条查到错误的源头，损失挽回较容易。但是对于互联网银行来说，当某个环节出现问题时，很难马上发现问题的源头，加上互联网处理技术的高效性，业务的快速传递性使该业务转瞬已经开始办理下一流程，甚至业务已经办理结束，所以损失也是不可避免的。

三、互联网银行风险与传统银行风险的异同

视频：互联网银行风险与传统风险的异同

互联网银行借助互联网渠道，突破地域和时间限制向客户提供金融产品和服务，能够在一定程度上弥补传统商业银行的业务空白，对于推动普惠金融的发展大有裨益，但与此同时，互联网银行存在的风险也更加突出。互联网银行不仅要面临传统银行的信用风险、流动风险以及操作风险等，还需要面临较为严重的网络安全、信息技术安全以及运营安全等问题。具体分为以下几个方面：

（一）信用风险更易暴露

首先，从服务对象构成来看，我国互联网银行的主要服务对象是初创企业经营者、小微企业经营者和个人用户，这部分群体由于征信记录不完整、抵押物不足、经营风险较大、收入来源不稳定性等原因，导致其还款能力不足，很难享受传统商业银行提供的金融产品和服务，成为传统商业银行金融服务的“真空地带”，而互联网银行为这部分“弱势群体”服务则必将承受较大的信用风险。

其次，从产品和服务来看，互联网银行提供的贷款大部分是无抵押、无质押的信用贷款，使互联网银行面临的信用风险自然大于传统商业银行。如深圳前海微众银行的主打产品“微粒贷”就是一款个人信用循环贷款产品，具有“仅凭个人信用、无须担保、循环授信、随借随还”的特点。

最后，互联网银行依托网络平台开展业务，虽然在流量入口、服务成本、服务效率、客户体验等方面比传统商业银行更具优势，但也面临贷后管理手段缺失等问题。尤其在经济增速放缓的背景下，一旦贷款者生产经营出现问题、资金链断裂，互联网银行将面临严重的资金损失。

（二）流动性风险加大

首先，互联网银行完全依托互联网提供金融服务，无法提供现金服务，也无法提供支票等支付结算工具，导致其吸储能力远低于传统商业银行。另外，互联网银行的贷款产品以大学生、小微企业、电商卖家、创业者、农户为主要客户，这部分客户闲置资金较少、应急性资金需求较大，无法向互联网银行提供稳定的存款来源。

其次，从我国目前互联网银行的业务实际开展情况分析，均是依靠上浮存款利率、免除手续费等手段来吸引客户资金，这种经营模式从长期来看不具备可持续性。

最后，我国互联网银行发展起步较晚，社会公众对其认可程度远低于传统商业银行。一旦互联网银行交易系统出现漏洞、网站遭受黑攻击导致瘫痪、泄露客户信息或出现侵害客户权益等风险案件时，客户挤兑事件将难以避免。同时，互联网银行全天候（7×24 小时）服务的特点将进一步扩大流动性风险影响范围，加快风险传播速度。

（三）数据安全问题突出

首先，当客户行为数据、消费数据不全面、不准确时，互联网银行很难准确界定客户的风险状况和信用等级。特别是随着互联网技术的高速发展和移动终端的快速普及，互联网银行需要具备较强的大数据，才能有效处理客户日益增长的碎片化、非结构化数据。同

时，由于互联网银行是通过互联网向客户提供服务的，客户在注册时通过互联网提交材料，材料的真实性很难得到保障。而大数据分析结果的可靠性主要基于数据质量，一旦数据中混杂了虚假、错误信息，就可能导致大数据分析、预测和决策产生偏差甚至与真实情况截然相反，并由此可能带来巨大的损失。

其次，即使在数据质量合格的情况下，互联网银行的大数据分析技术也可能落入“虚假关系”的陷阱。由于不再需要随机样本，传统方法中对于因果关系的逻辑思辨和推断能力重要性将进一步降低，使大数据分析得出人、事物、事件之间的关系可能并不真实存在或不准确，从而导致互联网银行作出放贷错误的决策并造成风险。

最后，即使数据的真实性、可靠性与全面性得到有效控制，大数据分析结果运用合理，数据安全风险仍无法避免。互联网银行通过互联网渠道采集、传递客户信息，容易出现客户信息泄露、非法篡改等问题，对客户隐私权产生重大威胁。由于我国互联网银行发展时间较短，内控制度、风险管理制度尚不完善，特别是数据防护能力不足，导致客户个人身份数据、交易数据容易被黑客窃取。此外，互联网技术在加快信息传递速度的同时，也在无形中放大了风险的传染速率，客户个人信息泄露的可能性将呈几何倍数增加。

（四）操作安全事故频发

操作安全风险是互联网银行面临的一大问题。互联网银行虽然架构在先进的交易平台基础上，但由于平台搭建技术及使用不当等原因，极有可能出现信息传递不畅或传输失败等现象，致使操作安全事故频频发生。

1. 内部管理风险

互联网银行信息系统架构不牢靠、风险管理、内控管理薄弱可能导致整个交易系统存在较大的安全隐患和风险漏洞，给违法犯罪分子以可乘之机。

2. 客户操作风险

由于我国金融消费者整体金融知识水平偏低且风险防范意识薄弱，未使用杀毒、防毒软件防范信息安全，当通过 PC 终端或手机终端进行操作时，容易发生信息泄露事件。

3. 网络传输风险

客户通过移动终端输入密钥或口令时，由于其本身缺乏有效的风险防控手段，黑客可能通过移植木马、发送虚假链接等非法手段获取客户信息、密钥或口令，从而可能侵占客户财产，进而影响互联网银行的整体声誉和正常经营。

模块二

传统银行的固有风险

【内容简介】

本模块主要介绍互联网银行具有的传统银行固有风险，如信用风险、操作风险、流动性风险、市场风险、国别风险、法律风险及其他风险，让学生对于传统商业银行已有的风险点进行认识和了解。

【案例导入】

新网银行迎来"艰难时刻"

2020 年以来，持续反复的疫情为互联网银行的加速发展创造了千载难逢的契机，但也拖累了互联网银行信贷业务的质量，在这样的背景下，"强者恒强"效应不断凸显。在阿里、腾讯的加持之下，网商银行、微众银行在流量、科技方面优势明显，丰富的获客场景、精准的大数据风控、高效的线上化流程……互联网银行尝试着走出不同于传统银行的发展之道。然而，对比网商银行、微众银行的高歌猛进，排名第三的新网银行却逐渐"掉队"。

1. 不良率持续上升

根据新网银行披露的数据看，自成立以来新网银行的不良贷款率连年呈现上升态势。2017 年至 2022 年，新网银行的不良贷款率分别为 0.11%、0.39%、0.61%、1.19%、1.05%、1.71%，不良贷款率居高不下。不良贷款规模的持续较高也侵蚀了新网银行的利润，2019—2021 年，新网银行的营业收入分别为 26.8 亿元、23.57 亿元、26.41 亿元，净利润分别为 11.33 亿元、7.06 亿元、9.18 亿元。2022 年上半年，新网银行营业收入为 16.26 亿元，同比增长 35.95%；净利润为 2.56 亿元，同比大幅下降 40.19%。经济持续下行及疫情影响对贷款个体的影响当然不能忽略，但故意实施骗贷的行为亦不在少数，这也反映出新网银行在大数据风控方面出现了一定程度的"失灵"。

2. 科技人才紧缺

互联网银行业对科技创新的依赖，决定了科技人才的质量和数量是竞争的关键。相较于网商银行和微众银行，新网银行高管团队中互联网人才较少。截至 2021 年年末，网商银行科技人员占比 62%，约 950 人，占比增长 5.99%，但科技人员仍旧不足。科技人才的短缺使得新网银行在金融科技创新能力方面有所欠缺，引进科技人才或许会成为新网银行未来的重点工作之一。

3. 大股东新希望发展受阻

数据显示，新网银行大股东新希望集团持股 30%，小米集团持股 29.5%。2020 年 9 月—2021 年 1 月，半年之内，三波高管离职潮，不仅对新希望的发展造成影响，也给新网银行留下"阴影"。另外，新希望作为一家千亿级农牧上市公司，伴随着周期的上行，新希望通过发债、定增等方式，撬动大量资金以支撑产能扩张的速度，这导致新希望的负债也在增加，为新网银行日后的发展埋下了"隐忧"。

互联网银行业作为新兴产业，在"不进则退"的竞争环境下，新网银行正在"掉队"。

请思考：新网银行经营过程中面临着什么风险呢？

【基础知识】

视频：信用风险

一、信用风险

（一）信用风险的概念及特征

信用风险又称违约风险，是指债务人或交易对手未能履行合同规定的义务或信用质量发生变化，影响金融产品价值，从而给债务人或金融产品持有人造成经济损失的风险。

互联网银行的信用风险主要存在于贷款业务中，贷款信用风险是互联网银行面临的最主要的信用风险，其主要特征包括以下几方面。

1. 不对称性

预期收益和预期损失不对称，当互联网银行在办理业务承受一定的信用风险时，其预期收益和预期损失是不对称的。

2. 累积性

信用风险的累积性是指信用风险具有不断累积、恶性循环、连锁反应，超过一定的临界点会突然爆发而引起金融危机的特点。

3. 非系统性

信用风险观察数据少且不易获取，因此具有明显的非系统性风险特征。

4. 内源性

信用风险不是完全由客观因素驱动的，而带有主观性的特点，并且无法用客观数据和事实证实。

（二）互联网银行信用风险

践行普惠金融是互联网银行的发展定位，个体经营者、小微企业、低收入低学历的个人消费者是其主要服务对象。由于多种原因，互联网银行在面对这类人群时无疑承担着巨大的信用风险。

1. 信息不对称引发信用风险

由于互联网金融虚拟性的特点，交易双方只是通过网络办理业务，增大了交易双方在身份确认、信用评价方面的信息不对称，因此就会引发信用风险。一方面，互联网银行在贷前资质调查时会受到限制，无法做到面对面的严格确认；另一方面，网络的虚拟性也会增加道德风险的发生，致使一些无法在传统商业银行申请到贷款的用户转而到互联网银行，通过证明信息造假，骗取贷款，或者在多家互联网银行平台上取得贷款。

2. 征信信息的缺失提升信用评估的难度

目前，我国央行征信系统尚不健全，所包含的个人资料仍不完善，也正因如此，这类人群很难从传统商业银行获取贷款。征信数据的缺失会大大提升互联网银行信用评估和客户筛选的难度，并降低评估和筛选的准确性，从而加大互联网银行的信用风险。

3. 无抵押贷款模式增加信用风险

《中华人民共和国物权法》规定，动产、不动产抵押以及权利质押需进行线下登记，这显然是无物理网点的互联网银行难以做到的，也与其发展模式不符。因此，互联网银行提供的贷款大多是无抵押、无担保的纯信用贷款。这种模式在提升服务效率，降低运营成本的同时使得信用风险偏高，再加上这类人群普遍收入不够稳定，持续还款能力和抗经济风险的能力较弱，一旦出现资金周转困难引发违约事件，互联网银行将无法像传统银行一样通过拍卖抵押物弥补损失。

4. 贷后资金跟踪管理困难

互联网银行不设物理网点，纯网络放贷，个存小贷，通过依托互联网降低交易成本，因而很难像传统银行一样进行现场检查以确保信贷资金用途的安全性。此外，其客户普遍缺乏专业的金融投资知识和对投资风险的预防和认识，因此一旦将用于个人消费的贷款资金投向股市、期货等高风险领域，将给互联网银行带来极大的信用风险。

知识链接

解读微众银行信用风险

微众银行依靠腾讯的各流量平台开展个人金融业务，以“央行征信数据+腾讯用户社交数据”为基础构建了自身专有的征信体系，但是这两种数据仍存在一些缺陷。

第一，腾讯信用评级的专有数据源的金融属性较低，依据社交数据建立起来的征信体系的可靠性、效率的高低。这都需要微众银行在完善数据转化平台时慎重考量。因为社交大数据信息纷杂，腾讯微信和QQ的用户涵盖面广，特定用户很难进行筛选，且社交媒体性质的大数据与经济活动的关联性较弱，对客户信用评级的准确性可能会有较大误差。

第二，对用户的贷款资金流向管控不足。微众银行的“微粒贷”具有仅凭个人信用、无须担保；循环授信、随借随还的特点，信用贷款无抵押、无质押，再加上个人消费者与小微企业的还款能力较差，会使微众银行承受较大的信用风险。微众银行面向小微客户、小微企业进行金融服务，但未对这些用户借来的资金流向进行明确的规定限制。若银行发放的贷款被用户用于不当的高风险高收益产品，不仅用户有很大可能面临损失，银行也面临无法收回本息的风险。同样，用户的资金具体投向不同，因利率、汇率、股票价格等的不确定性带来的风险也会较大。

资料来源：郭立业．互联网银行的风险管理研究——以微众银行为例［J］．广西质量监督导报，2019（7）：90－92.

（三）互联网银行信用风险管理

1. 完善并健全征信体系

我国征信体系的缺陷很大程度上导致了互联网银行信用风险的产生，因此完善征信体系至关重要。征信体系的完善有助于诚信社会的建立，主要有两个标志：一是公共数据的全面接入，形成统一、多维度的信用评价：二是信用评分广泛应用于各种生活消费场景，成为全社会诚信体系的基础设施。

完善征信系统具体操作是：①将商业信用信息和公共事业信息纳入征信范围，进一步扩大征信系统数据库的采集范围，完善征信体系，不断提高服务水平和拓展征信系统使用范围；②大力发展征信机构，开拓征信市场，进一步加强信用数据信息共建，实现信用信息在共享平台的交换，目前阿里的芝麻信用、腾讯征信等机构入选个人征信试点机构，可以把它们的数据纳入我国征信体系建设中；③将小微企业和农村信用信息纳入征信系统，健全小微主体信息征集、信用评价和信息应用机制，推进对守信者激励机制和对失信者惩戒机制的设计，为信用风险管理提供良好的社会信用基础环境。

2. 建立完善的贷后资金追踪制度

（1）提升信贷资金用途协议的入口优先级，互联网银行可通过网络设备以弹窗的形式向正在申请的客户展示有关资金用途的警示文本。

（2）成功给客户发放贷款后，由客服人员以电话或者邮件的形式联系该客户，明确提示该信贷资金仅用作个人消费，不得用于投资股票、期货等高风险领域。

(3) 设立贷后资金追踪专项小组，负责督促用户在申请贷款成功后的一周内提交信贷资金具体用途的证明材料，并审核该证明材料的真实性和可靠性，同时将该证明记录添加到用户资料档案中。

(4) 建立贷后资金管理应急机制，对使用资金不当的客户提出风险警示，严重者可采取处以罚金、提前收回贷款等惩罚性措施，从而降低违约概率，减少信用风险。

3. 健全信用风险控制模型

在风控模型建模方面，互联网银行可借鉴的经验并不多。从全球范围内来看，即使在美欧为主的发达国家，至今还未出现完全依靠互联网数据模型发放贷款的先例。我国互联网银行成立不久，数据建模的信度和效度还有待进一步研究，如果信贷建模的参数设置过严或过宽，都易导致其模型失效。因此，在未来探索适合互联网银行数据体系下的信用风险控制模型极为重要。一方面，可以在原有的专家分析法、财务比率模型、Logit 模型、Credit Metrics 等传统信用风险模型基础上，加上互联网元素，健全互联网银行信用风险控制模型体系；另一方面，可以从近几年互联网银行运行情况，结合案例进行探究，研究出更为细致的客户准入模型、存量客户管理模型及逾期客户管理模型等，为整个互联网银行业务链条夯实基础，减少信用风险事件的发生。

4. 加强银行治理与内部控制

互联网银行应树立风险意识，加强银行治理和内部控制，建成完善的风险防范体系，控制并防范风险。具体措施为：一是建立满足风险管理需要的公司治理架构，制定健全的公司治理制度和议事制度，明晰职责和分工，杜绝出现职责重叠、空白地带情况；二是提高董事会领导能力并履行银行风险管理的责任义务，从管理层角度将企业文化贯穿到银行内部的业务体系中，让员工有责任意识和服务意识地开展工作；三是明晰股东责任，提高治理效率，强化银行内控制度建设，防止风险外溢，确保存款人和相关债权人合法权益不受损害；四是密切监测关联授信额度，躲避不当关联交易造成的信用风险。

知识拓展：信用风险案例

知识链接

浙江网商银行信用风险管理的突出优势

金融机构的核心能力是技术和数据，网商银行拥有先进的在云计算和大数据驱动下的风险控制能力，这是其具有的传统商业银行无法比拟的优势。

在大数据驱动风险管理方面：网商银行的大数据数量庞大、覆盖面广，在此基础上建成的风险管理体系，不但吸收了蚂蚁微贷的大数据风控体系的优点，还对各类数据进行建模，使放贷决策更具科学性和实效性。例如利用“车间”数据库及构建的“水文模型”等，在其交易流水、销售收入、经营状况和行业状况等众多历史数据基础上，分析并预测小微企业的未来经营发展趋势，这样的风险管理不仅使网商银行比传统商业银行通过“三张表”的分析和人工审核的放贷方式更加科学，而且大大提高了贷款的审核效率。

在云计算技术方面，网商银行也被誉为中国第一家完全跑在“云”上的银行。网商银行通过金融云计算技术和构架，不但大大降低其运营成本还能弹性扩容其计算能力，使其能够轻松应对突然增长的在线业务。虽然网商银行不设物理网点，但是已用远程开户方式进行替代。由蚂蚁金服与Face + +合作研发成功人脸识别技术，这一技术不仅达到LFW国际公开测试99.5%的准确率，还完成了“交互式指令 + 连续性判定 + 3D”判定，这项技术为网商银行开展相关业务打下了坚实的基础。

在平台化运营方面，网商银行技术层面平台化的构架模式，使其与其他互联网平台、与同业之间都存在着合作的无限可能，使其在已有的技术与数据优势的基础上，又在渠道方面具有了无可比拟的优势。利用平台合作效应，网商银行可以不断拓宽数据渠道，通过大力推进与其他互联网平台的合作，发掘创新生活化、场景化的小微信贷产品，将“互联网 +”的优势进一步扩大化，使金融真正与生活相融合。“流量贷”“口碑贷”仅仅是与其他平台合作的开始和尝试，基于大数据、云计算与平台效应，网商银行将会创新出更多“互联网 +”的产品。在平台效应的带动和影响下，与同业之间的合作也将进一步加快和促进银行业信用风险管理改革的进程。

资料来源：习潇潇．网商银行与民生银行信用风险管理的比较研究［D］．对外经济贸易大学，2016：22 – 23.

二、操作风险

视频：操作风险

（一）操作风险的概念及特征

英国银行家协会（British Banker Association，BBA）于1997年最早给出的操作风险的定义是：操作风险与人为失误、不完备的程序控制、欺诈和犯罪活动相联系，它是由技术缺陷和系统崩溃引起的。经过广泛的讨论和争论，1998年5月，IBM（英国）公司发起设立了第一个行业先进思想管理论坛——操作风险论坛，在这个论坛上，将操作风险定义为：操作风险是遭受潜在损失的可能，是指由于客户、设计不当的控制体系、控制系统失灵以及不可控事件导致的各类风险。损失可能来自于内部或外部事件、宏观趋势以及不能为公司决策机构和内部控制体系、信息系统、行政机构组织、道德准则或其他主要控制手段和标准所洞悉并组织的变动。它不包括已经存在的其他风险种类如市场风险、信用风险及决策风险。

目前，国际上公认的定义是《巴塞尔协议》中的描述：“操作风险是由不完善或有问题的内部程序、人员及系统或外部事件所造成的损失的风险。”根据《巴塞尔新资本协议》，操作风险可以分为由人员、系统、流程和外部事件所引发的四类风险，并由此分为七种表现形式：内部欺诈；外部欺诈；聘用员工做法和工作场所安全性；客户、产品及业务做法；实物资产损坏；业务中断和系统失灵；交割及流程管理。

互联网银行操作风险主要特征有：

1. 内生性

绝大部分操作风险都来自互联网银行的内部业务操作失误、内部系统失灵、内部人员控制和制度失效等，只有很少一部分来源于外部欺诈、自然灾害。与信用风险相比，信用风险是由借款人的主观、客观情况所决定的违约风险，主要产生于银行外部。

2. 普遍性

互联网银行中的每一个人、每一个环节都可能产生一些业务失败，因此操作风险发生的可能性普遍于互联网银行所有业务环节，涵盖所有部门，既包括发生频率高、损失相对较低的日常业务流程处理上的小纰漏，也包括发生频率低，但只要发生就会造成极大损失，甚至危及互联网银行存亡的自然灾害、大规模舞弊行为等。而信用风险发生的环节仅局限于与之相关的部分业务环节，主要涉及业务发展部门和业务管理部门。

3. 风险与收益的不对称性

互联网银行操作风险产生于其内部控制行为，是一种纯粹的风险，损失与收益之间没有必然的联系，互联网银行承担这种风险并不一定能够给其带来任何收益。

4. 损失数据呈现厚尾特征

由于大部分操作风险事件属于高频率、低损失类型，只有极少数属于低频率、高损失类型，所以在损失数据的统计中，操作风险的损失分布明显不符合正态分布，它的大部分损失观测值接近零，这种极端值出现的概率要比正态分布数据出现极端值概率大的现象叫作厚尾。

（二）互联网银行操作风险

1. 客户操作不当

相比较传统银行业来看，互联网银行在业务申请和操作上实行客户自助服务的模式，由于操作过程的自主性，业务风险点也发生了外移——使原来由柜员、客户经理服务的产品误导性介绍与错误性指导引发的间接风险变为了客户自身操作失误或理解错误的直接风险，风险发生的范围更宽、控制难度也加大。具体表现为：①由于互联网银行是基于互联网平台的运营方式，在对客户进行业务介绍和安全教育方面，往往存在较大的信息不对称性，使客户对业务、产品的风险认知不够，造成在个人账号、信息密码、验证信息等方面的安全保护措施严重不够。②互联网银行经营的自主性引发的客户在业务学习和自助操作时，银行系统无论如何完善，客户自身的误操作还是难以避免的，也成为了操作风险的来源。③客户在终端使用密码登录时，由于其欠缺对风险的认识，受病毒等虚假链接的影响使得客户密码或者个人信息外漏，最终导致财产被侵占的风险。

2. 银行内部架构不健全

（1）互联网银行业务在国内还属于新兴业务，银行操作人员对业务可能还不够熟悉，管理层在风险管理方面的操作和控制重视程度不高，还未形成较为具体完善的内部控制机制，并且在风险管控的规范和标准也未成形。

（2）在虚拟的互联网银行业务中往往会存在上下级分工不明确或者存在内部关联交易，因此造成较大的威胁。

（3）互联网银行的主营业务在于为众多消费者提供理财产品和中小微企业提供小额贷款业务，所以在系统开发和维护方面并不擅长，集中发展核心业务的它们经常将网络服务和技术事务以外包的形式交给第三方，由于产品链条中又多了一个主体，所以风险程度也不断加大。

3. 支付方式创新引发风险

当前的支付方式渐渐地走向移动支付的潮流，尤其是互联网银行完全依托线上进行的业务处理，不管是依托于红外、蓝牙的近场支付，还是以网银、电话银行和手机支付为代表的远程支付，加之互联网银行理财、贷款等业务的全流程线上化，在金融科技给人们带来便利的同时，也暗含着许多操作风险，如信息不对称带来的欺诈风险、线上网络漏洞带来的技术风险、虚拟化监管带来的违约风险等。

知识拓展：操作风险案例

知识链接

微众银行操作风险暴露

微众银行自成立以来，作为互联网银行的排头兵，为互联网银行领域贡献了很多力量，但其运行过程中也存在着诸多操作风险。

第一，获得征信数据的方式待完善。微众银行的产品借款合同说明了“客户在了解产品资料时即授权微众银行对用户个人的央行征信进行信用查询”的条款，但很多用户却不知道此说明条款，他们认为微众银行未经个人同意擅自查询信用报告，对微众银行的直接征信行为表示不满。

第二，风控体系和数据库建立时间短，可靠性待考量。微众银行2015年建立了“去IOE”开源架构，2016年推出了“微粒贷”备付金管理与对账平台，2017年推出了光线活体人脸识别技术“极光守卫”，这些都为其实现大数据风控提供了先进的技术支持，信息技术的强大支撑了其业务拓展、用户容量扩张。但是这些技术实际运行的时间只在1~3年，是否完全有效安全仍需较长的时间来运营和观察。微众银行复杂的信息管理系统因技术创新也对人员提出了更高的技术要求，若员工培训不足或操作失误会产生较大的技术失误，甚至导致严重损失，操作风险较高。

资料来源：郭立业．互联网银行的风险管理研究——以微众银行为例［J］．广西质量监督导报，2019（7）：90-92.

（三）互联网银行操作风险管理

针对存在的操作风险，互联网银行应该制定一套操作风险控制的程序和步骤，并且以书面制度的形式确保有关风险管理系统的内部政策有效执行。

1. 加强风险管理制度建设

首先，在管理制度设定上，应牢牢把握互联网银行特殊的发展模式和发展定位，建立风险数据库以区分和记录不同类型的操作风险，并建立高效可执行的风险管理流程，此外，还应针对不同部门的风险状况和风险偏好制定相匹配的管理措施。其次，在内部流程优化上，可由财富管理、平台金融、消费金融三大前台部门共同组成内部协调小组，用以高效执行紧急任务，解决突发性风险事件，该小组具备行为独立性并直接对董事会负责。此外，对协调小组实施严格的绩效奖惩机制，设立针对性考核指标，如任务执行效率、工作配合程度等，同时对小组成员及负责人进行阶段性考核。

2. 完善公司治理与内部控制

完善的公司治理结构和健全的内部控制是互联网银行有效防范和控制操作风险的

前提。

（1）公司治理是现代商业银行运作的核心，良好的公司治理必须明确董事会、监事会和高级管理层及内部相关部门在防范和控制操作风险方面所承担的职责。其中，董事会负责批准在全行范围内采用操作风险管理系统，并将操作风险作为主要风险来管理等；监事会负责对互联网银行遵守法规情况以及董事会、高级管理层履行职责情况进行监督；高级管理层负责具体执行经董事会批准的操作风险管理系统。此外，有效的操作风险防范要求管理层将职责分解到相应的职能部门，这些职能部门包括：风险管理部门、业务审计部门、内部审计部门、合规部门和后勤保障部门等。

（2）内部控制是互联网银行为实现经营目标，通过制定和实施一系列制度、程序和方法，而进行事前防范、事中控制、事后监督和纠正的动态过程和机制。银行员工违法行为导致的操作风险通常是由于银行内部管理、监督上存在漏洞造成的。为防范此类操作风险，银行应在加强内控建设和强化管理上下功夫。首先，要做到有章可循，有章必循，违规必究，执规必严；其次，加强与员工的交流，掌握员工的思想动态，对关键岗位人员工作之外的社会交往、投资情况进行适当检测，尽早发现其不良企图和作案动机，将犯罪行为扼杀在萌芽时期。

3. 提高员工职业操守和职业素养

互联网银行的员工在职业过程中应当遵循诚实信用、守法合规、专业胜任、勤勉尽职、保护商业秘密与客户隐私、避免利益冲突与关联交易、公开竞争等从业基本准则。作为新兴的互联网银行员工，不仅应当熟知所从事业务的特性、后台处理流程、风险控制框架、权利与义务关系、收益和潜在风险以及政策法规要求；还应当尊重同事及同事的工作，树立相互理解与信任、合作与支持的团队合作意识，树立共同创造、共同进步的责任意识；更应当自觉遵守所在机构的各种规章制度与岗位职责，完成岗位考核要求，维护所在机构的声誉，并且积极配合监管部门的现场监管和非现场监管活动。

4. 健全信息系统与应急预案

先进的业务处理系统能大幅提高互联网银行的经营管理水平，并降低操作出错的概率。集中式的、可灵活扩充的业务系统有助于业务系统的稳定运行，互联网银行应该研发应用专门的操作风险管理系统。在推出新业务的同时，要对相应的交易系统进行全面而深入的检测、试验，以发现系统中存在的问题，避免损失和纠纷的发生。尤其要对新的、不成熟的交易系统进行严密监控，以便随时发现并解决问题。

另外，还要保持对突发事件的敏感性，建立切实可行的突发事件应急预案。操作风险事件的发生常常具有不可预测性，但对相关事宜常抓不懈，可以切断意外事件发生的根源。互联网银行应该对于突发事件的应对和解决建立一套完善健全的应急预案办法，让操作风险发生的时候能够尽可能降低损失。

三、流动性风险

视频：流动性风险

（一）流动性风险的概念及特征

流动性是互联网银行乃至整个金融体系和经济体系稳定运行的生命线，充足的流动性是一家互联网银行维持经营的必要条件。关于流动性（Liquidity）主要有两种不同的理解：一是筹资流动性（Fund Liquidity），也称现金或负债流动性（或资金流动性和机构流动性），主要描述金融机构满足资金流动需要的能力，某一业务具有流动性指其产生的现金流能够满足支付要求。二是市场流动性（Market Liquidity），也称产品或资产流动性，主要指金融资产在市场上的变现能力，即市场上金融资产与现金之间转换的难易程度。如果交易者能够按有利的价格迅速完成一定量的某种资产的交易，就表明市场流动性好。

流动性风险是互联网银行经营过程中面临的主要风险之一。2009 年原中国银监会印发的《商业银行流动性风险管理指引》中将流动性风险定义为：流动性风险指商业银行虽然有清偿能力，但无法及时获得充足资金或无法以合理成本及时获得充足资金以应对资产增长或支付到期债务的风险。流动性风险需要从负债与资产的双方去考察。负债流动性要求互联网银行能随时满足客户提取存款或投资者投资收回的需要；资产流动性要求互联网银行能随时满足借款人的融资、贷款需求或偿付其他债务，如果不能满足上述需求，互联网银行就会出现流动性风险。

互联网银行的流动性风险具有外生性。也就是说，互联网银行所持有的金融产品（如贷款、短期债券等）能不能及时无损变现，不完全取决于互联网银行自身，还受借款企业经营状况、金融市场活跃程度等因素的影响。资本市场的快速发展，大大增加了居民的投资选择，互联网银行智能存款等负债业务吸引力会相对减弱，负债的流动性受到其他金融机构投资渠道品种和方式的挤压。另外，金融市场具有传染性效应，作为金融市场的重要机构，流动性风险也更具有放大、扩散效应。

知识链接

流动性风险评价指标

原中国银保监会发布的《商业银行流动性风险管理办法（试行）》（征求意见稿），明确了对于银行流动性监管的四个主要指标，即流动性覆盖率、净稳定融资比例、贷存比和流动性比例。

流动性覆盖率旨在确保商业银行在设定的严重流动性压力情景下，能够保持充足的、无变现障碍的优质流动性资产，并通过变现这些资产来满足未来 30 日的流动性需求，主要监控的是银行短期的流动性风险。其计算公式是“优质流动性资产储备”和“未来 30 日净现金流出量”的比值，监管当局要求，商业银行的流动性覆盖率应当不低于 100%。

净稳定融资比例则旨在引导商业银行减少资金运用与资金来源的期限错配，增加长期稳定资金来源，满足各类表内外业务对稳定资金的需求，主要关注长期流动性风险。其计算公式为：可用的稳定资金与所需的稳定资金之比。监管当局要求，商业银行的净稳定融资比例应当不低于 100%。

对于“贷存比”和“流动性比例”两个指标，延续了之前的要求，即商业银行的存贷比应当不高于 75%；流动性比例应当不低于 25%。

资料来源：百度百科，https：//baike. baidu. com/item/%E6%B5%81%E5%8A%A8%E6%80%A7%E9%A3%8E%E9%99%A9/4536076。

（二）互联网银行流动性风险

（1）负债来源渠道单一。通过长尾理论对互联网银行的主要客户群分析后发现，互联网银行的业务模式一般进入门槛较低，更加大众化，客户群体集中于被传统金融业忽略在外的底层客户链条，例如融资较为困难的中小微企业和被忽视的普通群众，服务对象主要为中小微企业、“三农”和个人消费者等传统银行难以覆盖的长尾客户群体。这类顾客群基本都是处于资金应急状态时向互联网银行提出贷款，往往只能提供较少的存款或根本无法提供稳定的储蓄存款源。

（2）由于互联网银行属于完全通过互联网渠道开展业务的银行，其在服务模式上不设立物理网点，主要基于互联网技术、数据和平台开展小微企业小额贷款业务和消费金融业务等金融服务。互联网银行不建立实体服务的经营模式，就导致其不能为顾客提供现金、支票等服务，这样就大大降低了吸收存款的能力，负债业务受到了较大的限制。

（3）互联网银行主营业务以存款、贷款以及支付、结算、清算等业务为主，通常以支付业务为切入点，发挥其技术优势，利用大数据开展贷款业务，存款业务依托Ⅱ类电子账户进行办理，功能受限的影响下规模相对较小。另外，由于国家互联网存款相关政策和法规持续完善，互联网银行的智能存款业务也受到了一定限制和束缚。

知识拓展：流动性风险案例

（三）互联网银行流动性风险管理

1. 从资产管理角度满足和维持流动供给的策略

（1）建立不同层次的准备金资产。所谓建立不同层次的准备金资产，就是在资金配置中，通过适当地安排适当一级准备金资产和二级准备金资产，来满足和维持互联网银行的流动性供给。

（2）控制和调节资产的结构，在进行资金分配时，以结构对称、偿还期对称和分散化原理为指导，尽可能地使资产结构在期限上多元化，注意短、中、长期的资产在数量上的合理搭配，从而在资产内部建立一种使资产能够源源不断地偿还到期负债的自动偿还机制。

（3）加强资产证券化等流动性金融创新，互联网银行通过对贷款的证券化，将占压在贷款上的资金先行收回，为银行提供了一种新的流动性供给方式，增加手续费收益、降低利率风险、化解或减少资本充足率要求压力。

2. 从负债管理角度满足和维持流动性供给的策略

互联网银行定位于服务小微企业与个人，而这类客户具有普惠性质，且在传统银行难以取得授信，资金需求旺盛。但是，吸储困难一直制约着互联网银行发展。存款业务是银行资产规模扩张的基础，因此从负债管理角度来看该策略主要是指增加主动型负债，是互联网银行在需要或缺乏资金时，通过临时性借款方式筹集资金来增加供给，满足和维持所面临的流动性需求，同时注重负债的多元化。具体可以从同业拆借、转贴现和转抵押借款、向中央银行借款、回购协议交易、发行金融债券、大额可转让定期存单等方向继续探索发展之路，拓宽负债来源，提高银行资金流动性。

四、市场风险

视频：市场风险

近年来，随着经济全球化和金融自由化，一方面，金融市场的波动性不断加剧，金融工具所蕴含的风险结构越来越复杂；另一方面，金融市场在经济运行中的作用和地位不断上升，全球经济运行的虚拟化程度不断提高，工商企业的经营更加依赖金融市场，互联网银行的业务也趋向于金融市场。这些因素使得市场风险越来越成为互联网银行面临的主要金融风险之一。

（一）市场风险的概念及特征

国际清算银行定义市场风险是指由于金融资产价格和商品价格的波动，银行表内和表外头寸遭受损失的可能性，市场风险包括利率风险、汇率风险、股票风险和商品风险，而商业银行面临的市场风险主要是利率风险和汇率风险。1990 年，J. P. 摩根公司给出市场风险的定义是指由市场条件的改变而引起金融机构收入的不确定性，定义中的市场条件主要是指资产价格、市场波动、利率、市场流动性等。

2004 年 12 月 16 日，中国银行业监督管理委员会颁布的《商业银行市场风险管理指引》中对市场风险给出了全面而完整的定义：市场风险是指因市场价格（利率、汇率、股票价格和商品价格）的不利变动而使商业银行表内和表外业务发生损失的风险。市场风险存在于商业银行的交易和非交易业务中。

相对于信用风险而言，市场风险具有数据充分且易于计量的特点，更适于采用量化技术加以控制。由于市场风险主要来自所属经济体，因此具有明显的系统性风险特征，难以通过在自身经济体内分散化投资完全消除。

（二）互联网银行市场风险

市场风险是传统金融体系的固有风险，作为互联网技术与金融领域结合的产物，互联网银行的市场风险也是普遍存在的。《互联网金融蓝皮书》指出，由于便捷性和优惠性，互联网银行可以与更多的客户进行交易——吸收资金来源，发放小额贷款，资金供给与需求客户群相对分散，面临着更大的市场风险。

1. 利率风险

在市场经营体系中，互联网银行面临的最常见的风险就是利率风险，它指的是市场中利率波动给互联网银行带来经营不确定损失的可能。1997 年巴塞尔委员会颁布的《利率风险管理原则》中定义利率风险为商业银行的预期收益、预期成本与实际收益、实际成本在利率波动下产生背离的可能性，导致现实成本高于预期成本，现实收益低于预期收益，在一定程度上对商业银行的经营绩效产生不利影响。

（1）资产负债结构不匹配。互联网金融的异军突起加速了利率市场化的进程，对于新兴的互联网银行来说，由于利率波动会对银行的资产和负债匹配程度产生影响，间接对银行的资金的供给和需求发生作用，最后对银行经营的资本和收益造成较大威胁。

（2）利率可控性差。通过表 7－1 可以看出，央行存款基准利率大多低于互联网银行。结合金融市场上的情况分析来看，目前国内金融市场上客户争抢情况严重，且不良贷款率逐渐增加，加上国家政策的管控，互联网银行利率可控性差，导致其存款性负债来源受到压力，与信贷业务盈利差额降低。如互联网银行在今后的发展中，仍保持央行基准利率上浮的利率策略，会对其发展带来前所未有的难度。

表 7-1 存款利率对比

利率种类	活期	三个月	半年	一年	二年	三年
央行存款基准利率	0.3%	1.35%	1.55%	1.75%	2.25%	2.75%
微众银行（个人储蓄）	0.30%	1.32%	1.56%	1.80%	2.50%	3.00%
微众银行（单位存款）	0.35%	1.1%	1.3%	1.50%	2.10%	2.75%
网商银行（个人储蓄）	0.25%	1.40%	1.60%	1.70%	2.30%	2.95%
网商银行（单位存款）	0.25%	1.40%	1.60%	1.70%	2.30%	2.95%

资料来源：2023 年 3 月 28 日银行官网公布的存款利率。

（3）利率预期不准确。虽然互联网银行对其理财产品与信贷产品拥有定价权，但这定价能否被市场所接受，则取决于是否与市场利率水平保持一致。实际上，利率风险就是互联网银行预期利率与未来的市场利率不一致而产生的风险。互联网银行尽管在不断发展和完善利率定价技术，但市场利率瞬息万变，而且其变化又是由多种不确定性因素综合作用的结果，所以互联网银行的利率预期很难准确。

（4）定价速度不一致。一般来说，大多数互联网银行的盈利都存在利率风险暴露，因为这些银行负债的到期日比资产的到期日要短，负债的重新定价也比资产快。如果利率上升，银行的资金成本率的上升就会比资产收益率的上升快，因此会降低净利息收入，面临潜在的再融资风险。

2. 汇率风险

汇率风险是指因为汇率波动而给银行带来损失的可能性。改革开放以后，我国面向世界进行贸易往来，再加上互联网银行基于平台进行交易的特点，使国际性社会贸易变得更方便、更畅通，互联网银行不受地域限制的特征，使得跨国业务更倾向于通过它进行国际业务往来和跨国沟通。另外，随着人民币加入 SDR 篮子以后，我国货币成为人们可自由兑换并且可以储备的货币以后，汇率风险更加明显。但是，当国际市场汇率发生变化时，实体经济可能会因为汇率波动产生资产负债的亏损，一方面，由于行业间的关联性和上下游关系，会间接影响互联网银行的经营；另一方面，由于其他企业在国际业务中受到汇率影响遭受损失时，互联网银行必须依靠自身的资金优势去弥补这些企业造成的亏损，也会给互联网银行经营业绩带来不良影响。

知识拓展：市场风险案例

（三）互联网银行市场风险管理

1. 市场风险回避

风险回避是指互联网银行采取一定措施避免某种金融市场风险暴露的出现。如互联网银行可以不进入具有此项市场风险的业务，或在业务过程、合同签约方面采取措施防止此项市场风险的发生。在以下几种情况下，互联网银行应采取风险回避措施：蕴含此类市场风险的业务不是银行的主要业务；风险太大而无法承受或风险承担与回报不平衡，包含的市场风险有较大的发生概率，这种风险一旦发生会给银行带来致命的打击，或某项业务所具有的市场风险的预期损失要远远大于业务的收益等。这种情况下，互联网银行不应从事此项业务，从而避免该类市场风险的发生。

2. 市场风险的转移

有些市场风险是互联网银行在经营中无法回避的，也是不易回避的（如主营业务所含的市场风险），但银行自身管理这类市场风险的能力又有限，或即使可以管理这类市场风险，与其他银行相比也不存在比较优势。处理此类风险的方法是将其转移，即互联网银行通过各种合法手段将其承受的市场风险转移给其他经济主体。随着金融创新的不断发展，互联网银行可以通过一些金融衍生工具规避利率风险，如远期利率协议、利率期货、利率互换和利率期权。这些金融衍生工具能帮助互联网银行抵消系统风险，为现货市场提供了一条转移价格风险的渠道，从而将市场价格变动导致的风险从正常的实际经营活动中分离出来。

3. 市场风险分散化

分散化是指通过多样化的投资组合，降低互联网银行的风险承担水平。分散化只是减少了非系统风险，并不能减少系统风险。其本质在于有效利用不同种类资产的风险相关性，因此其关键在于资产组合的合理选择。互联网银行通过资金来源不同和分散多样化来降低风险，具体包括三种方法：①持有多种金融工具的组合，银行将其投资分散于各个方面，确保金融工具之间不相关或负相关来减少银行本身的风险暴露；②地区分布分散化，银行将其顾客分散于不同的地区，这些地区具有不同的经济发展情况与居民收入水平；③期限分散化，银行将其资产负债期限根据盈利性、流动性和安全性的目标进行组合，使长短期资产来源和盈亏相互抵补。当不同顾客的现金流以不同的方式变化时，这些分散化的方法可以比较有效地降低互联网银行的市场风险。

4. 市场风险的对冲

市场风险的对冲是指通过投资或购买与所持有金融资产收益波动负相关的某种金融资产来冲销市场风险的一种风险管理策略。互联网银行可以通过金融衍生品等金融工具在一定程度上实现对冲市场风险的目的。利用衍生品对冲市场风险具有明显的优势，如构造方式多种多样、交易灵活便捷等，但通常只能消除部分市场风险，而且可能会产生新的交易对方信用风险。特别需要高度重视的是，金融衍生品自身就潜藏着巨大的市场风险，对此必须有正确的认识和具备必要的知识和技术手段。

五、国别风险

（一）国别风险的概念及特征

视频：国别风险

国别风险是指由于某一国家或地区经济、政治、社会变化及事件，导致该国家或地区借款人或债务人没有能力或者拒绝偿付商业银行债务，或使商业银行在该国家或地区的商业存在遭受损失，或使商业银行遭受其他损失的风险。

随着商业银行国际化经营进程加快和跨境业务日益增多，尤其是“一带一路”国际战略推进，建设国别风险管理体系，管理好国别风险越来越重要。互联网银行的国别风险主要包括转移风险、主权风险、传染风险、货币风险、宏观经济风险、政治风险、间接国别风险等。相较其他风险而言，国别风险具有以下特征：

（1）国别风险可能由一国或地区经济状况恶化、政治和社会动荡、资产被国有化或被征用、政府拒付对外债务、外汇管制或货币贬值等情况引发。

（2）转移风险是国别风险的主要类型之一，是指借款人或债务人由于本国外汇储备不足或外汇管制等原因，无法获得所需外汇偿还其境外债务的风险。

（3）以本国货币融通的国内信贷，其所发生的风险属于国内商业风险，不属于国别风险分析的主体内容。

（4）国别风险比主权风险或政治风险的概念更宽，因为主权风险仅指对某一主权国家政府贷款可能遇到的损失及收益的不确定性，而这只是国别风险分析的一部分。

（5）国别风险（表现为利率风险、清算风险、汇率风险）与其他风险不是并列的关系，而是交叉关系。在国别风险之中，可能包含着信用风险、市场风险或流动性风险中的任意一种或者全部。

（二）互联网银行国别风险

由于世界各国的经济社会发展水平不同，我国商业银行跨国经营对不同的国家投资建设力度也不相同，我国商业银行跨国经营中面临着国别风险，互联网银行也不例外。

1. 国家形势变动引发国别风险

在金融一体化和经济全球化发展背景下，我国不断加强与外企的合作，共同开发资源市场，进一步扩大了我国商业银行在世界范围内的影响力。作为银行业领域的新秀，互联网银行在跨国经营过程中也在探索开辟道路，其在经营过程中也面临着国别风险，究其原因主要是国际形势持续变动所导致，而且国别风险也与国家当前经济社会发展形势有关。

2. 鉴别和评估国别风险水平较差

我国商业银行跨国经营的国别风险还包含着鉴别和评估国别风险水平较差，对国外企业资信状况认识不足、不能有效规范和划分银行业金融业的职责，也没有足够的能力及早制定和完善国别风险应对预案，从而给我国造成了严重的经济损失。尤其是对于新兴的互联网银行，此方面甄别和评估能力不足，管理风险的方法有限，国别风险更加暴露。

3. 债务拒绝或债务重组

互联网银行跨国经营时国别风险的表现形式多种多样，但是如果从国家以及国外经济组织对其债务负债程度和处理方式上分析，主要有两大类：一是债务拒绝，即拒绝履行本国或该经济体所应偿付的一切债务责任和义务，包括债务人拒绝履行偿债义务、债务人因经营困难而要求债权人给予全部或部分的债务取消和债务人不否认其应承担的债务但确实无力偿债三种情况；二是债务重组，由于本国或该经济体发生经济或财务困难，与债权人协商通过某些方式减轻或者推迟对所应承担债务推迟履约或是降低债务负担程度，包括对债务期限和利率等内容的修改。

知识拓展：国别风险案例

（三）互联网银行国别风险管理

1. 设定国家信贷风险限额

互联网银行在国家风险评估与国家风险等级划分之后，应将评估分析的结果应用于对每一贷款国家制定不同的信贷限额，以此作为信贷警戒线，分散信用风险。具体方法有：对信贷国家设定放款最大百分比；按资本额设定放款百分比；按外债状况设定信贷百分比等。

2. 贷款力求多元化

多元化是指投资国别多样化和贷款对象多样化。互联网银行一般不是从单个国家的角度来管理国家风险，而是从银行资产组合的总体安全性来把握国家风险。在分散化基础上，对于特定国家贷款项目的国家风险问题，应当做到数量化分析。从理论上讲，就是把对债务国的风险估测结果变成银行资产组合的种种约束，加入银行管理的决策函数之中。运用数学模型，对目标国家的风险做出合理评估，并采取应对措施。

3. 通过银团贷款分散风险

国际银团贷款又称国际辛迪加贷款，是指由不同国家的数家银行联合组成银行团，按照贷款协议所规定的条件，统一向借款人提供巨额中长期贷款的国际贷款模式。由于国际银团贷款是多家银行共同向一个借款人贷款，一旦出现借款人无力还债的情况，呆账的风险由所有参与银团贷款的成员分摊，实现贷款风险的分散。互联网银行作为新兴的金融机构，可以联合国际业务丰富的传统商业银行，进行业务合作，分散风险。

除了参与国际银团贷款外，互联网银行在发展跨境业务时，可以吸引世界银行、亚洲开发银行、亚洲基础设施投资银行等有政治影响力的多边金融机构参与项目，可以有效缓释项目国别风险。

4. 寻求第三方担保

传统银行在从事跨国贷款时，为减少风险损失，一般均要求借款人寻求第三者对贷款提供保证。在具体业务中，担任此种贷款的保证者通常为借款国的政府或中央银行，以及第三国银行或金融机构。在由借款国政府保证的情况下，互联网银行发放贷款所面对的国家风险便转为主权风险，风险程度相对降低。如果互联网银行对主权风险仍有疑虑时，则往往要求借款人寻求第三国银行保证，从而使国家风险转移至信誉较佳的第三国。

5. 投保国别风险保险

互联网银行可以通过投保国别风险保险来转移风险，银行通过支付一定的保费将所承担的国别风险转移给承保人。承保机构有各国政府开办或代表政府的出口信用机构以及国际多边担保机构、其他商业性保险公司，如中国出口信用保险公司的政治险和商业险。

知识链接

《银行业金融机构国别风险管理指引》——国别风险准备金

为加强银行业金融机构国别风险管理，根据《中华人民共和国银行业监督管理法》《中华人民共和国商业银行法》以及其他有关法律和行政法规，原银监会在2010年制定了《银行业金融机构国别风险管理指引》。该指引适用于在中华人民共和国境内依法设立的商业银行、邮政储蓄银行、城市信用合作社、农村信用合作社等吸收公众存款的银行业金融机构、政策性银行以及国家开发银行，指引对于银行国别风险准备金提出了相关要求。

银行业金融机构应当制定书面的国别风险准备金计提政策，确保所计提的资产减值准备全面、真实地反映国别风险。银行业金融机构计提的国别风险准备金应当作为资产减值准备的组成部分。银行业金融机构应当按本指引对国别风险进行分类，并在考虑风险转移和风险缓释因素后，参照以下标准对具有国别风险的资产计提国别风险准备金：低国别风险不低于0.5%；较低国别风险不低于1%；中等国别风险不低于15%；较高国别风险不低于25%；高国别风险不低于50%。银行业金融机构如已建立国别风险内部评级体系，应当明确该评级体系与本指引规定的国别风险分类之间的对应关系。

银行业金融机构还应当对资产的国别风险进行持续有效的跟踪监测，并根据国别风险的变化动态调整国别风险准备金。

资料来源：中华人民共和国中央人民政府门户网站。

六、法律风险

视频：法律风险

（一）法律风险的概念及特征

法律风险是指银行因经营不符合法律规定或者外部法律事件导致风险敞口的可能性，包括操作性法律风险和环境法律风险两类。其中，操作性法律风险是指因互联网银行自身的操作风险控制体系不充分或者无效，未能对法律问题作出反应而产生的风险；环境法律风险是指法律本身导致意外的、不利的后果的风险，即法律的颁布、修订以及废除给互联网银行带来不利的法律后果。

互联网银行法律风险是其经营过程中面临的重要风险，与其他风险相比，具有以下四个特征。

1. 法律风险涉及范围广

法律风险广泛分布在互联网银行经营管理活动的各个方面和各个环节，银行开展各种业务、进行各类交易、采购物品、建设基础设施、劳动用工等都要受相关的民商法、经济法、国际经济法等法律部门的管制。

2. 法律风险具有一定的隐蔽性

互联网银行在办理具体业务或管理过程中违反法律法规的相关规定并不都是当时产生的法律风险，很大一部分法律风险都是在业务办理完毕后对方当事人主张权利时发生的。

3. 法律风险的产生具有不确定性

法律风险的产生具有不确定性，即并不是所有的法律隐患都会转化成法律风险。

4. 法律风险与声誉风险紧密相连

一旦发生法律风险，会导致社会广泛关注，致使互联网银行声誉、财产受到较大损失，并且其影响的持续性较强。

（二）互联网银行法律风险

目前行业内有关互联网银行法律法规还不太完善，大多只能参照传统银行和互联网金融进行监管，这之间存在的差异就很可能导致监管真空，形成互联网银行的法律风险。当下，我国互联网银行面临的法律风险主要表现为以下几方面。

1. 法律法规不健全

由于目前我国互联网银行法律法规相对不完善，就会导致互联网银行在进行某些业务操作时，找不到法律依据，风险概率提高，有可能会出现监管重叠或监管缺失情况。互联网银行利用大数据进行征信，在对数据进行收集和分析时，法律界限不清晰就会导致征信口径不一致，对于客户的信用评级结果价值低，信贷风险加大。

2. 国际法规未完全统一

由于互联网银行服务不受地域限制，当互联网银行开展国际业务时，难免与国外客户发生纠纷，此时就可能存在国内与国外相关法律之间的矛盾与冲突。只有法律的制定与互联网银行的发展保持一致时，才能尽可能减少法律风险；如果法律制定滞后，就会造成互联网银行难以适应相关规定，阻碍其发展壮大。

3. 对消费者知情权和隐私权的保护

我国对于金融消费者权益的保护逐步重视起来，但因互联网银行的客户与工作人员之间基本不存在面对面的交流，所需证件大多由互联网进行传递而很难看到原件，从而使得互联网银行交易双方的业务信息更加地不对称。而由于互联网银行先天所具有的特殊性，因此，在互联网金融市场中，诚实守信与保护消费者的知情权对于互联网银行的发展及监管而言尤为重要。

4. 协议责任界定不明

银行与客户双方协议规定不明确引起的法律纠纷，特别是在互联网中还存在责任难以准确界定的情况。比如，服务协议里约定的不可抗力条款范围不明确，若互联网银行系统遭到网络黑客、病毒的袭击，致使互联网银行无法完成客户的指令，这种情形造成的损失承担主体尚未明确，就会存在法律风险。

知识拓展：法律风险案例

（三）互联网银行法律风险管理

1. 构建完善的法律监管体系

我国的互联网银行目前还处于初创时期，正是急需国家政策立法的关键时刻。虽然目前我国的互联网银行仍要遵循传统商业银行和互联网金融相关的法律法规及其他制度规定，但是在完善其相关法律监管体系方面，我国更应该秉持实事求是、与时俱进的精神，在现有银行监管法律制度的基础之上，通过有针对性地修改相应的法律法规、制定新的规章制度等手段，实现对我国互联网银行的专门化监管。尤其是要不断完善关于互联网银行金融消费者权益保护、电子信息技术、电子合同、电子签名与认证等方面的规定，并在此基础上进一步制定系列的配套规章制度。

2. 健全金融消费者权益保护制度

双峰监管模式同时强调金融稳定与金融消费者权益保护这两大金融目标，注重审慎监管与行为监管的协调，并将金融消费者权益保护提升到法律层次。但目前我国关于金融消费者权益保护的规定比较笼统化且操作性不强。因此，为了更好地保障互联网银行消费者的权益，需要完善金融消费者权益保护制度，尤其是关于互联网银行的提示义务和对消费者的隐私进行保护，对金融消费者的财产安全和事后维权进行重视。

3. 建立适合的信息披露制度

互联网银行虚拟化的运营环境使得信息披露制度尤为重要，这不仅是监管部门进行监管的基础，同时也是交易对方获得信息的主要渠道，而且信息披露制度还是预防法律风险的重要手段之一。监管机关要针对互联网银行制定出具有针对性、可操作性的信息披露制度，适当拓宽披露内容的详尽程度、丰富披露的内容、提高互联网银行信息披露的有效性等。

4. 构建共享的监管协调机制

互联网银行经营过程中呈现出的发展趋势使得保险、证券、银行业务之间的界限变得模糊，使得监管机关之间的责任划分不清晰，从而导致了“监管空白”或“多头监管”的现象，因此必须构建监管协调机制才能对互联网银行在此背景下进行有效的监管。可以建立网络信息系统共享机制，将对互联网银行收集的监管数据进行共享，相互沟通，以最大限度地降低监管机关之间所存在的信息不对称的问题。另外，还要充分发挥属地监管原则要切实发挥作用，需要各地方监管机关之间加强沟通协调，避免在履行监管职责的时候发生相互推脱的现象。

七、其他风险

视频：其他风险

互联网银行是对传统银行颠覆性的变革，是未来金融格局的再造者，但是其发展过程中也存在着诸多风险，除了上述风险外，还有诸如声誉风险、战略风险等其他风险。

（一）声誉风险

1. 声誉风险的概念及特征

商业银行通常将声誉风险看作对其经济价值最大的威胁，因为商业银行的业务性质要求其能维持存款人、贷款人和整个市场的信心。这种信心一旦失去，商业银行的业务及其所能创造的经济价值都不复存在，可以看到良好的声誉是商业银行的生存之本。

2009 年 1 月，《巴塞尔协议Ⅲ（征求意见稿）》明确指出，银行应将声誉风险纳入其风险管理体系中，并在资本充足率评估和流动性应急预案中适当涵盖声誉风险。原中国银监会 2009 年 8 月颁布的《商业银行声誉风险管理指引》将商业银行声誉风险定义为：声誉风险是指由商业银行经营、管理及其他行为或外部事件导致利益相关方对商业银行负面评价的风险。声誉事件是指引发商业银行声誉风险的相关行为或事件。重大声誉事件是指造成银行业重大损失、市场大幅波动、引发系统性风险或影响社会经济秩序稳定的声誉事件。

声誉风险具有如下特征：①突发性。商业银行日常工作中的任何一个错误甚至微小失误，以及外部一些不可预测的事件都有可能引发银行的声誉风险。②衍生性。声誉风险不可能完全脱离其他风险类别单独存在，而更多地具有衍生性特征。③难计量。对声誉风险的计量研究还只是刚刚起步，目前定性分析仍占据主导地位。④影响大。声誉风险不仅会危害银行的声誉质量乃至生存发展，还可能给员工、客户、股东等带来恐惧和惊慌，甚至会通过连锁反应威胁到大部分同业声誉，导致银行业体系紊乱甚至金融危机。⑤传播快。随着互联网和自媒体的迅速发展，银行声誉风险传播范围和社会影响会得到几何级数的放大。

2. 互联网银行声誉风险

在网络环境下互联网银行对声誉风险的控制压力更大，声誉风险产生的原因也呈现出多样化，发生的后果也远比传统银行严重。

（1）互联网银行产生声誉风险不只是自身经营不善所导致，还来自第三方的失误或者网络谣言同样使互联网银行面临声誉风险。例如，互联网银行与其投资者关系密切，一旦其投资者出现危机，大众也会对互联网银行丧失信心。又如，一家互联网银行发生声誉风险，可能会导致公众对整个银行业产生信任危机。因此，互联网银行在关注声誉风险时不仅要关注自身经营，还要注意免受周围环境的影响。

（2）网络时代信息传播有着实时性、开放性、广泛性和互动性等诸多特征，一旦客户将其对互联网银行服务不满等负面消息发送到网络上，经过媒体炒作、网民转发，信息会立刻发酵，给互联网银行造成声誉风险。在网络环境下也会被无限放大，可能给互联网银行带来致命的打击。同时，风险发生多是爆炸性的，如果没有及时制止，将会导致风险后果进一步扩大。

（3）我国互联网银行处于发展阶段，客户对资产安全存在潜意识的不信任，获得客户的支持和信心本是一件不容易的事，声誉就显得尤为重要，必须注意对声誉风险的管控，良好的声誉带来的好处可能远比短期内利润的增长所带来的利益更加持久。

3. 互联网银行声誉风险管理

（1）明确董事会和高级管理层的责任。董事会和高级管理层负责制定互联网银行的声誉风险管理政策和操作流程，并在其直接领导下，独立设置声誉风险管理职能，负责识别、评估、监测和控制声誉风险。除制定常态化风险处置政策和流程外，董事会和高级管理层还应制定危机处理程序，定期根据自身情况对声誉风险进行情景分析和压力测试，并且定期审核声誉风险管理政策，敦促所有员工熟知相关政策。

（2）建立明晰的声誉风险管理流程。声誉风险产生的原因非常复杂，有可能是互联网银行内、外部风险因素综合作用的结果，也可能是非常简单的风险因素就触发了严重的声誉风险。因此，互联网银行应当建立声誉风险识别、评估、监测和报告一系列清晰的管理流程，保证声誉风险管理政策有效执行。

（3）采取恰当的声誉风险管理方法。有效的声誉风险管理是有资质的管理人员、高效的风险管理流程以及先进的信息系统共同作用的结果。截至目前，国内外金融机构尚未开发出有效声誉风险管理量化技术，但是普遍认为声誉风险管理的最佳实践操作是：推行全面风险管理理念，改善公司治理，并预先做好防范危机的准备，确保各类风险被正确识别、优先排序，可以及时得到有效管理。

知识链接

谣言导致英国苏格兰哈利法克斯银行（HBOS）股价跳水

英国苏格兰哈利法克斯银行（HBOS）是英国最大的储蓄银行，旗下拥有英国最大抵押贷款机构哈利法克斯公司和苏格兰银行。2008 年 3 月 19 日上午伦敦证券交易所开盘后，不少投资人收到了匿名电子邮件。邮件称，“HBOS 已向英国央行英格兰银行申请数十亿英镑紧急贷款，可能重蹈遭遇挤兑风潮的北岩银行覆辙，一家报纸将于当日刊文曝光HBOS面临的危机”。受谣言影响，HBOS股票价格直线下跌。开市20分钟之后，HBOS股票价格大幅下挫，跌幅达17%左右。面对股价暴跌，投资者纷纷抛售HBOS股票，恐慌情绪殃及其他金融股，拖累《金融时报》100种股票平均价格数下跌，HBOS市值当天蒸发30亿英镑。当天9时20分许，英格兰银行发表声明，否认HBOS申请紧急贷款。10时10分，HBOS也发表声明辟谣。12时30分，英国金融服务管理局也以强力姿态出面表态，称将对这一可疑的交易状况展开调查。HBOS股价随后反弹，但收盘价仍比前一交易日下跌7%。

苏格兰哈利法克斯银行（HBOS）已于2008年9月被英国劳埃德信托储蓄银行收购。

资料来源：银行业专业人员职业资格考试办公室．风险管理［M］．北京：中国金融出版社，2016：299－300.

（二）战略风险

互联网银行在面临风险威胁时，通常采取的风险控制措施都是应急性的，缺乏必要的前期准备，并且往往建立在直觉反应基础之上，有时甚至对部分风险毫无知觉。为了避免因盲目承担风险造成的重大经济损失，同时又能适时把握发展机遇，互联网银行应当加强前瞻性的战略风险管理。

1．战略风险的概念及作用

战略风险是指商业银行在追求短期商业目的和长期发展过程中，因不适当的发展规划和战略决策给商业银行造成不利影响的风险。商业银行的战略风险管理具有双重内涵：一是商业银行针对政治、经济、社会、科技等外部环境和内部可利用资源，系统识别和评估商业银行既定的战略目标、发展规划和实施方案中潜在的风险，并采取科学的决策方法和风险管理措施来避免或降低可能的风险损失；二是商业银行从长期、战略的高度，良好规划和实施信用、市场、操作、流动性以及声誉风险管理，确保商业银行健康、持久运营。

战略风险管理通常被认为是一项长期性的战略投资，实施效果需要很长时间才能显现。实质上，互联网银行可以在短期内便体会到战略风险管理的诸多益处，如比竞争对手更早采取风险控制措施，可以更为妥善地处理风险事件；全面、系统地规划未来发展，有助于将风险挑战转变为成长机会；对主要风险提早做好准备，能够避免或减轻其可能造成的严重损失，避免因盈利能力出现大幅波动而导致流动性风险；优化经济资本配置，并降低资本使用成本，强化内部控制系统和流程，避免附加的强制性监管要求，减少法律争议或诉讼事件。

2．互联网银行战略风险

（1）营运风险。营运风险是某种操作或业务过程中的核心能力出现故障的结果。所有通过制造或提供服务创造价值的企业，都会面对不同程度的营运风险。因此从性质上来看，互联网银行营运风险也是必然存在的。当关键产品或流程出现问题时，营运风险就会发展成战略性风险。营运风险转化成战略性风险在互联网银行的线上存贷款业务及中间业务中发生的可能性大于传统商业银行业务，比如，纯线上业务的稳定性以及安全性产生很大的问题就会导致客户的流失甚至产生巨大的资产损失，这样营运风险就转化成了战略风险。

（2）资产减值风险。资产是互联网银行为未来创造现金流所持有的资源。当资产在未来所创造的现金流很有可能减少的话，资产会出现减值。如果资产减值发生在那些对战略实施非常重要的资产上，便会成为一种战略风险。比如说无形资产、声誉等，一旦发生了巨大的减值就会对互联网银行的经营产生全局性的战略风险，导致不可挽回的损失。

（3）市场竞争风险。当竞争环境转变，损害了互联网银行创造价值和建立产品或服务差异化经营的能力，便会形成竞争风险。比如，竞争对手开发出更优秀的产品和服务，对当时现有的传统业务和产品造成了很强的冲击，这种竞争优势给业内其他银行带来了战略风险。

3. 互联网银行战略风险管理

（1）明确董事会和高级管理层的责任。董事会和高级管理层负责制定互联网银行的战略风险管理原则和操作流程，并在其直接领导下，设置战略管理/规划部门，负责识别、评估、监测和控制战略风险。董事会和高级管理层对战略风险管理的结果负有最终责任。董事会和高级管理层负责制定互联网银行最高级别的战略规划，并成为互联网银行未来发展的行动指南。战略规划不是一成不变的，需要定期审核或修正，以适应新的市场环境和满足利益持有者的需要。战略规划应当得到大多数员工的认同，以及大多数业务领域和职能部门的支持和配合，否则会阻碍战略目标的最终实现。

（2）建立明晰的战略风险管理流程。有效的战略风险管理流程应当确保互联网银行的长期战略、短期目标、风险管理措施和可利用资源紧密联系在一起。与声誉风险相似，战略风险产生于互联网银行运营的所有层面和环节，通过战略识别、评估、检测和报告建立完善的管理流程。

（3）采取恰当的战略风险管理方法。战略风险涵盖了互联网银行的发展愿景、战略目标以及当前和未来的资源制约等诸多方面的内容。因此，有效的战略风险管理应当定期采取从上至下的方法，全面评估互联网银行的愿景、短期目标以及长期目标，并据此制订切实可行的实施方案，体现在互联网银行的日常风险管理活动中。在整个管理过程中，保持风险管理、战略规划和实施方案相互促进、统一协调，在实现战略发展目标的同时，将风险损失降到最低。其中最有效的方法就是制定以风险为导向的战略规划，并定期进行修正。

知识拓展：其他风险案例

知识链接

战略危机导致雷曼兄弟神话破灭

有着158年悠久历史的投资银行雷曼兄弟于当地时间2008年9月15日提交了破产申请。曾经声誉卓著的雷曼兄弟作为次级金融产品的最大认购方，2006年曾持有11%的市场份额，具有约6000亿美元资产，但终究没能抵挡住次贷产品的巨大贬值压力。截至2008年8月31日，雷曼兄弟股价一路暴跌，资产缩水至29亿美元，很多交易对手因此放弃与之交易，进一步勒紧其流动性，最终不得不宣布破产倒闭。作为雷曼兄弟最大的无抵押债权人花旗银行等金融机构，因此所遭受的损失高达860亿美元，众多中小投资者的损失则难以估量。

由于雷曼兄弟大规模持有高风险的次级金融产品，因而在整体市场状况出现不利变化时造成巨额损失。监管机构、投资者和公众因此对其经营理念和管理能力产生怀疑，并丧失对其投资的信心。在短短的8个月时间内，雷曼兄弟因长期存在的战略风险以及迅速恶化的声誉风险无法得到有效解决，最终失去了在投资银行领域的竞争能力和生存空间。其破产消息及连带巨额损失造成全球金融市场的剧烈动荡，系统性风险急剧恶化。

资料来源：银行业专业人员职业资格考试办公室．风险管理［M］．北京：中国金融出版社，2016：306－307.

模块三

互联网银行的特殊风险

【内容简介】

本模块主要介绍互联网银行远程开户风险、大数据征信风险、同业合作业务风险、客户业务对接风险等特殊性风险，让学生深入认识互联网银行特殊风险的基本类型和风险特征。

【案例导入】

让诈骗无处容身　微众银行微粒贷虚假App打击在行动

作为国内首家开业的互联网银行，微众银行旗下产品微粒贷自2015年上线以来，一直以“普惠金融”为目标，为万千用户提供安全便捷的金融服务。同时，一些网络诈骗分子也正利用微粒贷的高知名度，假冒“微粒贷”的名义实施非法网络诈骗。对此，微粒贷团队进行了多维度的打击。

微粒贷坚决打击假冒“微粒贷”名义实施诈骗的行为。微众银行成立以来，微粒贷团队通过多种渠道联合相关合作伙伴积极收集证据，并配合各地执法部门严厉打击虚假App，通过司法途径维护自身以及消费者权益，打击范围包括多个应用商城、搜索引擎、社交网站。

目前，微粒贷团队针对假冒“微粒贷”注册商标的各类违法行为，累计发起了数百起投诉。2021年全年累计打击下架超过60个虚假App，2022年全年累计打击下架超过70个虚假App，自2016年以来，微众银行微粒贷通过多种渠道并联合相关合作伙伴、执法部门，持续打击假冒“微粒贷”注册商标的侵权违法行为，打击范围涉及多个应用商城和搜索平台，通过发起投诉等方式累计打击下架400多个虚假App。针对典型重大案例，微粒贷团队积极联合腾讯协助警方调查，与浙江、重庆、山东等地公安部门进行有效合作，打击多起犯罪案件。

微众银行微粒贷始终切实保护广大金融消费者的权益。除了打击各种非法诈骗行为，微粒贷团队还广泛在官方和社会媒体上进行用户教育宣传，提醒用户警惕虚假诈骗信息，保护个人信息和财产安全。

请思考：互联网银行日常经营时应该如何应对此类风险事件？

【基础知识】

视频：远程开户风险

一、远程开户风险

（一）互联网银行远程开户现状

2015年12月26日，我国央行关于《中国人民银行关于改进个人银行账户服务　加强账户管理的通知》的发布，宣告我国个人账户实行分类管理，不同渠道开立的账户权限不同，远程开户业务也正式开通。通过银行柜面现场开户的，可以开立全功能的Ⅰ类银行账户；通过远程视频柜员机和智能柜员机等自助机具、网上银行和手机银行等电子渠道开户的，则可以设立功能相对受限的Ⅱ类银行账户或Ⅲ类银行账户。

互联网银行之前一直因为远程开户受限，需要依靠其他银行的银行卡给用户做身份验证，给用户使用的仅仅是线上的弱电子账户。通知发布以后，它们就可以通过远程视频开户，给自己的客户开立Ⅱ类户或Ⅲ类户。但是，如果这些银行不能提供工作人员现场核验，就不能给客户开立功能最全的Ⅰ类户，也不能开展现金业务。

知识链接

银行账户分类管理机制

存款人可以通过柜台、自助机具和电子渠道开立银行Ⅰ类账户、Ⅱ类账户和Ⅲ类账户。Ⅰ类账户是全功能的银行结算账户，存款人可通过Ⅰ类账户办理银行存款、购买银行理财产品等金融产品、支取现金、转账、消费及缴费支付等；可通过Ⅱ类账户办理银行存款、购买银行理财产品等金融产品、办理限定金额的消费和缴费支付等；可通过Ⅲ类账户办理小额消费和缴费支付。

Ⅱ类账户与Ⅰ类账户最大的区别是不能存取现金、不能向非绑定账户转账。Ⅲ类账户与Ⅱ类账户最大的区别是仅能办理小额消费和缴费支付，不得办理其他业务。从Ⅰ类账户到Ⅲ类账户，办理渠道的严格程度依次降低，权限也依次减小，如果客户自己带着身份证到银行柜台开立账户，可选择开立Ⅰ类账户、Ⅱ类账户和Ⅲ类账户，是自由度最高的一种方式，但通过互联网银行渠道，只能开立Ⅱ类账户和Ⅲ类账户。

资料来源：《关于改进个人银行账户服务　加强账户管理的通知》。

（二）互联网银行远程开户风险

远程开户业务实现了传统银行业务模式的创新与发展，提升了银行向公众的服务能力和服务水平，促进了银行业务的创新与发展。但近年来，因黑客侵袭和犯罪分子克隆银行账户引发的客户资金被侵吞的风险案例数不胜数，对于互联网银行远程开户问题，我们要重点考量这种金融服务模式的安全系数，并认清互联网银行开户存在的风险。

1. 远程账户的权限较低

作为完全意义上的实名制Ⅰ类账户必须面签，这也和《人民币银行结算账户管理方法》中银行开户必须面签和实名登记的规定保持一致，而通过网络开设的互联网银行账户如微众银行卡和其他直销银行账户只是弱实名Ⅱ类账户，此Ⅱ类账户诸多功能受限，这使得在互联网银行开设的银行账户对客户而言，在使用效果上大打折扣。

2. 难以有效识别开户人的真实身份

互联网银行远程开户无法准确核验开户申请者开户信息的有效性、本人与证件的一致性和本人意愿真实性。

（1）实名认证的落实问题。身份证件都存在一定的有效期，在有效期间内，客户本人的容貌也许会发生变化，传统方式下的工作人员可根据生活经验进行身份确认，但这在远程开户方式下是难以做到的。同时，伴随着生物医学技术和3D技术的进步，整容、三维头套等也在不断增加远程识别的难度。此外，由于远程开户中身份信息是以图片的形式上传，并不能实物检验，所以也可能存在身份证伪造现象。

（2）开户意愿真实性问题。传统方式下，开户人必须到实体营业网点面签，此时开户人所处的公开环境相对较安全，可以较为自由地表达意愿，被人胁迫开户的可能性也会有所降低；同时，工作人员可以通过面对面的交流，了解客户的内心想法，从而有效识别客户的真实意愿。而在远程开户方式下，由于摄像头的识别范围有限，且缺乏语言交流，客户是否存在被胁迫情况就变得难以判断。

可以看出，互联网银行的“刷脸”技术目前在保证“三性合一”上还有距离。而且，目前我国尚无生物特征识别技术的基础标准、金融标准，无法满足监管需求，因此会出现开立匿名、假名等银行账户的情况，也会引发伪造身份证件开户，进行洗钱或金融诈骗的风险。

3. 难以认定电子合同的真实有效性

电子合同属于合同的一种。依据《中华人民共和国民法典》（以下简称《民法典》）第四六十九条“当事人订立合同，可以采用书面形式、口头形式或者其他形式。书面形式是合同书、信件、电报、电传、传真等可以有形地表现所载内容的形式。以电子数据交换、电子邮件等方式能够有形地表现所载内容，并可以随时调取查用的数据电文，视为书面形式”。电子合同是通过数据电文、电子邮件等形式签订的明确双方权利义务关系的一种电子协议，《民法典》明确了电子合同系视为书面形式。《民法典》认可了电子合同的形式效力，不过要排除《电子签名法》中例外的四种电子合同类型（涉及人身关系、不动产权益转让、公用事业服务、法定排除的其他合同），所以其生效要件也与其他合同一样包括以下几个方面：①通过要约—承诺的程序订立并且合同各方达成合意；②当事人意思表示真实；③不存在导致合同无效、可变更、可撤销的情形。

因此，保证电子合同有效性的首要前提就是签订合同主体的身份验证，但由于远程开户过程中无法保证互联网银行开户信息的有效性，也就使得电子合同的有效性大打折扣，存在瑕疵和漏洞，同时也引发了开户人对开户及开户后贷款等交易行为抵赖的风险。

4. 容易产生技术风险和法律纠纷

使用VTM终端设备开户的用户体验不是非常好。比如照片录入时，易出现操作失败的情况，需要前往柜台重新办理。另外，互联网银行远程开户难以实现传统开户的“三亲见”原则，即亲见本人、亲见本人身份证件和亲见本人签署开户协议，无法做到“亲见”，也就缺乏有效证据在司法诉讼中证明业务的真相，引出的司法纠纷也就层出不穷。

知识拓展：远程风险开户案例

（三）互联网银行远程开户风险管理

1. 完善远程开户识别技术，增强识别准确性

目前，我国应用较多的生物识别技术主要有五大类：人脸识别、指纹识别、掌纹识别、虹膜识别和声音识别（见表7-2）。其中，指纹识别由于高准确性、高稳定性、高易用性等优点占据了整个生物识别市场近60%的份额，当前我国身份验证许多应用的就是指纹识别。人脸识别应用也比较广泛，比如微众银行的开户采用了脸部识别技术，该技术相对较成熟，能做到识别速度和识别率上的平衡，且容易和身份证上的照片相比对，易用性强，但该技术也存在很大不足，即在识别准确性和识别稳定性上欠缺，相较于指纹或虹膜识别等其他生物识别技术，人脸识别的可欺骗性较高。因此，改进开户识别方案、提高识别安全性显得尤为重要。

由于我国二代身份证已经全部采用指纹识别，因此，互联网银行的开户可以采用“人脸识别+指纹识别”的多重验证方案，即通过比对开户人在公安系统中留存的指纹和照片信息，以面部识别确认是否为本人意愿开户，再以指纹识别确认是否是本人亲自操作，这样照片加指纹的双重验证可以有效提高识别准确性，防止识别欺诈，此外还可以在首次开户后录入声音信息，方便后续在其他权限开通中验证身份，从而进一步提升账户安全性。

表7-2 主流生物识别技术对比

识别方法	准确性	稳定性	可能的干扰	识别要点
人脸识别	中	中	光线、姿势、遮挡	摄像头捕捉人面部特征识别
指纹识别	高	高	脏污、油腻	通过指纹局部细节或指纹波纹边缘对比
掌纹识别	高	高	手掌受伤	通过对比手掌纹理进行识别
虹膜识别	极高	高	隐形眼镜	基于眼睛结构中的虹膜特征识别
声音识别	极高	中	噪声	通过分析声色特征进行识别

资料来源：智研咨询机构《中国生物识别市场研究报告》。

2. 多渠道交叉验证，提升远程账户安全性

保障账户安全性是银行开展一切业务的基础，因此可以通过多渠道交叉验证的方式提升账户安全性，进而提升账户权限。

（1）采取线上验证+线下核实的方式。在线上验证时，互联网银行可以采取多组合的验证方式，例如安全问题组合机制、动态验证码机制、常用IP设备及地理信息识别机制等。在线下核实方式上，可以参考当前网上办理电话卡时的验证方式，即利用当前较为便捷的快递进行身份核实，具体做法为：银行在客户申请开户后可以向客户邮寄一封邮政挂号信，本人持有效身份证方可签收，并在签收时留存客户手持身份证的照片，银行在收到客户的签收回执后再完成客户身份的最终认证。

（2）采取与第三方机构合作验证的方式。例如，客户在开户时必须提供本人在其他银行的账户，并通过绑定账户向互联网银行账户中汇款完成账户激活，然后互联网银行以信件的方式查询客户在其他银行的资质情况，或者由客户本人提供其他银行出具的身份资质证明，从而完成客户身份的准确认证。

二、大数据征信风险

视频：大数据征信风险

（一）互联网银行大数据征信现状

1. 大数据征信的概念

征信是指以专业化的机构依法采集、整理、保存、加工个人或公司的信用信息，并向合法使用者提供信用信息的服务。由于大数据具有对海量数据进行储存和分析的优势，可以更加全面地分析用户数据，因此大数据与征信行业的结合将成为不可阻挡的趋势。大数据征信指的是利用数据分析和模型进行风险评估，依据评估分数，预测还款人的还款能力、还款意愿、以及欺诈风险，实现科学风险管控的一种方法。

2. 传统征信与大数据征信

传统银行小微信贷的征信方法是全手工的人海战术，这也可以称之为“水泥”战术，这是最为古典的方法。

在大数据技术日益成熟后，银行或其他放贷机构可实现全自动的大数据征信，可利用所掌握的信息，由事先编制的模型自动完成授信决策。这一模式仍然基于信贷定价原理，即通过信息实现风险定价，但由于它借助新技术，能够全自动完成海量审批，因此大幅节约了成本。但是，由于其开发、建设、维护系统导致固定成本较高，因此需要海量客户来覆盖固定成本。

3. 互联网银行大数据征信的应用

四川新网银行于 2016 年 6 月获原银监会批准筹建，于 2016 年 12 月正式开业由新希望集团、小米、红旗连锁等股东发起设立，注册资本为 30 亿元。新网银行是我国第三家互联网银行，运用先进的金融科技能力、大数据风控技术和开放运营平台，服务于小微企业和消费者群体。它以“陌生人模式”在线放贷的核心，从申请的客户中排除高风险、欺诈人群，以尽可能低的成本采集足以进行判断的数据，完成决策。新网银行借助自主研发的大数据挖掘系统、信用风险决策模型、反欺诈系统等，实现在线批量审批：①在客户授权的基础上，通过多维数据为客户实现“画像”。②用包含上千个风险因子的模型判断其违约率，全过程基本上自动完成。该模型体系还会不断进行更新完善，自运行以来效果良好，也初步验证了陌生人模式的有效性。

知识拓展：大数据征信风险案例

知识链接

微众银行大数据征信来源

微众银行的数据来源主要是腾讯旗下社交平台微信、QQ 以及支付平台财付通的海量用户数据，包括但不限于社交行为、在线时长、购物习惯、登录行为、支付频率、虚拟财产等。以微信为例，微信用户的日均使用时长、用户好友数量、用户好友月增长数量、微信办公数量等海量数据正是微众银行建立用户征信报告的基础。

具体来讲，微众银行的征信体系会通过其大数据平台 TDBANK 多维度地采集海量用户数据，并利用机器学习、统计学等方法为用户进行信用评级（见图 7－1）。微众银行所采集的数据主要为腾讯旗下社交平台微信、QQ 的社交数据和支付平台财付通的支付数据，抛去金融属性低、转化难度大的社交数据不谈，受限于微信和 QQ 较强的社交属性，嵌套于其中的财付通（包括微信支付和 QQ 钱包）的支付数据本质上仍具有很强的社交属性。

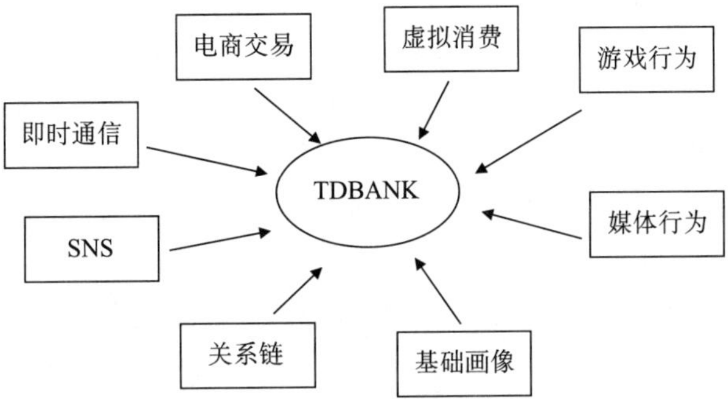

图 7－1 腾讯 TDBANK 平台数据采集维度

资料来源：罗健辉．互联网银行风险管理分析：以前海微众银行为例［D］．深圳大学，2018：26－27.

（二）互联网银行大数据征信风险

对互联网公司而言，可靠的信用数据是开展信贷业务的前提和基础，数据的可靠性、丰富性、与金融的匹配性等都是在使用大数据征信的过程中所必须考量的重要因素。在大数据的引领之下，我国的征信行业发展进入一个新的常态，但是互联网银行在应用大数据征信时也有其局限、不足和风险。

知识拓展：微众银行遭客户投诉乱查征信

1. 监管机制不健全

一方面，我国现有法律法规对于互联网银行大数据征信的准入条件及业务规范缺乏明确的规定，对于涉及的信息主体权益保障缺乏全面的制度安排及具体的细节要求。另一方面，监管人员的业务素质不足，互联网银行大数据征信监管需要具备大数据知识和分析能力的专业人员，但现有监管队伍缺乏熟悉大数据征信的人员，难以适应监管新要求。

2. 客户信息识别困难

互联网银行全过程使用大数据信用评级系统，进行无抵押无担保的贷款，仅依靠“社交大数据”转变成“征信数据”进行信用记录和评级，在客户开户、信贷审批过程中使用“刷脸”技术，客户群体范围较大、客户定位模糊，一旦出现信用风险，查询风险源和犯罪者的详细真实信息将非常困难。

3. 征信数据维度不完整

现阶段互联网银行征信的数据采集维度尚不完整，因而导致信用评分很难准确反映信息主体的信用状况。互联网银行征信数据采集过于依赖并不完善的央行征信系统，在大数据筛选出“白名单”客户后，并非直接授信，而是邀请该客户查询额度。一旦客户点击查询额度，互联网银行便会查询该用户的央行征信系统，从而结合央行征信数据给予用户最终的授信额度。由此可见，和传统银行一样，互联网银行的大数据征信必须借助央行征信系统才能正常授信，独立性较差。此外，由于我国央行征信系统并不完善，收录数据较少，其中能够形成有效征信报告的更是少之又少，这将进一步加大了互联网银行的数据风险。

4. 隐私信息泄露风险

在大数据时代下，互联网银行基本上是基于大数据来采集、存储、循环、利用用户的数据信息，数据量几乎呈几何趋势快速增长，因此数据的安全保护变得更加困难。大数据征信将客户的海量信息集中存储，有利于数据的分析处理，提高了信用评价的效率，但是数据泄露的风险也因此加大。存储在云端的大量数据可能会成为黑客攻击的目标，一旦黑客入侵系统，窃取重要的用户信息，造成数据的丢失或损坏，将带来无法估量的损失。

（三）互联网银行大数据征信风险管理

目前，互联网银行大数据征信覆盖面窄且金融属性较低，分析和转化都较为困难，必然影响征信评分结果。因此，互联网银行应在此基础上努力拓宽数据采集渠道，丰富征信数据。

1. 增加电商数据的采集

电商数据金融属性较高，容易分析且信用转化程度高，是较为理想的征信数据。以微众银行为例，微众银行可以充分利用微信和 QQ 的社交和流量优势，与第三方电商平台深度合作，通过提供入口的形式将第三方电商平台嵌套进微信和 QQ 之中，用户通过微信或者 QQ 即可访问该电商网站，并通过财付通完成购物支付。目前，微众银行已经和京东达成了深度合作，并在微信和 QQ 中为京东购物提供入口，今后应逐步增加与更多电商平台的合作。

2. 与其他征信机构合作

此前，中国人民银行共批准了八家个人征信机构作为试点，分别是芝麻信用、腾讯征信、华道征信、鹏元征信、中智诚征信、中诚信征信、考拉征信、前海征信。这八家征信机构以互联网企业和老牌征信机构为主，征信数据来源和侧重点各有不同（见表 7－3）。互联网银行应该结合多方特点，有选择、有针对性地与其他征信机构合作，从而弥补自身数据上的欠缺。

表 7－3　八大试点征信机构对比

征信机构	主要股东	主要数据来源	产品及服务
芝麻信用	蚂蚁金服	阿里电商 蚂蚁金服 用户上传 合作机构 公共机构	芝麻分 信用报告 反欺诈 行业关注名单

续表

征信机构	主要股东	主要数据来源	产品及服务
前海征信	平安集团	平安集团 银行 小贷、网贷 财富网 合作机构 企业平台	信用风险产品 反欺诈解决方案 人脸识别
腾讯征信	腾讯	微信、QQ 财付通 合作机构	腾讯信用分 反欺诈 信用报告 人脸识别
中诚信征信	中诚信	银行 保险公司 合作金融机构 企业平台	万象分 信用报告 信用信息验证 信用体系建设
鹏元征信	鹏元	各级政府 公共事业单位 合作金融机构	身份认证 反欺诈 贷中风控 用户画像 失联修复
中智诚征信	阿米巴资产管理 盛希泰	P2P 平台 合作机构	个人征信评分 反欺诈 身份信息认证
考拉征信	拉卡拉 蓝色光标 51JOB	拉卡拉支付 网贷、小贷 银行、保理 社区电商	考拉信用分 考拉商户分
华道征信	银之杰 创恒鼎盛 清控三联 新奥资本	银之杰金融服务体系 亿美软通商务平台 公共机构	华道猪猪分 同业征信联盟 个人信用报告 信用评估模型

资料来源：嘉银新金融研究院。

三、同业合作业务风险

（一）互联网银行同业合作业务现状

视频：同业合作业务风险

同业合作业务，顾名思义是指以金融同业客户为服务与合作对象，以同业资金融通为核心的各项业务。具体包括：代理同业资金清算、同业存放、债券投资、同业拆借、外汇买卖、衍生产品交易、代客资金交易和同业资产买卖回购、票据转贴现和再贴现等业务。对于互联网银行来说，与其他金融机构和互联网公司的合作业务也非常常见。

微众银行在2015年刚创建的时候，选择面向同业展开合作，如华夏银行给予了微众银行20亿元的同业授信额度，在小微贷款、消费贷款、信用卡、理财、同业授信、资源共享领域进行合作。2015年12月，腾讯公司成为了邮储银行的战略投资者，并携手邮储银行签署了战略合作协议，在电子支付、消费信贷、微信银行、营销推广、用户体验等多个领域进行合作，此次合作有助于三方优势互补，加快转型发展，培育差异化竞争优势，更好地支持实体经济发展、服务社会民生。

在金融同业合作方面，网商银行在2016年就曾联手杭州银行、长沙银行等中小商业银行，开展贷款直投合作，借助它们的信贷资金，共同服务更多小微企业，支持实体经济；而对于华澳信托、华安保险等金融机构来说，网商银行通过输出技术和风控能力，为它们建设或者改造IT系统，帮助它们提高服务客户的效率；同时，网商银行还将技术和风控能力输出给创富、广汇、力帆等融资租赁或汽车金融公司，将大数据风控嵌入相应环节中，提高它们的风险识别能力。2020年中国农业发展银行也与网商银行签署战略合作协议，将在现有转贷款、小微直贷等业务合作的基础上，扩大规模和领域，围绕农村金融、产业金融、联合风控、金融科技等领域深化合作，进一步缓解小微企业融资难、融资贵问题。可以看出，网商银行也已经与许多商业平台和金融机构联手，共同营造服务小微企业、支持实体经济的金融服务大生态。

2022年2月12日，华夏银行与微众银行在北京华夏银行总行大厦签署的战略合作协议揭开了神秘面纱。根据协议内容，两家银行在资源共享、小微贷款、信用卡、理财、同业业务、生态圈业务等多个领域开展深入的合作。

知识拓展：同业合作风险案例

知识链接

众人谈论网商银行的合作之旅

2018年12月，农发行向网商银行发放5亿元支农转贷款，开创农业政策性银行与民营银行合作先河。2019年，农发行小微企业线上服务管理中心在雄安新区上线，通过引入网商银行的“310”线上信贷模式，首次实现手机移动贷款业务。从“转贷款”到金融科技，再到农村金融、产业金融等领域，政策性银行与互联网银行的合作在持续深化。2022年9月6日，上海银行与网商银行在上海签署《战略合作协议》，双方将在普惠金融等领域开展合作。

2020年3月，原中国银保监会首席检查官杨丽平公开表示，鼓励政策性银行、商业银行加强与主要依靠互联网运营的民营银行进行业务合作，为小微企业精准滴灌，提高复工复产小微企业的贷款可获得性。

2020年8月，原中国银保监会主席郭树清接受媒体记者采访时强调，鼓励商业银行、政策性银行加强与互联网银行合作，让政策性银行为互联网银行提供更多转贷款资金，惠及更多小微企业。小微企业金融服务的改善，因为银行服务理念转变，更关键的是银行充分运用大数据、云计算和人工智能等，大幅提升小微金融服务能力和风险控制水平。

中国农业发展银行行长钱文挥表示，希望借助网商银行的互联网优势和先进的金融科技，发挥政策性银行资金优势和机构优势，进一步提升涉农产业金融服务能力，加大对小微企业支持力度，共同服务我国“三农”事业发展。

网商银行行长金晓龙介绍称，农村金融、供应链金融也是网商银行未来五年努力的方向，双方联合，能够在更大程度上满足小微企业的金融需求，降低他们的融资成本。“希望借助农发行的强力支持，共同服务更多产业供应链及农村的小微企业，并探索服务个人经营者、农户等长尾客群。”

资料来源：https：//baijiahao. baidu. com/s? id = 1678050711889148743&wfr = spider&for = pc。

（二）互联网银行同业合作业务风险

由于业务的需求和某些服务的缺失，所以同业合作业务显得至关重要，但是同业合作业务也给互联网银行带来了诸多风险。

1. 市场风险

同业合作业务市场风险主要体现为以下两个方面：①系统性风险。同业合作业务的发展使得互联网银行与其他金融机构紧密联系，使得风险在市场之间不断蔓延。②流动性风险。互联网银行为实现效益的最大化，通常以低价融入短期资金，以高价配置长期同业资产，通过短债长投的方式进行利益的获取，但也伴随着流动性风险的存在，资产负债期限的错配使得流动性风险激增，金融系统不稳定性增加。

2. 监管风险

同业合作业务的监管风险主要表现为以下两个方面：①同业合作业务容易粉饰会计报表，影响监管统计数据的准确性。其主要表现为互联网银行通过“通道业务”绕过监管方，可以将信贷资产和投资资产、表内和表外科目相互转换，达到调节各类指标的目的。②操作风险。同业业务在操作中较为复杂，互联网银行在具体操作过程中，如果出现认知的偏差，则会引发操作风险。

3. 外包风险

同业合作业务的外包风险主要表现为以下两个方面：①业务风险。当互联网银行与传统商业银行建立同业授信合作时，虽然通过资源共享的方式，很好地解决了目前监管部门强调的必须线下“面签”问题，但是在将一些业务外包给银行或者资产管理机构的同时，也会由于信息不对称带来第三方风险。②技术风险。网络技术是极其专业化的，互联网银行本身可能不具备相应的技术能力，会选择将有关系统技术外包出去，来解决银行内部的技术难题。例如新网银行就是将自己的数据系统外包给日立数据系统有限公司，以确保可以对数据进行高效访问，并且保障数据安全和高效性。在选择外包商时，互联网银行就面临技术外包风险，需要慎重决定，因为一旦选择出错可能会因为外包商提供的技术陈旧、运行速度慢等原因影响其在行业中的竞争与发展。

（三）互联网银行同业合作业务风险管理

互联网银行通过与其他企业和机构进行业务合作，积极丰富创新业务，能够发挥“1 + 1 > 2”的效果，增强服务小微企业能力，促进普惠金融扩面、提质、增效，但是在此过程中面临的风险也需高度警惕。

1. 明确合作机构准入机制

在互联网银行开展合作业务过程中，个别银行也出现了对合作机构管理较为粗放的情况。因此，要积极引导金融公司、高科技企业及政策性机构等明确并切实履行自身责任，进一步完善管理制度、规范开展合作。

2. 健全机构间的合作流程

互联网银行与合作机构建立从准入到退出全流程、系统性的管理机制，对合作机构经营情况、管理能力、风控水平等进行准入前评估，并明确各方权责、风险分担、客户权益保护等内容，定期对合作机构进行全面评估。另外，还要按照自主风控原则审慎开展业务，独立进行风险评估和授信审批，避免成为单纯的资金提供方。

3. 规范服务过程中的收费

要让互联网银行与其他机构之间的合作更好地服务小微企业，还应通过规范服务收费的方式，进一步促进综合融资成本明显下降。在助贷环节明确自身收费事项，评估合作机构收费情况，严禁互联网银行将贷前调查和贷后管理的实质性职责交由第三方机构承担，防止间接推高融资成本。

4. 加强科技应用

互联网银行作为互联网与商业银行融合的结果，还应该加大技术研发投入、积极开发金融技术，可以成立不同业务专门的技术研发团队，让技术成为自己的核心力量，不再完全依托业务外包进行管理。

四、客户业务对接风险

（一）互联网银行客户业务对接现状

视频：客户业务对接风险

客户业务对接风险是指互联网银行如何应用其现有客户群进行业务开拓和发展，将其已有客户群转为银行业务客户这个过程中面临的不确定性。

如何成功地实现客户资源的对接与转换，首要任务是要明确银行的客户群，即客户细分。客户细分是指互联网银行在明确的战略业务模式和特定的市场中，根据客户的属性、行为、需求、偏好以及价值等因素对客户进行分类，并提供有针对性的产品、服务和销售模式。

（1）从客户需求角度来看，为了满足多样化、异质性的需求，就需要互联网银行对客户群体按照不同标准和不同需求，进行客户细分。

（2）从客户价值方面来看，不同的客户能够为互联网银行提供的价值是不同的，为了更好地了解客户的潜力和成长性，互联网银行就必须对自己的客户进行细分。

（3）从互联网银行资源和能力方面来看，如何对不同的客户进行有限资源的优化应用是每个互联网银行都必须考虑的，通过对客户进行统计、分析和细分，才能实现有针对性的营销，赢得、扩大和保持高价值的客户群，进而吸引和培养潜力较大的客户群。

现在的互联网银行的业务重点不同，它们服务的客户群体也有着或多或少的区别。根据此前原银监会公布的民营银行定位，浙江网商银行定位小存小贷，既结合了阿里的余额宝在吸揽小额资金上的优势，也考虑到阿里小贷在发放小额贷款方面积累的业务经验，旨在支持市场中客户、企业和机构在商业活动中的需求，打造专为小微企业和消费者个人服务的互联网银行。微众银行是我国首家互联网银行，以普惠金融为目标，致力于服务工薪阶层、自由职业者、进城务工人员等，以及符合国家政策导向的小微企业和创业企业；全力打造具有“个存小贷”特色品牌、真正属于个人和中小企业创业者的金融平台。天津的商汇投资和华北集团上报的方案为“公存公贷”模式，是只做法人业务和公司业务，上海的均瑶集团、复兴集团、浙江温州的正泰集团和华峰集团联合发起的民营银行只为在特定区域展开业务，服务当地的小微企业、金融消费者。

（二）互联网银行客户业务对接风险

互联网银行的客户细分和定位也有着细微的差别，它们在客户对接和业务开拓过程中也存在着许多风险。以深圳前海微众银行为例，其存在以下风险。

1. 客户转化风险

微众银行利用腾讯海量的用户社交数据，将这一优势应用到银行信用体系及个性化产品的定制服务中，充分发挥互联网“连接一切”的优势。开发社交活跃用户的巨大消费潜力，为微众银行带来更高的收益，同时也为用户带来更加优质的服务体验。但是，在业务对接上，如何将近90%使用率的QQ和微信客户真正变成能给微众银行带来效益的客户群体？在已有腾讯理财通和微众银行“微粒贷”情况下，成功实现将现有社交使用群体转变成银行客户群体显然是一个利益风险，也是一个挑战。

2. 业务拓展风险

微众银行依托腾讯，以QQ和微信两大互联网社交平台为核心，也在不断拓展业务合作的互联网平台，目前形成了以房、车、生活服务等为主线的三类互联网合作平台。但是，目前在业务拓展方面，微众银行也还是处于起步和探索阶段，如何根据广大的客户资源进一步开拓便民、利民、助民的其他业务，也是微众银行等互联网银行应该思考的事情。

（三）互联网银行客户业务对接风险管理

实现通信客户和银行客户对接，进军农村市场。在与客户对接上，腾讯和阿里可以通过微信、QQ、支付宝客户端进行“摇一摇”或者“刮一刮”活动进行红包和优惠券派发，而派发福利的去向则是微众银行和网商银行用户的“网上平台——个人福利”处，其中这些红包和优惠券并不需要腾讯和阿里掏自己腰包，而是通过一些明星派发或者与民生衣食住行相关的广告等；对于网购链上游的微商和淘宝店家，通过足够的信息备份和安全评估后，对他们创业初期进行资金支持，并建立专业的团队，给予他们创业灵感和创业知识，还可以对这些卖家提供可供参考的产品上游渠道；对于网购链下游的消费者，披露网络卖家的基本信息，让他们能够更好地选择诚信较好的商家，并且可以在大额消费时提供“分期付”服务。

据统计，互联网银行的业务范围在城乡分布上严重不平衡，所以应该通过多渠道合作打通农村市场。一方面，纯互联网银行可以与政府合作，进行农村扶贫项目支持。目前贫富差距明显，有许多山村的居民可能即使有自然环境可以种植粮食糊口，但是会面临初期没有投资成本问题，所以微众银行和网商银行这些互联网银行可以依托政府牵头进行网络贷款，让贫穷地区享受到“先种植，结果后再还款”的待遇，并且在贷款同时为他们的农作物投保，这样即使面临天灾银行自身损失也不会太严重。另一方面，银行可以通过与慈善项目合作，或者自己成立慈善机构小分队，对农村家庭条件拮据但是又渴望读书的学生进行教育资金扶持，让他们可以“先上学，后还款”，与传统商业银行的助学贷款相区别的是，互联网银行在创业方面具有较为专业的团队，所以即使学生在毕业初期找不到合适的工作，也可以通过银行的创业想法和创业资金支持实现自己的愿望。

知识拓展：客户业务对接风险案例

知识链接

微众银行——坚守定位、稳健发展

微众银行成立以来，持续专注服务于小微企业和个人。针对他们“短小频急”的金融需求，不断拓展服务的广度和深度，携手合作伙伴为他们提供优质产品和体验。

截至 2021 年年末，企业银行累计为超 88 万家小微企业提供授信服务，历年累计发放贷款超 1 万亿元。在消费贷款方面，微众银行主打的“微粒贷”，系国内首款互联网小额信贷产品，2015 年 5 月在手机 QQ 平台上线，9 月在微信平台上线，为超过千万的用户提供贷款。截至 2021 年年末，“微粒贷”已辐射全国 31 个省份。

财报显示，2021 年，微众银行实现营业收入 269.89 亿元，同比增长 36%，其中利息净收入 179.82 亿元，同比增长 34%，小微企业贷款收入贡献占比不断提高。净利润 68.84 亿元，同比增长 39%，净资产收益率为 28.24%。至 2021 年年末，微众银行资产总额达 4387 亿元，其中各项贷款余额 2632 亿元，较年初增长 32%。该行个人有效客户数已超 3.21 亿，服务小微企业法人客户超 270 万家。

微众银行三大业务板块（大众银行、场景银行和直通银行）的规模和盈利均实现稳步增长，其中小微企业贷款余额增长超过 2 倍，全行业务结构更为均衡。国际评级机构穆迪和标普分别给予微众银行“A3”和“BBB +”评级，展望为“稳定”，在国内仅次于六大国有商业银行。

资料来源：https：//xueqiu. com/8689584849/149569625https：//baijiahao. baidu. com/s？ id = 1737514982043687533&wfr = spider&for = pc。

模块四

互联网银行风险的成因及防控措施

【内容简介】

本模块主要介绍互联网银行风险产生的原因及关键防控措施，让学生熟悉并掌握互联网银行风险管理的相关方法。

【案例导入】

场景金融带来的忧伤

消费者服务平台黑猫投诉发布的2020年第四季度企业红黑榜显示，淘宝、天猫、天猫超市、闲鱼、Apple、微众银行、优驾行、飞猪、炎沐、ofo小黄车被列入黑榜。

2020年第三季度，长租公寓暴雷跑路的新闻频频曝出，而曾经长租公寓龙头企业——蛋壳公寓在2020年第四季度暴雷。长租公寓蛋壳公寓资金链断裂暴雷，导致一系列连锁反应：员工被拖欠工资、供应商工程款没有着落、房东收不到房租、租客无房可住还要背一身债。蛋壳租客的困境一时间引发舆论广泛关注。

其中，微众银行作为蛋壳公寓的合作方，有效投诉激增，首次进入季度黑榜。2020年第四季度，微众银行有效投诉2000余件，环比第三季度增长412.71%，投诉在11月、12月爆发，多数与蛋壳公寓相关。作为与蛋壳公寓合作租金贷的机构，微众银行也深陷舆论风波。2020年12月初，蛋壳公寓租金贷出资方微众银行给出了租金贷解决方案，逐步化解了租户的困局。

请思考：微众银行风险产生的原因是什么呢？又应该如何防控管理？

【基础知识】

一、互联网银行风险的成因

视频：互联网银行风险的成因

互联网银行是基于互联网技术运行的银行，其风险主要源自传统银行的风险和互联网技术的风险。

（一）传统银行风险

就我国目前的情况看，技术不完善、法律法规不健全、监管不力、行业内部管理不当以及用户素质不高是造成互联网银行风险产生的最重要原因，因此可以从政府、银行与用户三个方面分析互联网银行风险产生的原因。

1. 政府支持力度不足、监管不到位、相关法律框架不完善

我国相继颁布了一些相关的法律法规和文件，其中2005年我国颁布的《电子签名法》具有里程碑的意义，它标志着我国对电子商务及网上银行的安全性管理已经做到了有法可依；《电子支付指引》《电子银行业务管理办法》《电子认证服务管理办法》《国务院办公厅关于加快电子商务发展的若干意见》《支付清算组织管理办法（征求意见稿）》等法规都为进一步规范我国的网上银行市场奠定了良好的基础。但随着网上银行的发展，新情况、新问题也层出不穷，比如在个人隐私权方面还缺乏法律保护；有关惩罚利用计算机犯罪的法律尚不健全；网上欺诈所导致的互联网银行事故的责任界定不明确等。如何健全我国网上银行政策和法规成为监管部门面临的一个非常关键的问题。

2. 银行内部管理不到位

（1）互联网银行技术支持落后。从目前情况看，银行部分甚至全部系统外包给第三方IT服务商。我国正处于电子商务发展初期阶段，IT服务商质量参差不齐。服务商可能对系统保障投入不够、工作人员安全意识差以及缺少相应的安全技能培训，这些都将给互联网银行带来巨大影响。我国银行同业之间普遍缺乏横向联合，各行的网上银行系统基本

上是自成一体，认证服务主要自建 CA，只为自己的网上银行客户提供认证服务，无法满足广大客户对开放式网上金融交易的需求，增加了跨行交易的难度和风险，制约了网上银行业务的发展。

（2）内部机构设置不协调。目前，我国大多数商业银行都有专门的网上银行管理部门，但是其管理还是比较粗放，网上银行面临各种各样的风险，各部门还没有成立高效成熟的风险管理团队来分类管理不同的风险，其工作效率偏低，这些因素严重影响互联网银行风险管理。

（3）互联网银行监督不力。目前，对互联网银行的稽核审计多是由银行的审计部门进行。但这些银行的审计部门存在很多不足，有些银行的内部审计部门缺乏权威、审计方式落后、审计人员缺乏网上银行专业知识，难以识别风险，无法对网上银行风险进行实时监控。

3. 客户操作风险意识淡薄

大部分网民风险意识淡薄，诸如设置密码过于简单、对密码保管不严、经常在网吧进行网上操作，贪图小利、疏于防范、金融知识缺乏等，这些都给银行客户资金带来隐患。客户操作风险意识淡薄关键是银行与媒体对网上银行安全宣传力度不够，因此，除了要处理好网上银行的技术风险，还需要特别关注用户风险。

（二）互联网技术风险

1. 互联网的开放性

网络作为互联网银行的载体及运营的平台，必然会由于其自身的特点进而影响互联网银行的运作。网络最大的特点就是具有开放性，网络作为构建在开放性技术协议基础上的一种信息流通渠道，可以形成资源共享，但同时也把自身的弱点暴露出来，埋下了被攻击的隐患。黑客攻击、电信诈骗、虚假网站等，这些都体现了互联网自身的弱点。而这样的风险由于其波及范围较广，难以辨认信息的渠道、方向和传输路径，也对风险的管理和防范提出了新的挑战。

2. 计算机病毒的泛滥

目前，互联网上传播的计算机病毒数量巨大，对互联网银行造成了很大的影响。很多不法分子利用病毒、木马攻击各大金融系统，获取金融核心信息，给使用互联网银行的客户造成了巨大的损失。

3. 运作不完善

由于互联网的快速发展，各家银行之间的竞争由传统银行逐渐向互联网银行转变。互联网银行所包含的业务越来越多，暴露出来的风险也越来越多：①互联网银行的快速发展使得其互联网维护及安全防范方面的人才有所缺乏；而银行内部控制机制不健全从而产生风险。此外，部分互联网银行为了提高竞争力，推出不成熟的金融产品，也留下了巨大的风险隐患。

二、互联网银行风险防控措施

视频：互联网银行风险防控措施

（一）加强系统安全性

互联网银行的关键环节就是互联网银行系统的安全性，银行应定期从物理安全和操作系统安全两个方面对互联网银行进行入侵检测和网络渗透检测，防范系统被入侵和攻击。

1. 物理安全

（1）保护好计算机硬件和存储介质，加强计算机机房的管理、出入者身份证明、24小时值班以及实施各种硬件安全手段等预防措施。

（2）逻辑安全。需要用户口令、文件许可等方法来实现，防止黑客的入侵。高度机密的信息应与其他各种数据相隔离，对所有高机密数据的存取要严格控制。

（3）管理安全，如软件控制、违反安全的调查、审计跟踪检查以及责任控制检查等。

2. 操作系统安全

计算机系统需要能区分用户，进行用户等级和权限管理，以防止互相干扰或者破坏。采用防火墙技术可有效防止电脑黑客或者公用网用户不适当操作造成的可能对金融专用网的攻击。通过设置支付网关，把公用网与银行内部专用网隔离，实施缓冲过滤功能，更好地保证互联网银行专用网的安全。

（二）完善内部控制体系

互联网银行信息系统的内部操作人员对系统及其权限更为了解，所以互联网银行系统更容易受到银行内部人员的侵扰。因此，银行更应注重加强内控管理，防止来自内部的风险隐患。建立可靠的内部控制体系，除了合理的安全技术以外，还需要建立系统维护制度、信息保密制度、数据备份制度、人员管理制度、风险预警制度、重大事项报告制度等规范，确保互联网银行系统有序正常运行。

（三）加强外包服务管理

目前，国内的一些网银在开发和维护上采取外包模式，因此加强互联网银行系统外包服务管理尤为重要：①选择长期可靠、综合能力强的互联网银行外包服务商；②做好互联网银行外包技术服务商的合同管理，规范和明确互联网银行的服务内容；③确保银行等重要数据的安全性，对外包服务人员严格管理；④加强互联网银行外包服务的过程管理，严格监控外包服务监控，随时了解外包服务状态；⑤加强互联网银行外包团队建设，建立良好的沟通机制。

（四）制订应急计划

互联网银行系统运行需要有其他相关的业务系统支持，如网银转账需要调用银行核心系统，互联网支付需要调用大小额支付系统等。当出现系统故障或者发生不可抗力时，每一个环节的停顿都可能对整个业务的连续性带来影响。因此，应该制订详细的互联网银行业务运行应急计划。同时，还需要进一步加强互联网银行应急演练，定期制定切实可行的各种灾难应急预案演练方案。

（五）完善事前、事中和事后防御机制

针对互联网银行的防御手段可以分成事前预防阶段、事中防御阶段、事后审计追踪阶段三个阶段。

事前预防阶段：各银行要做好自身的安全措施，重点加强钓鱼网站的早期发现、阻止钓鱼网站蔓延、防御客户端安全隐患。可以使用网银安全助手、密码控件等客户端防范手段，对键盘录入、SSL 安全加密、反钓鱼等进行客户端方面的预防，有效防范木马、病毒

的攻击，进一步提升用户在客户端的安全体验，增加用户使用互联网银行的安全信心。

事中防御阶段：针对网银认证和交易，分辨并且阻止非法交易进行，可以采集分析交易信息，主动防御，发现和终止身份冒用、套现、虚假交易等风险，如使用反欺诈交易平台等。

事后审计追踪阶段：通过网银交易审计系统、保持完整交易记录，追查攻击者来源，可以利用网银的内部交易日志进行审计分析。

知识链接

浙江网商银行的信用评价管理

网商银行将贷款作为主体业务，网商银行不设物理网点，实行全流程实时在线信贷业务，银行信用风险评价主要依靠评分卡技术、大数据业务、自助放贷技术。

网商银行对小微企业的信用评价采用评分卡。评分卡数据主要来源于网络平台积累的交易数据，主要包括：一是客户在阿里巴巴电商平台上的涵盖营业额、访客数、经营状况、交易对手、商品数量等交易流水；二是客户在阿里巴巴平台的注册登录认证、广告投放、社区行为、浏览记录等信息；三是客户的顾客收藏、买家评分、转化率等交互行为。首先，要对以上信息进行量化处理，把信息导入评分模型形成数据库；其次，根据信息识别筛选出对信用状况有显著影响的变量，建立PD模型；再次，根据PD值对潜在客户进行分类和评分，根据评分得出目标客户是否为信用好的客户；最后，分析结果作为贷款评审依据。

另外，对个人信用进行评分还可以用芝麻信用评分方法。芝麻信用的评价维度包括用户信用历史、行为偏好、履约能力、身份特质、人脉关系五类。其中，身份特质和人脉关系，反映了更加丰富、真实的经历和消费行为，以及用户在人际往来中的影响力。芝麻信用也具有大数据优势：拥有3.6亿实名用户，数据覆盖上百种场景，日数据量达到PB级；具备云计算能力：自动用户评估系统，用户画像信息档案和个人评分系统。芝麻信用基本参照国际上主流的个人信用评分区间，其设置的信用评分分数介于350分至950分之间，信用程度越好分数越高，违约性越低。而信用评分直接作为贷款评审的依据，目前网商银行App已正式上线，但贷款模块还需绑定支付宝来实现，支付宝上的蚂蚁借呗就是通过芝麻信用评分来评价用户的信用等级，用户打开手机就能获得实时贷款。

资料来源：习潇潇．网商银行与民生银行信用风险管理的比较研究［D］．对外经济贸易大学，2016：9－10.

（六）加强客户管理

1. 增强客户操作风险防范

随着技术的进步以及管理层对互联网银行的重视，当前面临的最大问题不是技术上的漏洞，而是客户操作上的风险。因此，银行急需加强对客户有关安全使用网银的宣传和教育，主要包括对使用互联网银行的客户的风险提示和安全教育、安全上网行为宣传介绍和引导等。

2. 完善对客户的服务管理

（1）要加强对申请签约客户的资格审查。由于客户在互联网银行不需要提供任何印鉴，仅凭 USB Key 就可以办理业务，因此互联网银行应制定严格的开户审核手续。只有符合条件、信誉良好的客户，银行才与其签订规范的服务协议。银行应根据与客户签订的协议，严格限定客户在互联网银行操作的范围。

（2）要加强对互联网银行客户的身份验证。客户在通过互联网银行办理业务时，无须与银行工作人员进行面对面的交易，因此对登录系统办理业务的客户身份进行确认，并对客户的交易信息进行保密，已经成为互联网银行安全管理的前提和最重要的环节。目前，我国的商业银行大都采用数字证书作为安全认证工具，用以确定客户的身份，银行有义务告知客户妥善保管数字证书，以免被他人盗用，造成麻烦。

（3）要加强对互联网银行客户的操作权限管理。客户需求不同，对互联网银行服务就会不同，银行需要对不同的客户提供个性化、差别化的服务。因此，银行需要根据客户的需求，结合内部管理的需要，对业务操作权限进行管理。

（4）要对互联网银行客户交易过程进行监督。为了满足及时地接收和处理业务，防范异常交易的发生，确保互联网银行业务的顺利进行，银行应对客户发起的各类交易进行实时、全程的监控和管理。一笔业务从客户登录银行系统，发出交易指令，再到账务处理，需要经过互联网、局域网等多个网关。因此，需要对一笔业务所涉及的多个环节进行监控。

3. 对客户进行安全提示

对客户的安全提示应通过多种渠道进行，应在互联网银行签约时的醒目位置，向客户提供正规的网站地址与客户服务电话，并提醒客户牢记，从而避免客户受到虚假网站的欺骗。

客户应妥善保管好相应的认证信息，不要在网吧等公共场所使用互联网银行交易系统，更不要轻易相信陌生的电话或者短信、邮件，避免泄露个人信息。静态口令应牢记脑中，动态口令要谨慎保管，数字证书不要存储在硬盘文件夹，业务处理完毕立即从机器上拔掉 USB Key，并安全退出互联网银行系统。

客户设置登录和交易密码时，应注意字符、数字和标点符号，避免使用诸如生日、电话号码等容易猜测的组合，同时将互联网银行登录密码和对外支付密码设置成不同的密码并定期更新。

总之，系统的安全性对其健康发展至关重要，互联网银行应该做好统筹规划，同时考虑系统建设与信息安全建设的协调，充分发挥系统内在安全机制，将信息安全治理贯穿于互联网银行系统建设的整个生命周期。

【项目练习】

一、单项选择题

1. 互联网银行完全依托互联网提供金融服务，无法提供现金服务，也无法提供支票等支付结算工具，导致其吸储能力（　　）传统商业银行。

A. 高于　　B. 低于　　C. 不确定　　D. 相等

2.《中华人民共和国物权法》规定，动产、不动产抵押以及权利质押需进行（　　）

登记，这显然是无物理网点的互联网银行难以做到的，也与其发展模式不符。

A. 线下　　B. 线上

C. 线上线下相结合　　D. 联合

3. 市场风险的（　　）是指通过投资或购买与所持有金融资产收益波动负相关的某种金融资产来冲销市场风险的一种风险管理策略。

A. 分散　　B. 转移　　C. 对冲　　D. 回避

4. 战略风险是指商业银行在追求短期商业目的和（　　）发展过程中，因不适当的发展规划和战略决策给商业银行造成不利影响的风险。

A. 短期　　B. 中期　　C. 长期　　D. 永久

5. 针对互联网银行的防御手段不包括以下哪个阶段（　　）。

A. 事前预防阶段　　B. 事中防御阶段

C. 事后审计追踪阶段　　D. 事间批复阶段

二、多项选择题

1. 以下属于互联网银行风险特点的有（　　）。

A. 传播速度快　　B. 传播规模大

C. 监管难度大　　D. 破坏性小

2. 根据《巴塞尔新资本协议》，操作风险可以分为由（　　）所引发的风险。

A. 人员　　B. 系统　　C. 流程　　D. 外部事件

3. 关于银行流动性的理解主要有（　　）。

A. 筹资流动性　　B. 市场流动性

C. 人员流动性　　D. 业务流动性

4. 互联网银行可以通过一些金融衍生工具规避利率风险，如（　　）。

A. 远期利率协议　　B. 利率期货

C. 利率互换　　D. 利率期权

5. 法律风险是指银行因经营不符合法律规定或者外部法律事件导致风险敞口的可能性，包括（　　）两类。

A. 市场法律风险　　B. 信任法律风险

C. 操作性法律风险　　D. 环境法律风险

6. 互联网银行可以通过远程视频开户，给客户开立（　　）。

A. Ⅰ类户　　B. Ⅱ类户　　C. Ⅲ类户　　D. Ⅳ类户

三、判断题

1. 从我国目前互联网银行的业务实际开展情况分析，均是依靠上浮存款利率、免除手续费等手段来吸引客户资金，这种经营模式从长期来看具备可持续性。（　　）

2. 当互联网银行在办理业务承受一定的信用风险时，其预期收益和预期损失是不对称的。（　　）

3. 绝大部分操作风险都来自互联网银行的外部欺诈、自然灾害，只有很少一部分来

源于内部业务操作失误、内部系统失灵、内部人员控制和制度失效等。（ ）

4. 资产流动性要求互联网银行能随时满足客户提取存款或投资者投资收回的需要。（ ）

5. 互联网银行征信数据采集过于依赖并不完善的央行征信系统，在大数据筛选出"白名单"客户后，并非直接授信，而是邀请该客户查询额度。（ ）

PPT

项目八 互联网银行监管

【知识目标】

了解我国互联网银行的监管现状，掌握互联网银行监管的必要性和监管原则。

【能力目标】

能认清我国互联网银行监管面临的问题，能区分国内外监管模式的不同。

模块一 我国互联网银行监管现状

【内容简介】

本模块主要从监管主体和法律法规两方面介绍了我国互联网银行的监管现状。

【案例导入】

《关于规范商业银行通过互联网开展个人存款业务有关事项的通知》

为加强对商业银行通过互联网开展个人存款业务的监督管理，维护市场秩序，防范金融风险，保护消费者合法权益，原银保监会办公厅、人民银行办公厅于2021年1月联合印发了《关于规范商业银行通过互联网开展个人存款业务有关事项的通知》（以下简称《通知》）。

《通知》重点明确了以下内容：一是规范业务经营。《通知》要求商业银行依法合规通过互联网开展存款业务，不得借助网络等手段违反或者规避监管规定。商业银行不得通过非自营网络平台开展定期存款和定活两便存款业务。二是强化风险管理。商业银行应当加强业务风险评估与监测，强化资产负债管理和流动性风险管理，合理控制负债成本。地方性法人银行要坚守发展定位，立足于服务已设立机构所在区域的客户。三是加强消费者保护。商业银行通过互联网开展存款业务应当强化销售管理和网络安全防护，切实保障金融消费者合法权益。四是严格监督管理。各级监管部门要加大监管力度，对违法违规行为，依法采取监管措施或者实施行政处罚。

《通知》的印发实施有利于商业银行合规稳健经营，对于弥补制度短板、防范金融风险具有积极意义。下一步，银保监会、人民银行将加强督促指导，做好《通知》贯彻落实工作，推动商业银行规范开展互联网渠道存款业务。

资料来源：http：//www.gov.cn/xinwen/2021－01/15/content_5580273.htm。

请思考：互联网开展个人存款业务应如何规范？

【基础知识】

一、我国互联网银行的监管现状

我国互联网银行的监管体系与传统银行并无二致，虽然大数据、云计算以及人工智能等现代金融科学技术已经运用于互联网银行的运营之中，但监管原则和监管主体并未发生改变，依然受中国人民银行及国家金融监督管理总局监管，实行属地管理。国家金融监督管理总局主要对银行业机构和开展的相关业务履行监管职责，央行主要从宏观角度对整个银行系统实施监督和管理。

监管互联网银行的法律依据主要有《银行业监督管理法》《商业银行法》《中国人民银行法》《电子银行业务管理办法》以及其他相关的政策文件，业务风险的监管指标包括资本充足率、存贷比、存款准备金、不良率、利率设计、业务门槛风险管理等。

二、我国互联网银行相关法律法规

视频：我国互联网银行相关法律法规

我国关于互联网银行监管的法律法规主要包括市场准入、业务范围、反洗钱规定、银行风险管理和消费者保护五大部分。

（一）市场准入

市场准入制度是关系到互联网银行能否开展业务、如何进行风险控制及维持市场稳定性的决定因素，同时也是我国互联网银行法律监管的开端。我国现有法律法规中涉及互联网银行市场准入的主要是《电子银行业务管理办法》。《电子银行业务管理办法》第四条规定：经原中国银监会批准，金融机构可以在中华人民共和国境内开办电子银行业务，向中华人民共和国境内企业、居民等客户提供电子银行服务，也可按照本办法的有关规定开展跨境电子银行服务。根据这一规定，互联网银行的业务主体被界定为金融机构，从而限制了互联网银行市场的范围。同时，《电子银行业务管理办法》这一市场准入的界定也和《关于促进互联网金融健康发展的指导意见》的核心思想保持一致。《关于促进互联网金融健康发展的指导意见》指出，互联网金融本质仍属于金融，没有改变金融风险隐蔽性、传染性、广泛性和突发性的特点。因此根据《电子银行业务管理办法》和《关于促进互联网金融健康发展的指导意见》，我国互联网银行被界定为金融机构。

（二）业务范围

互联网银行监管条例中有关互联网银行的业务范围和准则的规定是决定互联网银行能够从事哪些经营活动的决定性因素，从我国现有的法律和银行监管体系来看，《中华人民共和国商业银行法》《关于促进互联网金融健康发展的指导意见》《电子银行业务管理办法》等法律条文都对互联网银行的业务有所涉及。

（三）反洗钱规定

反洗钱是指政府严厉打击通过各种方式破坏国家金融市场稳定的犯罪及其所得的洗钱活动的一种行为。从各国打击洗钱活动的实践来看，洗钱主要通过银行、保险、证券、房地产等机构进行。在互联网时代，互联网银行也成为洗钱活动的重灾区，因此有必要对互联网银行潜在的洗钱风险加以严格监控。涉及互联网银行反洗钱的法律法规主要包括《中华人民共和国反洗钱法》《金融机构反洗钱规定》《金融机构客户身份识别和客户身份资料及交易记录保存管理办法》。

（四）银行风险管理

商业银行在日常经营管理过程中会面临多种风险，根据风险种类的不同大致可以将其分为市场风险、信用风险、操作风险以及流动性风险等。对于我国互联网银行来说，在传统银行风险的基础上又面临新的互联网风险，因此对互联网银行的监管需要着重强调风险方面的管理，包括内部控制机制以及风险识别与防范等措施。我国现有互联网银行监管中涉及银行风险管理的规定主要是《电子银行业务管理办法》。

（五）消费者保护

2015 年，中国人民银行等十部门联合发布了《关于促进互联网金融健康发展的指导意见》，明确要求研究制定互联网金融消费者教育规划，及时发布维权提示；加强互联网金融产品合同内容、免责条款规定等与消费者利益相关的信息披露工作，依法监督处理经营者利用合同格式条款侵害消费者合法权益的违法、违规行为；构建在线争议解决、现场接待受理、监管部门受理投诉、第三方调解以及仲裁、诉讼等多元化纠纷解决机制；细化完善互联网金融个人信息保护的原则、标准和操作流程；严禁网络销售金融产品过程中的不实宣传、强制捆绑销售。人民银行、原银监会、证监会、原保监会会同有关行政执法部门，根据职责分工依法开展互联网金融领域消费者和投资者权益保护工作。

模块二

我国互联网银行监管的原则和目标

【内容简介】

本模块主要介绍了我国互联网银行的监管要求、原则和目标。

【基础知识】

一、我国互联网银行的监管要求

目前，我国银行监管机构对互联网银行采取等同于一般性民营银行的监管策略。依据国办发〔2015〕49 号文件《国务院办公厅转发银监会关于促进民营银行发展指导意见的通知》《关于民营银行监管的指导意见》，结合互联网银行特点，我国目前对互联网银行的监管有以下三点要求。

（一）合理引导银行落实发展目标，鼓励银行创新发展

鼓励银行开展创新是国家银行监管机关对于民营银行发展与监管的主旨思路，互联网银行也是如此。对于目前我国互联网银行业的创新性，国家监管机关持较为宽容、鼓励的态度。我国互联网银行业务重心多集中在中小微企业、个人贷款领域，通过业务创新寻求与传统银行差异化的发展路径，补足金融市场供给侧的短板使各个需要发展的主体都能获得金融服务，这也从侧面证明了我国民营银行的监管理念对于互联网银行在一定程度上的适用性。

（二）强化审慎监管，预防风险

《指导意见》中提出“对于民营银行的监管除行政机关的监管约束外要强化自我约束与市场约束的功能”。这一要求是对于监督管理法的第 21 条、第 34 条在民营银行监管适用过程中的补足。对于互联网银行而言，数字化、网络化的经营策略为监管部门的具体监管责任落实带来了很大的难题，传统的监管方式对互联网银行而言很难实现等同于传统银行的监管效果。因此通过强化指导与政策约束，使银行自身内控监管能力提高既是对“审慎监管强化”理念的落实，也同时为互联网银行的健康稳定发展提供了保障。

（三）进一步完善协同监管机制

民营银行监管过程中的协同监管主要是以促进银行发展的目标导向型监管协同。《指导意见》中明确指出“强化监管的同时，各有关部门和地方各级人民政府应加强沟通协调”，协同监管从原有的银行监管主管部门之间扩大到了同地方政府间的沟通协同，同时明确了监管是为了促进民营银行发展的目标。与《监督管理法》第一条相比，其出发点不同：《监督管理法》强调的是以“防范和化解银行业风险，保护存款人和其他客户合法利益”为首位的监管目标，监管目标侧重不同，就使得协同监管机制产生了细微差异；《指导意见》强调的是发展与监管并重的理念。

二、互联网银行的监管原则和目标

（一）互联网银行监管的原则

视频：互联网银行的监管原则和目标

因为无法远程开户，不能为客户提供全面的金融服务，所以互联网银行主要做理财业务和小额网络借贷业务。虽然业务领域不同，但本质依然属于金融业务，互联网银行并未改变其作为“银行”的性质，只是从手段和技术上改变了金融活动的空间、时间和组织形式。互联网银行本质上和传统银行并无不同，都是为客户提供金融服务，因此，互联网银行监管的原则也与传统银行业互联网化的发展理念相一致，并在一定程度上根据互联网银行活动进行适当的修正和补充。互联网银行监管的基本原则主要包括公平原则、保护消费者权益原则、创新原则和效率原则。

1. 公平原则

互联网银行应遵守政府监管机构制定的监管制度，认真贯彻公平原则，提高监管效果。

2. 保护消费者权益原则

在互联网银行各参与主体中，消费者明显处于劣势地位，消费者在与互联网银行、互联网服务商签署互联网银行服务协议时处于一个信息不对称的被动地位，因此，互联网银

行监管的原则之一是保护消费者权益，只有这样，互联网银行才会有市场。

3. 创新原则

互联网技术的发展，不仅是通信方式或媒介形式的改变，也是新的经济活动形式的出现。我国互联网银行的发展空间大，对互联网银行的监管不应抑制这些活动的发展空间，而应当体现出创新原则，在制定监管规则时，保持相当的弹性，以灵活适应互联网技术的创新。

4. 效率原则

监管成本除了维持监管机构存在和执行监管任务的行政费用之外，还包括道德风险成本、合规成本、社会经济福利的损失和监管动态成本四个方面的隐性成本。因此，监管机构在履行监管职能时，必须坚持监管的效率原则，力争以最少的监管成本实现最大的监管收益。

（二）互联网银行监管的目标

加强互联网银行的监管要树立以下目标：①保持公众对互联网金融系统和互联网金融市场的信心，使公众能够了解互联网金融系统及与互联网金融产品相关的利益和风险；②确保为网上消费者提供所需的保护；③为发现和阻止金融犯罪提供帮助。

随着“互联网＋”混业思维逐渐被各行各业所青睐，互联网银行必将成为传统银行未来的发展趋势，互联网银行的监管也要随着互联网银行的不断发展不断更新和优化。

模块三

我国互联网银行监管的困境

【内容简介】

本模块主要介绍了我国互联网银行监管存在的问题和难点。

【基础知识】

一、我国互联网银行监管存在的问题

视频：我国互联网银行监管的现状和问题

（一）监管部门的监管力度有待提升

目前我国央行监管偏重合规性稽核，对银行市场风险、信用风险及流动性风险等的稽核较少，事前风险预警的防范不够，监管水平不高。国家金融监督管理总局对于互联网银行的监管力度较弱，规范和要求制定的完整性也有待加强。另外，互联网银行服务不受时空的限制，这就对银行从业人员对客户身份和操作进行识别、衡量和监督提出了更高的要求。我国现行立法并未对互联网银行从业人员的权利、义务、职责等作出明确的规定。

（二）监管人员的监管能力和业务素质有待提高

监管人员遇到问题时，可能会发生不能及时采取有效措施立即解决问题的情形，解决这类情形对监管人员应对风险能力的要求极高。面对出现的突发事故而不具备解决事故的能力，这样就会发生监管不力的事件，因而产生纠纷。互联网银行随着科技和时代的进步不断发展，监管人员必须具备足够高的素质和能力，不断学习持续更新，才能应对新的风险和问题。

（三）监管体制不完善

互联网银行的虚拟性使得监管部门对于网络金融交易的合法性验证难度增加，我国互联网银行的监管防御体系仍需要不断优化。现在已有的监管体制还不够完整，仍存在不足和漏洞。当下，网络金融产品不断创新，我国的监管领域无法跟上创新产品的进度，因而便会出现对新的互联网银行项目监管的空白地带。

二、我国互联网银行监管的难点

（一）分业监管模式与互联网银行混业经营的矛盾

从我国金融监管体制的总体设置来看，国家金融监督管理总局、证监会并列分别对银行业、保险业和证券业进行监管，互联网银行业务主要受国家金融监督管理总局的监管。但我国互联网银行业务在经营范围上允许混业经营，混业经营与功能型监管相适应，如果在混业经营基础上实行机构型监管，那么互联网银行在从事保险业务和证券业务时的监管将出现空缺。

（二）现有银行体系所内生的问题

银行体系所内生的问题是指由于我国银行业建立在国家垄断信用基础上而造成的信用软约束，即制度性金融垄断、国有企业亏损、政府行政干预形成的一种“体制性金融垄断风险”。我国银行业所内生的特点也将给互联网银行的监管带来一定的阻碍：一是地域差异、所有制形式差异及银行体系结构差异所造成的银行监管法律实际的不平衡性；二是与目前的国际金融监管发展态势及金融发达国家立法创新衔接性差。依据新的巴塞尔资本协议的监管思想，银行机构的内部风险控制是风险监管中的重点，监管检查评价与市场约束是风险管理的外部机制。而我国目前比较重视对互联网银行的外部监管，重视对银行不良资产及盈利状况的真实性检查。只有完善互联网银行的内部控制制度、风险预测防范制度和治理结构制度，才能提高互联网银行风险控制能力。

（三）银行信息披露存在的问题

各国银行业监管机构均对信息披露、透明度给予了极大的重视。互联网银行具有无纸化操作的特点，互联网交易记录难以跟踪，加大了监管当局对互联网银行业务进行审查的难度，因此更应加强其信息披露。我国商业银行信息披露没有完全制度化、法治化，信息披露内容零散，将使得有效监管受到阻碍。因此应该强调对信息披露的重视，采取有力措施加强互联网银行信息披露。

（四）客户权益保护意识

我国立法者和银行对互联网银行客户隐私权的保护认识不足。互联网银行客户隐私关系其切身的经济利益和合法权益，掌握了银行客户的隐私，往往就意味着掌握了一定的商业资源。在互联网技术下，对个人信息的侵害手段日趋技术化和多样化。互联网环境下客户隐私受侵犯概率也会大大增加，银行及监管部门应采取切实有效的措施使客户的隐私得到保护。

（五）相关法律法规的滞后性

我国的互联网银行同电子商务、商业网站的发展相似，在相关法律法规几乎空白的情况下，迅速出现并不断演进，带有浓厚的自发性，形成了金融监管的法律法规和监管手段滞后的局面。面对层出不穷的新问题，现有的法律保障仍显不足，有待加强。

模块四

国内外互联网银行监管对比

【内容简介】

本模块主要介绍了国外互联网银行监管的现状，并对国内外互联网银行监管进行了比较。

【基础知识】

一、国外互联网银行的监管现状

视频：国外互联网银行的监管现状

对于互联网银行的监管现状，主要国家和地区都有风险监管标准、现场检查与非现场检查、市场准入、反洗钱和对消费者权益的保护这五个共有的互联网银行监管环节。此外，不同的国家地区根据自身互联网银行发展的特点提出了各自的监管要求，通过对互联网银行运行的各个环节进行规范来确保互联网银行监管的全面性。

（一）风险监管标准

银行业本身就是高风险的行业，互联网银行作为传统银行的延伸和创新也面临着许多风险。巴塞尔委员会在1998年颁布的《互联网银行和电子货币业务的风险管理》中对于互联网银行面临风险的识别和如何管理风险提出了具体的建议。目前，各主要国家和地区对于互联网银行的风险监管，都接受巴塞尔委员会对互联网银行风险管理的规则，在此基础上对互联网银行风险监管制定了一系列本土化的法律法规。巴塞尔委员会认为风险管理过程包括评估风险、控制和管理风险以及监控风险这三个基本要素，当银行开展新的互联网银行业务时，都应该采用完整的风险管理过程来评估风险并对风险进行控制。其中，控制和管理风险主要包括实施安全政策和措施、协调内部沟通、对产品和服务的评估和升级实施措施以限制外包风险、信息披露和客户教育、制订应急计划这几个方面；在监控风险方面，巴塞尔委员会认为持续监控是风险管理过程的一个重要方面，对于互联网银行而言，由于创新的产生使得互联网银行活动的性质很可能迅速变化，同时一些产品对开放的互联网有很强的依赖，因此对于互联网银行的风险监控就显得尤为重要，其中系统测试和审计是最为重要的两个监控要素。

综上所述，各主要国家和地区在监管标准方面，都接受巴塞尔委员会对互联网银行风险管理的规则。针对互联网银行的特殊性，各主要国家和地区在风险监管中都对安全方面的问题投入了很多的关注，例如美国的监管当局针对性地对现场检查内容作出了重点要求并发布相关的监管手册，英国监管当局关注银行对加密、备份系统、防火墙、突发事件应急计划的评估等，香港地区监管当局建议银行规范整个安全操作流程。

（二）现场检查与非现场检查

巴塞尔委员会认为，对于风险的评估是一个持续的过程，同时持续的风险监控是风险管理过程的一个重要方面。对于互联网银行而言，新的互联网银行业务在产生对该项业务的风险评估需要的同时，互联网银行活动的性质会因为创新的出现而迅速发生改变，因此需要对互联网银行进行持续监管。对此，各主要国家和地区都通过实施现场检查与非现场检查对互联网银行进行持续监管，从而保证风险管理过程的全面性。其不同之处在于：在现场检查方面，英国的现场检查主要是委托外部审计等社会中介机构来实现的，而美国和中国香港是通过监管当局完成的；在非现场检查方面，英国要求银行报送统计资料，而美国不强制要求银行对其互联网银行业务提交专门的报表而是实行“重大事项报告制度”。尽管在监管细节方面有所差异，但是可以发现各主要国家和地区都遵守了巴塞尔委员会关于风险管理中风险监控的持续监管要求，以适应互联网银行业务快速变化。

（三）市场准入

对于互联网银行的市场准入方面，美国和欧洲大多数国家的监管部门对互联网银行的设立要求申报批准，审查的主要内容有注册资本、银行规模、互联网设备标准、技术协议安全审查报告以及风险处置预案等。各主要国家和地区对于互联网银行机构的市场准入均持有严格谨慎的态度，新设立的互联网银行机构必须在事前经过审批，并遵循与传统银行相同的审批标准和程序，这些规定可以保证互联网银行的管理者在具体的管理实践中，重视与传统银行共有的风险。相较于机构的市场准入，各主要国家和地区对互联网银行业务的市场准入监管较为宽松，现有的实体银行开办传统银行附属的互联网银行业务一般不需要经过审批，但是对于开办新的互联网银行业务不同国家地区有不同的规定：美国和法国要求在新开办的互联网银行服务超过原本的业务范围时需要监管当局进行审批，英国和中国香港允许在新业务开办时不做事前审批，英国要求新业务不对其监管目标构成威胁，中国香港要求互联网银行机构提供由独立的第三方机构开具的安全评估报告。由此可见，尽管不同国家地区对于开办新的互联网银行业务的具体规定不同，但是都考虑了新业务的风险因素，从具体业务层面保证了对互联网银行监管的有效性。

（四）反洗钱监管

如果放松对账目和交易的限制并且允许对交易进行有限审计，那么互联网银行体系对于洗钱交易而言是很有吸引力的。互联网银行通过互联网技术突破了时空限制，在带来了便捷的同时，也给已经形势严峻的反洗钱监管工作带来了很大挑战，这是因为：一方面，传统的洗钱规则不再适用于某些形式电子支付，从而促使洗钱规则出现一定的创新；另一方面，互联网银行业务是无纸化办公，并且可以进行远程操作，使得相关部门对于追踪资金的来龙去脉需要花费更多的周折。因此，互联网银行的出现使得运用传统方法预防和侦查洗钱犯罪活动变得更加困难，这就促使各国采取相应措施以应对新技术下洗钱的策略。

（五）消费者权益保护

消费者是网上银行业务的最主要参与者，对于互联网银行的发展有着至关重要的作用。在互联网银行交易过程中，消费者往往处于弱势地位。一方面，消费者与互联网银行间的信息不对称，消费者对于技术的选择、性能认识、潜在风险及管理漏洞知之甚少，无法预见可能出现的潜在风险。另一方面，互联网信息的广泛传播往往会对消费者的隐私安全造成威胁。目前，主要国家和地区都将金融消费者权益保护作为互联网银行监管的首要目标，对互联网银行执行相对于传统银行更加严格的消费者权益保护要求。保护消费者合法权益主要包括对消费者隐私权的保护和对消费者知情权的保护，其中，对消费者隐私权的保护包括互联网银行客户信息保存的合法性和标准化，个人信息交易记录和账户情况的安全性和保密性等，对消费者知情权的保护包括银行通过电子渠道向客户披露、揭示相关业务的透明化和合法性，以及银行处理客户纠纷程序的规范化等。

在对消费者权益保护方面，主要国家和地区监管机构除了都要求互联网银行应该遵循原有的与传统银行相同的法律法规外，针对互联网银行的数据处理、信息传递等方面的特有的风险，对互联网银行业务中消费者的隐私权和知情权的保护也提出了新的要求。此外，对于互联网银行业务中使用电子签名的消费者，美国和欧盟都通过专门的法律保护这部分消费者的权益，在新的技术条件下保证了消费者权益保护的全面性。

二、欧美国家互联网银行监管模式比较

（一）欧美国家互联网银行的监管模式

视频：欧美国家互联网银行监管模式比较

从目前的情况来看，国外对互联网银行风险的监管主要有美国和欧洲两种模式，美国对互联网银行风险的监管，基本上是通过补充新的法律、法规，使原有的监管规则适应互联网电子环境来进行的。因此，在监管政策、执照申请、消费者保护等方面，互联网银行与传统银行的要求十分相似。负责监管的部门也主要是美国货币监理署、美联储险公司（FDIC）和联邦金融机构检查委员会（FFIEC）。其中，OCC 和 FRS 是美国联邦储蓄保险主要的监管机构，OTS 负责对网上公众储蓄进行审核认定，如 1995 年美国成立的第一家纯线上的互联网银行 SFNB（美国第一安全银行）的营业执照就是由 OTS 颁发的。总体来说，美国金融监管当局对互联网银行的监管采取了审慎宽松的政策，一方面它们强调互联网和交易的安全，维护银行经营的稳健和对银行客户的保护；另一方面它们认为互联网银行是降低成本、改善服务的创新，通过使用标准互联网浏览器和协议，这种创新不仅可以大大降低技术维护成本，加快新系统和软件的开发，而且使银行间可以实现资源共享、成本分担，因而，它们基本上不干预互联网银行的发展与创新。

相比之下，欧洲对互联网银行的监管所采取的办法较为新颖。欧洲中央银行（ECB）要求其成员国采取一致性的监管原则，欧盟各国国内的监管机构负责监督统一标准的实施。欧盟对互联网银行监管的主要目标有两个：一是提供一个清晰、透明的法律环境，二是坚持适度审慎和保护消费者的原则。按照欧盟关于协调银行、投资服务和保险服务法律体系的要求，欧盟对银行注册实行“单一执照（Single Passport）”规则，即在欧盟一个国家内获准开展的业务，同样可以在其他国家进行。具体到互联网银行业务上，欧洲中央银行要求成员国在互联网银行监管上，坚持一致的体系，承担认可电子交易合同的义务，并将建立在“注册国和业务发生国”基础上的监管规则，替换为“起始国”规则，以增强监管合作、提高监管效率，实现实时监控互联网银行产生的新风险。按照这些要求，对互

联网银行的监管主要集中在以下几个方面：一是区域问题，包括银行间的合并与联合、跨境交易活动等；二是安全问题，包括错误操作和数据处理产生的风险、互联网被攻击等；三是服务的技术能力；四是随着业务数量和范围的扩大而增加的信誉和法律风险，包括不同的监管当局、不同的法律体系可能造成的风险。

（二）互联网银行的监管规则

监管规则主要体现在消费者权益、法律实施和国内国际协调三个方面。消费者权益主要涉及互联网银行通过电子手段向客户传递相关业务信息的标准与合法性，客户个人信息、交易信息和账户信息的安全，纠纷处理的程序等规则。法律实施主要涉及原有的一些要求，如要求银行对洗钱、欺诈等非法交易进行跟踪，对法令的有效性和范围进行规定，以及由于互联网银行无法实施而享有的豁免，政策机构及监管当局出于执法或监管的需要，而对加密的金融信息解密的权力和范围。国内国际协调主要是对互联网银行跨州、跨国界的业务和客户延伸所引发的监管规则冲突的调整。在具体的规则实施上，英国金融服务局（FSA）的观点较具有代表性。FSA 认为：

（1）金融监管的基本准则不能随金融服务方式的改变而改变，互联网银行虽然改变了银行业务的媒介方式，但并不意味着传统金融监管的基本准则会发生变化，资本充足率和适当的管理层要求依然适用。

（2）保护消费者合法权益是金融监管的根本所在，但监管机构不能因担心互联网银行的安全问题，限制或阻碍互联网银行的创新与发展。

（3）在互联网经济时代，监管当局应努力保持监管的透明度和一致性。

（4）监管当局的合作应加强，促进信息共享。

（5）金融服务媒介仍可能发生变化，与之相关的法律法规应留有余地并作相应完善。

（三）互联网银行的监管内容

目前政府对互联网银行的监管内容主要有市场准入、业务扩展管制和日常检查与信息报告。

1. 市场准入

大多数国家都对设立互联网银行有明确的要求，需要申报批准。这些要求一般包括：注册资本或银行规模；技术协议安全审查报告；办公场所与互联网设备标准；风险揭示与处置规划；业务范围与计划；交易记录保存方式与期限；责任界定与处理措施等。此外，对于互联网分支银行，一般还要求其母行承担相应的承诺。

2. 业务扩展管制

业务扩展管制包括两方面的内容：一是业务范围，除了基本的支付业务外，大多允许互联网银行经营存贷款、保险、证券、信托投资，以及非金融业务、联合经营业务等；二是对是否允许纯互联网银行建立分支或代理机构进行监管等。

3. 日常检查与信息报告

互联网银行需接受各监管机构的日常检查，除资本充足率、流动性等检查以外，还包括交易系统的安全性、客户资料的保密与隐私权的保护、电子记录的准确性和完整性等检查。除此之外，还普遍要求互联网银行建立相关信息资料、独立评估报告的报告备案制度。

三、国内外互联网银行监管的异同

国内外互联网银行监管的异同，主要体现在适度性创新容忍、监管趋于法治化、重视消费者保护和强调风险管理四个角度。

（一）适度性创新容忍

全球主要国家和地区互联网银行监管实践基本仍将互联网银行视为银行业拓展业务的一种渠道，延续传统银行业相同的审慎监管原则和监管要求，保持监管的透明度和一致性。在互联网银行相关法律法规未健全之前，监管部门先行根据实际需要，制定规章和有关规范弥补立法方面的不足；在控制和降低互联网银行可能带来的风险的前提下以开明的态度、适当宽松的政策支持互联网银行创新和发展。互联网银行监管的创新容忍度应当是建立在对风险实质的客观判断基础上，而非将既有条文的机械移植。应通过理性监管给予互联网银行符合金融发展规律和客户需求的探索空间。在相关创新问题尚难以形成结论性意见时，应使用行业与监管部门的沟通机制，共同商讨、论证可行性方案，寻求利益共识，共同维护市场稳定。因此，世界各国对互联网银行监管的态度与传统银行业相比呈现出对金融创新的适度性容忍原则。

（二）监管趋于法治化

从美国、欧盟以及中国香港的互联网银行监管经验来看，由于其银行监管体系本身已比较完备，因此对互联网银行的监管，基本上是根据互联网银行特点，通过补充新的法律、法规，使原有的监管规则适应网络环境来进行的，负责监管互联网银行的机构也是传统银行的监管机构，因此，世界主要发达国家（地区）在互联网银行的监管政策、牌照申请、消费者保护等方面与传统银行的要求基本一致。以美国为例，互联网银行的规范多而全，接受巴塞尔委员会互联网银行风险管理的规则，且互联网银行监管在市场准入、风险管理、交易安全、现场检查以及市场拓展方面制定了一系列适应美国国情的法律法规，互联网银行总体的监管趋势是法治化。我国对互联网银行的监管虽然也是通过法律法规以及规章制度的途径进行，然而鉴于我国金融市场发展的不完善以及金融监管法律体系建设的相对滞后，现有法律不足以全方位涵盖互联网银行监管的范畴，且法律的适用性也遭到广泛的质疑。因此，在互联网银行监管的法律层面上，应针对互联网银行的特点探索构建具有一定灵活性、可动态调整优化的法律体系，同时注重培育法律法规的普遍适用性以及权威性，使监管法律发展优化的速度与互联网银行变革的速度保持协调、适应的状态。

（三）重视消费者保护

重视对消费者的保护是现代金融监管的重要目标，世界上各国都已经把消费者保护作为互联网银行监管的重中之重。西方发达经济体向来重视在法律法规层面对金融消费者权益的保护，在互联网环境下，需要更加注重解决网上虚拟交易带来的新的信息不对称问题，推进互联网银行以互联网的方式强化信息披露，同时通过有针对性的专业知识普及和交易帮助金融消费者掌握互联网金融活动的基本常识和风险关注点，配置基础的使用技能，树立必要的风险意识。同时，探索明确互联网信息采集的边界，以及相应的使用规范，互联网银行使用金融消费者的个人信息从事商业活动必须以信息所有人同意和授权为前提，并且不应超过约定范围使用。

基于我国特殊的国情、金融市场发展的相对滞后以及广大民众缺乏对金融创新的认知，在从法律层面保护互联网银行消费者的同时，我国监管当局还在积极加强对互联网银行消费者的宣传和教育工作，通过有针对性的专业知识普及和交易帮助使得金融消费者掌握互联网银行活动的基本常识和风险关注点，树立必要的风险意识。当前我国互联网银行消费者教育工作的首要目标应当是尽快提升金融消费者对互联网银行服务和产品的理解，使消费者能够清晰地认识互联网银行与传统银行的区别与联系，深入了解互联网银行产品独有的性质和风险。

（四）强调风险管理

风险管理永远是金融业的核心内容。国外互联网银行监管的良好做法包括现场检查、非现场检查、市场准入和信息披露等方面的机制建设。基于互联网银行的特殊性，特别是对技术和安全的特殊要求，世界各国监管当局有针对性地对检查内容作出了重点要求，发布了相关的监管手册、法律法规，并根据信息技术在互联网银行应用的发展状况，及时地将手册、法规更新，完善检查的内容，并且在互联网银行的监管中采取监管手段与风险匹配的原则，尽可能高效地利用有限的监管资源。对于我国互联网银行监管而言，互联网技术为银行间、银行与客户间的交易互动提供了更高的效率和更大的便利，同时也增加了不同交易主体关联的复杂性和隐蔽性。银行之间勾连形成的系统性风险问题在以互联互通为精神的互联网世界只会增强，不会减弱。在以物理网点为经营基础的传统银行可以因地域的阻隔因素形成单体机构或有限范围网络，从而可以客观限制系统性风险的传导路径和扩散范围，虽然互联网解决了物理阻隔问题，但是且风险传导的路径变得更加多元、更加快捷，风险爆发也可能会更加突然。因此，随着互联网银行的兴起，监管机构除了传统单体机构的监管思维外，还需要更加关注互联网带来的系统关联性问题。

【项目练习】

一、单项选择题

1.（　　）主要对银行业机构和开展的相关业务履行监管职责。

A. 证监会　　B. 原银监会

C. 国家金融监督管理总局　　D. 中国人民银行

2.（　　）永远是金融业的核心内容。

A. 消费者权益保护　　B. 风险管理

C. 追逐高收益　　D. 创新

3.（　　）主要从宏观角度对整个银行系统实施监督和管理。

A. 证监会　　B. 原银监会

C. 国家金融监督管理总局　　D. 中国人民银行

4.（　　）是现代金融监管的重要目标。

A. 重视对消费者的保护　　B. 重视银行风险管理

C. 防范金融风险　　D. 维持物价稳定

5. 以下说法不正确的是（　　）。

A. 互联网银行从本质上依然属于金融机构
B. 互联网银行主要做理财业务和小额网络借贷业务
C. 互联网银行监管的原则之一是保护消费者权益
D. 在互联网银行各参与主体中，银行明显处于劣势地位

二、多项选择题

1. 互联网银行监管的基本原则应当包含（　　）。
A. 公平原则　B. 保护消费者权益原则
C. 创新原则　D. 效率原则
2. 国外互联网银行监管规则主要体现在（　　）。
A. 消费者权益　B. 法律实施　C. 国内国际协调　D. 准入门槛
3. 根据风险种类的不同，商业银行主要面临（　　）。
A. 市场风险　B. 信用风险　C. 操作风险　D. 流动性风险
4. 国外互联网银行监管的良好做法包括（　　）。
A. 现场检查　B. 非现场检查　C. 市场准入　D. 信息披露
5. 互联网银行监管的法律法规主要涵盖（　　）。
A. 市场准入　B. 业务范围　C. 反洗钱规定
D. 银行风险管理　E. 消费者保护

三、判断题

1. 从监管主体来看，互联网银行与传统银行金融机构并无二致。（　　）

2. 无论母行是何种性质、规模，被监管的互联网银行都应该统一遵守政府监管机构制定的监管制度。（　　）

3. 互联网环境下客户隐私受侵犯几率会大大增加，银行及监管部门应采取切实有效的措施使客户的隐私得到保护。（　　）

4. 美国和欧洲大多数国家的监管部门对互联网银行的设立不需要申报，市场准入门槛较为开放。（　　）

5. 反洗钱是指政府严厉打击通过各种方式破坏国家金融市场稳定的犯罪及其所得的洗钱活动的一种行为。（　　）

6. 互联网银行的业务模式与传统银行不同，因为无法远程开户，所以不能为客户提供全面的金融服务。（　　）

四、简答题

1. 我国互联网银行监管的目标是什么？
2. 我国互联网银行监管的原则是什么？
3. 什么是反洗钱？
4. 简述我国互联网银行的监管现状。
5. 我国互联网银行监管面临哪些挑战？

PPT

项目九 互联网银行典型代表

【知识目标】

了解互联网银行典型代表微众银行、网商银行、新网银行和百信银行的经营特点和业务类型，理解并掌握这些代表银行的拳头产品和征信体系。

【能力目标】

能够掌握这些典型互联网银行的特点，并能够区分互联网银行与传统银行的区别。

模块一 微众银行

【内容简介】

本模块主要介绍微众银行的基本情况、成立背景、发展历程、经营范围、主要业务和技术优势，并着重介绍微众银行的拳头产品微粒贷和微车贷以及腾讯自有的征信体系腾讯信用。

【案例导入】

"微众银行财富+"品牌 布局百万亿级市场

微众银行于2022年11月底正式推出"微众银行财富+"品牌，全面升级财富管理服务，致力于为客户提供专业、安全、高效的一站式财富管理服务。

一、财富管理市场空间巨大 微众银行积极布局

截至2021年年末，我国个人金融资产规模已达人民币195万亿元，据BCG预计我国财富管理市场未来10年将以10.6%的年复合增长率高速增长。

在此背景下，微众银行在充分服务个人和小微企业信贷需求的基础上，为更好地满足普罗大众的财富管理需求，全新打造并推出"微众银行财富+"品牌，致力于支持更广

泛群体实现财富保值增值，从而为扎实推进高质量发展提供有力抓手。

"微众银行财富+"将从四大方面构建核心能力：一是从买方视角出发，提供专业财富管理服务；二是持续完善品种丰富的投资理财货架，向客户提供涵盖全市场优质银行理财、基金、券商资管、保险等品类的金融产品；三是运用先进的金融科技，依托自主研发的银行分布式架构提供7×24小时一站式数字财富管理服务，依托人工智能、区块链、云计算、大数据等技术提供丰富的数字产品及权益，依托科技智能与真人顾问的智慧融合提供有温度的服务体验，全方位、多维度为客户提供数字安全屏障；四是提供个性化、有温度的服务体验，面向视障人士、老年人群等提供无障碍和适老版专属理财服务，消除"数字鸿沟"。

二、大力发展数字化财富管理　满足客户多元化需求

自成立以来，微众银行持续在区块链、人工智能、大数据和云计算等关键技术领域开展研用攻关，并建成全球首个完全自主可控、支持亿级用户和高并发交易的分布式核心系统，是国内首家获得国家高新技术企业认证的商业银行。这些都是微众银行的数字化财富管理"科技底座"。

作为中国首家数字银行，微众银行既有着持牌机构的金融专业能力，又有着数字银行特有的科技创新能力，"微众银行财富+"品牌的推出，直击客户痛点，向客户提供涵盖全市场优质银行理财、基金、券商资管、保险等品类的金融产品。

目前，微众银行已为超过3.4亿个人客户提供包括线上银行账户、存款理财、小额信贷和支付等在内的综合金融服务。截至2022年10月末，微众银行已与超110家财富管理领域的机构进行了合作，提供多元化资产配置选择。

资料来源：https：//www.sohu.com/a/616508666_120633803。

【基础知识】

一、微众银行简介

视频：微众银行简介

微众银行是经原银监会批准设立的国内首家民营银行，其全称是深圳前海微众银行股份有限公司（英文名 Webank），其总部设立在深圳前海，注册资本30亿元。

微众银行在区块链、人工智能、大数据和云计算等核心技术的底层算法研究和应用方面开展技术攻关，在2017年成为国内首家获得国家高新技术企业资格认定的商业银行。目前，微众银行已推出微粒贷、微车贷、微业贷、微众银行 App、微众企业爱普 App、小鹅花钱等系列产品，主要服务于普罗大众和小微企业。

（一）成立背景

2014年7月25日，原银监会下发了腾讯、百业源和立业集团三家合办民营银行的批文。因为腾讯在其中占股30%，处于相对控股地位，所以民间一般也称它为腾讯银行或者企鹅银行。

（二）发展历程

2014年12月16日，微众银行注册成立。2015年5月15日微众银行推出首个个人信

用循环贷款产品“微粒贷”，个人可以仅凭信用、无须担保获得贷款，具有循环授信、随借随还的特点。2015 年 8 月 15 日微众银行 App 正式上线，用户可以直接在 App 进行理财投资。2015 年 9 月 23 日，微众银行推出互联网 + 汽车金融产品“微车贷”，与国内最大二手车电商优信合作。2015 年 12 月 10 日，微众银行携手互联网装修领导者土巴兔推出装修贷款产品微装贷，实现全程线上申请，实时给额度，让用户享受到先装修后还款的体验。2017 年在保持主营业务“微粒贷”“微车贷”等消费信贷业务稳健、快速增长的同时，推出小微信贷产品微业贷，着力解决微小企业“短小频急”的贷款需求及其融资难、融资贵的痛点。2019 年微众银行联合多家消费金融公司上线了首款开放式消费信贷产品小鹅花钱。2020 年 9 月推出国内首个定位于服务小微企业客户的企业金融 App——微众企业爱普。

（三）经营范围

微众银行既无营业网点，也无营业柜台，更无须财产担保，而是通过人脸识别技术和大数据信用评级发放贷款。其经营范围是吸收公众、主要是个人及小微企业存款；主要针对个人及小微企业发放短期、中期和长期贷款；办理国内外结算；办理票据承兑与贴现；发行金融债券；代理发行、代理兑付、承销政府债券；买卖政府债券、金融债券；从事同业拆借；买卖、代理买卖外汇；从事银行卡业务；提供信用证服务及担保；代理收付款项及代理保险业务；提供保管箱服务；基金销售；经银行业监督管理机构和有关部门批准的其他业务。

微众银行是一家定位于服务个人消费者和小微企业客户的民营银行，主要为个人消费者和小微企业客户提供优质金融服务。微众银行曾表示个人业务是其经营的核心，其个人业务也会聚焦中等阶层，甚至是中等偏下阶层的金融需求，而不会竞争传统银行相对强势的大额财富管理和私人银行业务。

（四）主要业务

微众银行目前主要业务分为三大板块：消费金融、大众理财和平台金融。

1. 消费金融

微粒贷是国内首款实现从申请、审批到放款全流程实现互联网线上运营的贷款产品，具有普惠、便捷的独特亮点。微粒贷依托腾讯两大社交平台——QQ 和微信，无担保、无抵押、无须申请；客户只需姓名、身份证和电话号码就可以获得信用额度；500 ~ 20 万元的额度设置，可以满足普罗大众的小额消费和经营需求。微粒贷循环授信、随借随还；1 分钟到达客户指定账户；提供 7 × 24 小时服务。用互联网技术触达海量用户，将极其便捷的银行服务延伸至传统银行难以覆盖的中低收入人群。

2. 大众理财

2015 年 8 月 15 日，微众银行正式推出首款独立 App 形态产品。依靠微众银行专业团队的风险把控和质量甄选，通过联合优质可靠的行业伙伴，微众银行 App 为用户优选符合多种理财需求的金融产品，且支持实时提现，实现资金调度高效便捷，切实帮助用户轻松管理财富。微众银行 App 产品经过多次反复测试调研，考虑到大众理财时可能遇到的时间受限、知识欠缺等问题，不断降低操作门槛，以明了清晰的产品说明和用户指导，持续优化用户使用体验。

3. 平台金融

微众银行已与物流平台“汇通天下”、线上装修平台“土巴兔”、二手车电商平台“优信二手车”等国内知名的互联网平台联合开发产品。通过连接有数据、有用户的互联网企业，将微众银行的金融产品应用至它们的服务场景中，将互联网金融带来的普惠利好垂直渗透至普罗大众的衣食住行，实现资源有效整合和优势互补，达成合作共赢的崭新模式。

（五）技术优势

受益于超半数的科技人员，微众银行在人工智能、区块链、云计算、大数据等科技领域陆续推出了行业领先的金融成果。例如，在人工智能方面，微众银行探索将机器学习应用于客服、催收和精准营销等方面，科技的运用可以使得微众银行实现 8 名人工客服每日信息处理量峰值超过 100 万条的效率；在生物科技方面，微众银行将人脸、声纹等生物识别技术作为主要风控手段，更精准地识别客户身份、防范欺诈风险；在大数据方面，以大数据为核心构建风控规则，引入逻辑回归、机器学习等方法，建立社交、征信和欺诈等系列风控模型；在区块链技术创新方面，为解决金融机构间对账成本高的问题，微众银行推出了机构间对账平台，通过区块链技术，优化微粒贷业务中的机构间对账流程，实现了准实时对账、提高运营效率、降低运营成本等目标。

知识链接

助力实体经济发展，创新企业融资之渠

长期以来，“融资难、融资贵”一直困扰着我国实体经济的发展。微众银行作为我国首家民营银行和互联网银行，自 2014 年成立至今始终致力于助力实体经济发展。在 2017 年，微众银行针对小微企业“短小频急”的融资需求，率先推出国内首个线上无抵押企业流动资金贷款——“微业贷”。

截至 2021 年第三季度，该行微业贷已经辐射全国 29 个省和直辖市，累计触达小微企业超过 240 万家，累计授信客户 81 万家，累计发放贷款金额超 8700 亿元。其中，营业收入在 1000 万元以下企业占客户总数约 80%。

众所周知，掣肘小微企业发展的往往是首贷，因为一旦其获得“首贷”，那再获贷款概率也会提高。而小微企业之所以“首贷难”，是因为企业征信少、评估难、风险高、担保弱。所以微众银行通过降低小微企业“首贷”难度，改善小微企业融资难的根本性问题。

2020 年，微众银行的微业贷全年新增贷款首贷户达到 10 万户，占全国所有新增首贷户的约 7%。在今年的前三季度，微众银行的微业贷新增“首贷户”已经超过 7 万户。

此外，基于对科技创新小微企业经营特点、融资需求的充分调研分析，微众银行还有针对性地推出了科创金融产品——“科创贷”，并围绕国家科技创新的路线图和产业链布局，为科技创新及战略性新兴产业的小微企业提供金融支持。目前，微众银行“科创贷”已经在全国 21 个省、100 多个地级市开展业务，吸引了近 13 万户科创企业的申请，切实提升了科创小微企业的金融服务体验。

2020 年新冠疫情的暴发，对我国实体经济造成了巨大冲击，许多企业停工停产。银行业陆续出台对企业加大信贷投放、提供优惠利率支持、提供专项线上融资产品等措施，助力企业复工复产。

微众银行也积极响应号召，于 2020 年 2 月 13 日率先推出了延期还款、3 个月还息不还本等措施；对湖北、广东、河南、浙江四省提供了专项贴现降息政策；针对医药等防疫、抗疫相关行业客户，及时提高授信额度。

资料来源：腾讯网，https：//page. om. qq. com/page/OFwCYU51zJFulTPwbCScDNdA0。

二、微粒贷

视频：微粒贷

微粒贷是微众银行推出的首款纯线上个人小额信用循环消费贷款产品，2015 年 5 月在手机 QQ 上线，同年 9 月在微信上线。“微粒贷”采用用户邀请制，受邀用户目前可以在手机 QQ 的“QQ 钱包”内以及微信的“微信钱包”内看到“微粒贷”入口，并可获得最高 30 万元借款额度。

（一）产品定位

微粒贷最早是通过白名单机制筛选出首批最符合微粒贷客户定位用户，以微众和腾讯内部为主，并逐渐扩大服务范围至全体目标用户，如果用户在 QQ 钱包里发现微粒贷的图标，则证明其已成为微众银行的第一批客户。现在，微众银行已在 QQ 钱包和微信钱包中上线，采用用户邀请制，受邀用户可在“微信—我—钱包”或“手机 QQ—我—QQ 钱包—资金理财”中找到“微粒贷”，点击获得产品体验。目前，“微粒贷”授信用户已超过 3000 万人。

（二）产品特点

与传统银行个人贷款不同，微粒贷具有以下特点：

1. 无抵押、无担保

传统金融机构提供的个人贷款，大部分要求借款人提供抵押等担保，无法提供担保或者名下没有固定资产的个人用户很难获得贷款。“微粒贷”无须抵押和担保，不需要提交任何纸质材料，能够较好地满足信用良好的个人用户的小额融资需求。

2. 7 × 24 小时服务，最快 1 分钟完成放款

微粒贷依托严谨的风险控制规则及完备的技术支持体系，提供 7 × 24 小时线上服务，办理手续便捷高效，全部流程都在手机上操作完成，借款可最快 1 分钟到账。

3. 随借随还，提前还款无手续费

传统金融机构大多要求用户在还款日当天还款，用户如果希望提前还款，需要申请并缴纳手续费。除常规默认代扣还款外，“微粒贷”也支持用户随时结清贷款，且不收取任何其他额外手续费用。

（三）额度和利率

微粒贷目前给用户的授信额度为 500 ~ 30 万元，依据个人综合情况而异。单笔借款可借 500 ~ 4 万元。

微粒贷采用按日计息方式，日利率为 0.02% ~ 0.05%，比如贷款 1 万元，一天利息即为 2 ~ 5 元。

(四) 贷款流程

1. 申请条件

申请开通微粒贷，微信账号或 QQ 账号需要满足以下基本条件：

①微信或 QQ 账户状态正常

②账户经过实名认证

③账户已绑定手机号

④账户已绑定银行卡

需要注意的是，微粒贷没有任何用户自助申请开通的渠道，都是由微众银行采用白名单的机制主动邀请，因此以上四条是申请开通微粒贷的基本条件，但最终能否开通微粒贷还要根据微众银行的系统评定结果来定。系统一般会根据用户在微信或是 QQ 上的活跃程度并结合个人资信条件进行综合评估。因此，保持良好的征信和软件使用习惯将有助于获得申请资格。

2. 操作步骤

一旦用户获得微粒贷的使用权限，就可以在微信或 QQ 的应用界面上看到微粒贷借钱的图标（见图 9－1），点击图标进入即可根据系统操作提示在几分钟内就可获得借款。具体操作步骤如下（以微信手机 App 为例）：

①在微信【我】【支付】点击【微粒贷借钱】图标进入；

②界面显示可借额度，点击下方【借钱】进入；

③输入要借的钱数，选择贷款期数和收款银行卡，并点击【下一步】进入；

④进入身份验证界面，输入【支付密码】；

⑤密码正确即进入手机验证，点击【获取验证码】并输入验证码后，点击【下一步】进入；

⑥继续点击【下一步】进入，按照提示完成【人脸识别】，即可成功获得借款。

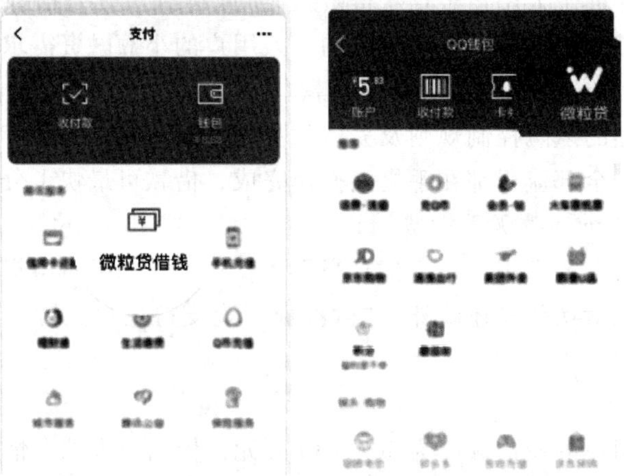

图 9－1　微粒贷在微信和 QQ 手机 App 的登录界面

在客户最高额度审批上，运用互联网大数据风控模型，数据来源包括用户基本信息、基于 QQ 的互联网行为数据和其他第三方数据等多维度数据。微粒贷的贷款的最高额度在微粒贷向客户开放前就审批完成，一次审批，一定期限内有效，系统自动审批、放款。微粒贷上线背后，依托于腾讯的互联网大数据征信技术。

知识链接

微众银行微粒贷累计打击下架200多个虚假App

日前，一些诈骗分子正利用微众银行微粒贷产品的高知名度，假冒微众银行“微粒贷”注册商标进行非法网络诈骗。微粒贷团队坚决打击相关诈骗行为，2020年第一季度累计打击下架超过60个虚假App和130个虚假网站；过去5年，微粒贷团队通过不同渠道已打击下架超过200个虚假App。

近日一位网友就遭遇到类似的诈骗，其手机上收到含有假冒“微粒贷App”贷款链接的短信，由于当时正好需要资金周转，于是点开链接按照指引一步步进行操作，之后该App客服以“开通费”为由向其索要一笔费用，好在该网友警惕性高，及时发现端倪，并未上当受骗。

微粒贷采用邀请制，受邀用户可以在手机QQ钱包和微信支付上看到微粒贷的入口，进行贷款操作，微粒贷目前暂无任何独立的App，且不存在开通费、不存在人为操作空间、不收取利息外的其他费用。在微粒贷团队的不懈努力下，打击假冒“微粒贷”商标活动取得显著成果；但各种网络诈骗手段仍然层出不穷，打击网络诈骗仍然任重道远。除了企业扩大宣传教育，用户也应从自身出发，提高自身辨别真伪的能力，让不法分子无从下手。

用户自身也要提高辨别能力，要认准官方渠道获取信息，不要相信除官网以外的虚假链接和虚假App，遇到未知来源的短信或网络广告所提供的信息时，可拨打微众银行官方客服热线进行核实。

资料来源：和讯，http：//news. hexun. com/2020－08－03/201805957. html。

三、微车贷

微课：微车贷

微车贷是微众银行推出的互联网＋汽车金融产品，最初与我国最大二手车电商优信合作，选择优信二手车“付一半”产品作为首个应用场景，现在微车贷的购车平台拓展至多个。微车贷作为微众银行旗下的汽车贷款产品，具有无月供，产品到期可选择还款或还车等特色服务。一般来说，银行对于车贷的审核是非常严格的，而微众银行推出的微车贷服务，无疑给想要贷款买车的客户提供了方便。微车贷能让贷款买车的客户可以享受到低利率与优质的服务，相比较汽车金融公司，优势还是非常多的。

（一）优势特点

微车贷具有无月供，产品到期可选择还款或还车的服务，还有387项严格检测、无重大事故承诺15天包退，无户籍房产收入等限制，只需本人身份证、借记卡、驾照在线提交申请，60分钟出结果，可选择两年无月供0压力或者月供超低利率（年化6.6%）。正是由于微车贷的这些特点，所以产品自开创以来受到很多购车用户的青睐。

（二）申请手续

微车贷手续简便无须到线下网点提交资料，免去舟车劳顿，只需本人身份证、借记卡、驾照在线提交申请即可，60 分钟就可出结果。

（三）微车贷申请流程

第一步：前往应用市场（或 App store）下载“优信二手车”App。

第二步：点击首页底部菜单栏“我的”按钮，点击“立即申请”我的付一半，即可进入注册页面。

第三步：完成注册后即可进入“身份验证”页面。

第四步：按照身份验证页面的提示输入您的个人信息，点击“验证”，便可完成贷款资格申请。

第五步：完成贷款资格申请后，最快 60 分钟内反馈审批结果。

（四）贷款利率

微车贷根据期限决定利率，一般来说，可选择两年无月供 0 压力或者月供超低利率（年化利率为 6.6%）。

（五）放款时间

签订合同、付好首付款后，约三个工作日优信可将款项按约定支付到指定车商账户；车商开始办理车辆过户和车辆抵押手续，车管所办理抵押登记的时间周期各个地区有差异。

四、腾讯征信

视频：腾讯征信

腾讯征信是首批经人民银行批准开展征信业务的机构之一，专注于身份识别、反欺诈、信用评估服务，帮助企业控制风险、远离欺诈、挖掘客户，切实推动普惠金融。目前，一些银行已开始与腾讯征信开展合作，如浦发银行的信用卡中心就将接入腾讯征信信用评分、反欺诈等征信产品。浦发银行是腾讯征信接入的腾讯外部首家商业银行。

（一）成立背景

在过去几年的时间里互联网金融得到了飞速发展，但在业务发展的背后，迫切需要个人征信体系作为支撑。在此之前，一些金融机构和民间团体，想要获得个人信用情况主要是通过央行个人征信报告，但是对于一些蓝领工人、学生、个体户、自由职业者等用户，央行征信系统没有建立这部分人的信用记录，而这些金融机构想要了解他们的信用记录成本也比较高。因此，这些金融机构可能无法对这些用户的信用风险进行准确的判断。然而这些用户可能是腾讯的活跃用户，他们使用腾讯的社交、门户、游戏、支付等服务，因此，腾讯可以轻松获取这些用户的相关数据和信息，通过对海量数据挖掘和分析技术来预测其风险表现和信用价值，为这一部分用户建立个人信用评分，并通过多渠道的触达让用户建立起“信用即财富”的观念。

2015 年 1 月 5 日，人民银行官方网站刊发了《关于做好个人征信业务准备工作的通知》，要求腾讯征信有限公司等八家机构做好个人征信业务的准备工作，准备时间为六个月。

（二）数据的获取与运用

腾讯的互联网大数据征信主要是运用其社交网络上海量信息，比如在线、财产、消费、社交等情况，为用户建立基于互联网信息的征信报告。

具体来说，征信体系将利用其大数据平台 TDBANK，在不同数据源中，采集处理相关行为和基础画像等数据，并利用统计学、传统机器学习的方法，得出用户信用得分，形成个人征信报告。腾讯征信正在积极应用新技术进行研究和验证，社交数据的信贷应用在全球范围内都是很前沿的探索。腾讯征信模型研究团队的初步成功已显示，社交数据可以明显提升个人征信的准确性。

除了帮用户建立个人信用，腾讯征信也将为相关金融机构或金融业务的风险控制提供有意义的参考。已经有多家 P2P、银行和保险公司等表达了强烈的意向，希望接入腾讯的个人征信服务。

（三）腾讯信用

腾讯信用是腾讯征信推出的个人征信管理平台，主要基于历史行为信息，通过采集不同维度的信息，运用大数据、机器学习以及传统统计方法相结合的技术手段来客观地反映用户的信用水平，从而得出用户的守信指数，用信用分来反映用户的信用水平，分数的多少是通过专业、先进的信用评分模型评估得出的，分数越高代表信用水平越高。

在腾讯信用，不仅能查询到用户的信用评分、管理用户的信用，而且能享受到好信用带来的金融特权和生活特权服务，金融特权包括现金借贷、银行办卡和消费分期等服务，生活特权包括信用出行等服务。

（四）产品类别及优势

1. 人脸识别产品

腾讯对人脸识别研究由来已久，其研发团队早在 2014 年就在世界权威人脸检测评测集 FDDB 上达到世界第一水平，人脸识别 LFW 数据集准确率超过了 99.5%。在实际业务产品社交网络图像上的准确率高达 99%，对于身份证照片准确率甚至超过了 99.9%。据悉，腾讯财付通与中国公安部所属的全国居民身份证号码查询服务中心达成人像比对服务的战略合作。居民身份证查询中心，拥有全国所有公民的户籍信息，拥有国内最权威的身份信息数据库。双方通过深度合作，结合腾讯独创的技术算法，大力提升人脸识别的准确率及商业应用可用性，联手帮助传统金融行业解决用户身份核实、反欺诈、远程开户等难题。

2. 反欺诈检查产品

腾讯征信旗下对公业务产品——账户级反欺诈产品已经开始接入合作机构，此款产品是国内首个利用互联网数据鉴别欺诈客户的产品，主要服务对象是银行、P2P、小贷公司、保险等机构。其能帮助企业识别用户身份，发现恶意或者疑似欺诈客户，避免资金损失。

3. 信用评分及信用报告产品

腾讯信用评分及报告则来自腾讯社交大数据优势，全面覆盖腾讯生态圈 8 亿活跃用户，通过先进大数据分析技术，准确量化信用风险，有效提供预测准确、性能稳定的信用评分体系及评估报告。对于个人用户不但可以查询个人信用报告，还可以提高和完善自身信用情况，形成良性循环；对于银行等商业机构，该信用评分体系可以与自有体系形成交叉比对，帮助机构更准确地对用户个人信用作出判别，挖掘更多价值用户。通过多家金融机构实用验证证明，腾讯信用评分体系预测效果适用于银行，且评分性能稳定。

（五）产品应用及服务对象

腾讯信用的用途非常广泛，腾讯信用可连接个人信用和商家，可以帮助用户享有更多商家优惠特权。一是享受金融机构提供的贷款服务，提供个性化的金融价格，包括银行、P2P、小贷公司；二是非金融机构，为信用担保提供参考，例如婚恋交友、租车、订酒店等业务场景。

腾讯征信业务服务的对象主要包括两部分：一是金融机构，通过提供互联网征信服务来帮助他们降低风险，能够为更多用户提供金融服务；二是服务普通用户，用很便捷的方式帮助他们建立信用记录，这些信用记录能反过来帮助他们获得更多的金融服务。

知识链接

腾讯信用分一般多少，这五点起决定作用

腾讯赶在“8·8无现金日”之前，低调上线了腾讯信用分，日前只针对超级会员开通查询，你知道腾讯信用分一般多少吗？影像腾讯信用分多少的因素有哪些吗？

一、腾讯信用分一般多少？

腾讯推出信用分体系，跟阿里巴巴的“芝麻信用分”很像。目前只有QQ超级会员可以参与腾讯信用分内测，根据官方介绍页面，腾讯信用分根据信用卡还钱的情况（履约）、账户安全、财富多少、消费水平，甚至是社交人脉来算分，最低300分、最高850分。

二、腾讯信用分评估标准

腾讯信用分一般多少主要受到五种因素影响，具体包括以下内容：

1. 履约指数——用户平时是否守约，例如贷款、信用卡是否按时还款；
2. 安全指数——用户的手机QQ支付、微信支付的安全设置是否到位，例如账户是否有实名认证和数字证书；
3. 财富指数——用户的个人资产情况，例如各类资产的构成、理财记录等；
4. 消费指数——用户的手机QQ、微信支付行为如何，例如购物、缴费等场景的行为及偏好；
5. 社交指数——用户在QQ上的社交行为和人脉关系如何，良好的社交行为和人脉关系有助于提升社交指数。

三、腾讯信用分降低的原因

腾讯信用分一般多少还会因为这些导致分数降低：

1. 银行、保险等金融机构借款，到期未还款；
2. 打车、租车、延保维修等生活场景内，出现违约行为；
3. 涉及黄赌毒、欺诈等违法行为；
4. 不讲究个人诚信，进入老赖黑名单。

资料来源：希财，https：//www. csai. cn/loan/1243474. html。

模块二

网商银行

【内容简介】

本模块主要介绍蚂蚁金服旗下互联网银行网商银行的基本情况，从发展目标到发展历程、业务范围，再到产品类型，着重介绍了网商银行特色产品网商贷和余利宝以及网商银行自有信用评价体系芝麻信用。

【案例导入】

江苏省文旅厅与网商银行签署战略合作框架协议促乡村文旅产业发展

3月18日上午，网商银行与江苏文旅厅在无锡共同签署战略合作框架协议，双方将围绕数字人民币应用于文旅场景开展合作，共同推进江苏旅游数字化、网络化、智能化发展。

根据战略合作框架协议，网商银行将支持和服务江苏文旅景区开通数字人民币钱包，满足线上线下文旅消费者的数字人民币支付需求，同时联动支付宝文旅景区小程序，为线上购票、购买产品及服务的游客，提供使用数字人民币支付的入口。

文旅部门、文旅景区和文旅企业可通过网商银行、支付宝开展文旅促消费相关活动，通过发放数字人民币消费券、搭建数字人民币消费专区等方式，鼓励消费者使用数字人民币消费，提升数字人民币在文旅场景的消费频次与规模。

此外，网商银行有丰富的线上触达、服务客户能力，沉淀了大数据风控经验，可为江苏省内景区、文博场馆、乡村旅游重点村等区域及相关经营主体提供普惠金融服务，助力江苏省乡村文旅产业发展。

资料来源：扬子晚报官方账号。

【基础知识】

一、网商银行简介

视频：网商银行简介

网商银行，即浙江网商银行股份有限公司，是由蚂蚁金服作为大股东发起设立的我国第一家核心系统基于云计算架构的商业银行。它作为原中国银监会批准的我国首批5家民营银行之一，于2015年6月25日在浙江杭州正式开业，注册资本40亿元。2014年9月29日，原中国银监会下发通知，同意在浙江省杭州市筹建浙江网商银行。

浙江网商银行由浙江蚂蚁小微金融服务集团、上海复星工业技术发展有限公司、万向“三农”集团有限公司、宁波市金润资产经营有限公司共同发起设立。

（一）发展目标及定位

网商银行的发展目标是帮助解决小微企业、个人创业者融资难融资贵、农村金融服务匮乏等问题，促进实体小微商户的贷款，侧重 B 端，这与阿里巴巴的“让天下没有难做的生意”一脉相承。这一点与同是互联网银行领头羊的微众银行略有不同。

网商银行是我国第一家将核心系统架构在金融云上的银行。基于金融云计算平台，网商银行拥有处理高并发金融交易、海量大数据和弹性扩容的能力，可以利用互联网和大数据的优势，给更多小微企业提供金融服务。网商银行定位为网商首选的金融服务商、互联网银行的探索者和普惠金融的实践者，为小微企业、大众消费者、农村经营者与农户、中小金融机构提供服务。

（二）发展历程

2015 年 6 月 25 日，网商银行正式开业。

2015 年 7 月，网商银行第一笔互联网纯信用贷款在浙江桐庐发放；网商银行宣布启动“大学生回乡回村创业扶持计划”。

2015 年 8 月，网商银行联手中文流量统计网站 CNZZ 面向中小创业网站推出流量贷。

2015 年 9 月，网商银行上线农村金融专属产品——旺农贷，为农村地区用户提供互联网信贷服务，推动普惠金融。

2015 年 10 月，网商银行联手支付宝口碑推面向线下中小餐饮商户推出口碑贷。

2015 年 11 月，网商银行面向天猫淘宝上的小微商户推出双十一大促贷。

2015 年 12 月底，网商银行服务小微企业数量突破 50 万家。

2016 年 2 月底，网商银行服务小微企业数量突破 80 万家，为小微企业累计提供了超过 450 亿元的信贷资金。

2016 年 3 月，网商银行 App 正式公开上线。

2018 年 6 月 21 日，网商银行启动“凡星计划”，并定下了新目标：未来三年，网商银行将与 1000 家各类金融机构携手，共同为 3000 万小微经营者提供金融服务。

2019 年 12 月，网商银行首次增资获批，注册资本由 40 亿增至 65.71 亿元。

2020 年 3 月，全国工商联会同多家行业协会，与网商银行等共同发起“无接触贷款”助微计划，100 家银行迅速集结加入计划，在半年内，全力支持全国约 1000 万家小微企业、个体工商户及农户等复工复产，打赢经济仗。

2020 年 5 月，网商银行首单永续债发行成功，成为首家成功发行资本债的民营银行。

2020 年 6 月，网商银行宣布，通过无接触贷款已服务超过 2900 万小微企业，实现 3 倍于成立时的五年目标。

2021 年 10 月，网商银行发布基于数字技术的供应链金融方案——“网商银行大雁系统”，海尔、华为、蒙牛、旺旺等超过 500 家品牌成为首批接入的品牌。

2022 年 8 月 19 日，华夏银行与网商银行签署《战略合作协议》。

（三）业务范围

浙江网商银行是一家以互联网为平台面向小微企业和网络消费者开展金融服务的民营银行，开业后将按照“小存小贷”模式为小微企业和网络消费者提供有关贸易与生活方面的金融解决方案。

其主营业务包括：吸收公众存款；发放贷款；办理国内外结算；办理票据承兑与贴现；发行金融债券；代理发行、代理兑付、承销政府债券；买卖政府债券、金融债券；从事同业拆借；买卖、代理买卖外汇；提供担保；代理收付款项及代理保险业务；经国务院银行业监督管理机构批准的其他业务。

（四）产品类别

网商银行致力于为小微企业和广大创业者提供金融服务，其产品也是围绕着小微企业和个体经营者所设计的。

1. 借款类产品

网商贷是针对阿里体系里的纯信用个人经营提供贷款服务，旺农贷是专门面向农村市场的金融服务产品。两种贷款产品起贷金额为 1 元，无抵押、免担保，利率大大低于市场同类产品的小额贷款服务。申请人可在 30 秒完成在线申请，贷款最快 3 分钟到账；可随时还款，贷款期限最长为 24 个月。

信任付是由网商银行提供给小微经营者“先拿货、后付款”的采购后付服务，支持 1688 平台先采购后付款。可以享受 30～90 天的延期付款。目前，信任付只面向有 1688 平台部分受信任商户开放，也在逐步向其他用户群体开放。

2. 现金管理类产品

余利宝是面向商家打造的现金管理工具，可以轻松从支付宝转入，大额转出可以实现秒到账，安全快速。

3. 企业网银

除了借款类和现金管理类产品，网商银行还推出了企业网银，企业可以通过网商银行平台使用余利宝进行现金管理，还可以进行批量代发，移动审批等业务。

4. 供应链金融

自保理是网商银行推出的赋能采购商提升供应链管理效率和行业竞争力，携手为企业供应商提供全在线体验的收款服务。

5. 电子票据

网商贴是网商银行为小微企业提供的电子票据一站式服务平台，企业可以在手机端进行电子银行承兑汇票的票据贴现业务，并能够实现资金快速到账。

（五）产品运营

1. 运营模式

网商银行拟打造全流程网络经营模式。网商银行以互联网为主要手段和工具，全网络化运营，提供网络特色、适合网络操作、结构相对简单的金融服务和产品。

2. 产品服务

网商银行采取“小存小贷”的业务模式，客户群体为电商上的小微企业和个人消费者。具体而言，是提供 20 万元以下的个人存款产品和 500 万元以下的贷款产品。此外，还对产品有比例问题、单户总额要求。网商银行不同于传统银行突出的特色是：①小存小贷模式设置了存贷款上限，特色清楚，符合差异化经营导向；②网络银行模式，利用互联网技术来开展银行业务，客户来自电商。

3. 运营理念

银行名称选叫网商银行，即互联网商业银行，网商银行期望能用互联网的技术、互联网的理念，尤其是互联网的信用，去提供适合小微企业和草根消费者的金融服务。

4. 运营能力

阿里小贷的核心技术、风控模式、管理经验、对客户的服务经验等，已积累了四年，这些都会传承到新生银行中去。民营银行筹备完成，未来一段时间，也会保持阿里小贷与网商银行并行。

二、网商贷

视频：网商贷

网商银行信贷产品主要指的是网商贷，网商贷是由网商银行提供的个人经营性贷款，针对人群是商户，贷款的目的是用于经营。网商贷，给网商的贷款，由其名称就可以得知，其贷款是贷给网商的。

（一）网商贷与蚂蚁借呗的区别

与网商贷同属蚂蚁金服的蚂蚁借呗同是提供贷款的金融服务，不同的是，蚂蚁借呗针对的是个人消费者的消费性贷款，网商贷是针对商户的经营性贷款，也就是所谓的商业贷款。

（二）获取资格

一般个体经营者芝麻信用良好，经常使用支付宝，个人征信没有问题，基本上可以取得网商银行的贷款资格。

（三）产品特点

网商贷完全凭借个体经营者商户的信用发放贷款，1 个月起贷，无须抵押和担保，30 秒在线申请，最快 3 分钟就可以获得贷款，最长可以贷 24 个月，可随时还款。网商银行根据商户的信用及申请的贷款期不同，提供不同的信贷方案，最低日贷款利息低至 0.016%。

（四）申请流程

网商贷的申请流程十分简单，前提申请人必须有支付宝和芝麻信用（蚂蚁金服的信用评级），只有经常使用支付宝的用户才能有芝麻信用分。

可以通过两个渠道进入网商贷的操作界面：

1. 网页版网商银行

使用电脑浏览器登录网商银行官网，在借款中选择网商贷，进入网商贷界面后，用支付宝账户或者是淘宝、天猫、阿里巴巴卖家账号登录，登录后网商银行会根据用户的信用情况显示出用户可以获得的最高贷款金额及利率，用户根据需要填入借款金额、用途、期限和还款方式等信息确定提交后，网商银行后台进行审核，很快就会把贷款金额打入用户指定的银行卡中。

2. 支付宝手机 App 或网商银行手机 App

打开支付宝手机 App，点击“我的”，在列表中选择网商银行，如果有网商银行手机 App，直接打开 App 即可，进入之后选择贷款，这时网商银行会根据用户的信用情况显示出用户可以获得的最高贷款金额及利率，确定看过这些信息之后点击“去借钱”，接下来用户根据需要填入借款金额、用途、期限和还款方式等信息确定提交后，网商银行后台进行审核，很快就会把贷款金额打入用户指定的银行卡中。

三、余利宝

视频：余利宝

余利宝是网商银行推出的一款现金管理类产品，该产品主要面向个人、小微企业和小微经营者的现金管理产品，产品本身为由天弘基金推出的云商宝货币基金，具备低风险、高流动性的特点，由网商银行和天弘基金联手打造。

（一）余利宝与余额宝的区别

众所周知，阿里巴巴旗下的支付宝有一个明星产品“余额宝”，受到广大用户的喜爱。那么，同是阿里巴巴旗下的产品，又都是天弘基金的货币型基金，两者有什么区别呢？

1. 产品应用的平台不同

余额宝主要应用于支付宝平台，方便用户在使用支付宝进行金钱往来的时候，可以随时把暂时闲置的资金放进余额宝里进行管理，所得收益会远远高于银行的活期利息，相当于在支付宝平台购买了货币型基金。而余利宝是由网商银行推出的一项主打资金管理的产品。不过现在余利宝也可以通过支付宝客户端进行购买。

2. 面向的客户群体不同

余额宝主要面向的是个人客户，而余利宝主要面向小微企业和个人小微经营者，当然个人非经营者客户现在也可以购买余利宝。

3. 投资限额不同

最开始，余额宝的最高投资限额是 100 万元，2017 年 5 月，天弘基金发布个人持有余额宝的限额从 100 万元调整到 25 万元，同年 8 月又调整为 10 万元。也就是说个人持有如果达到或超过 10 万元，则无法转入更多的资金。目前，余额宝放开了投资额度限制，不设置最高限额，而余利宝则有一定的额度限制，如果是以经营者个人身份购买，余利宝的限额则是 1000 万元；如以企业身份购买，单个账户最高可持有份额为 5000 万元。

（二）收益率及收益计算

网商银行官网给出的余利宝 30 日年化收益率为 1.9490%（截至 2023 年 3 月 27 日），收益率随市场的波动而变动。

余利宝和余额宝计算收益的方式是一样的，转入后，下一个基金交易日开始计算收益，如遇国定节假日顺延，收益到账日为计算收益日的第二天。

（三）产品赎回

目前，个人单个账户单日实时赎回额度为 10 万元，企业单个账户单日实时赎回额度为 500 万元，非实时赎回（T+1 基金交易日到账）额度无限制。

（四）购买流程

登录网商银行或支付宝，选择“余利宝”，输入转入的银行账号及金额，点击“确定”，输入密码就可以实时完成资金的划转。

四、芝麻信用

视频：芝麻信用

芝麻信用，是蚂蚁金服旗下独立的第三方征信机构，通过云计算、机器学习等技术客观呈现个人的信用状况，已经在信用卡、消费金融、融资租赁、酒店、租房、出行、婚恋、分类信息、学生服务、公共事业服务等上百个场景为用户、商户提供信用服务。

（一）设立背景

2015 年 1 月 5 日，中国人民银行发布了允许 8 家机构（其中包含芝麻信用）进行个人征信业务准备工作的通知，人民银行此举被视为是中国个人征信体系有望向商业机构开闸的信号。2015 年 1 月 28 日，芝麻信用评分正式上线。

（二）公司定位

芝麻信用致力于解决消费者和商家之间的信任问题，构建互信互惠的商业环境。依托大数据、云计算、区块链等创新技术，连接商业、民生等多维场景，为消费者提供普惠平等的信用服务，如免押金租、信用签证、极速理赔等，提升信用带来的幸福感。与此同时，帮助商家重构体验、提高效率、降低风险、扩大销量，让他们也享受信用红利。

（三）技术支持

芝麻信用拥有强大的数据和数据处理技术。芝麻信用分是芝麻信用对海量信息数据的综合处理和评估，主要包含了用户信用历史、行为偏好、履约能力、身份特质、人脉关系五个维度。芝麻信用基于阿里巴巴的电商交易数据和蚂蚁金服的互联网金融数据，并与公安网等公共机构以及合作伙伴建立数据合作，与传统征信数据不同，芝麻信用数据涵盖了信用卡还款、网购、转账、理财、水电煤缴费、租房信息、住址搬迁历史、社交关系等。"芝麻信用"通过分析大量的网络交易及行为数据，可对用户进行信用评估，这些信用评估可以帮助互联网金融企业对用户的还款意愿及还款能力作出结论，继而为用户提供快速授信及现金分期服务。

从根本上来说，"芝麻信用"是一套征信系统，该系统收集来自政府、金融系统的数据，还会充分分析用户在淘宝、支付宝等平台的行为记录。

（四）主要应用

芝麻信用在公测期间已与租车、租房、婚恋、签证等多个领域的合作伙伴谈定了合作，即将提供试验性的服务，例如未来当用户的芝麻分达到一定数值，租车、住酒店时将有望不用再交押金，网购时可以先试后买，办理签证时不用再办存款证明等。

2016 年 5 月，光大银行宣布与蚂蚁金服旗下芝麻信用正式合作，引入芝麻信用全产品体系，在取得用户授权后，将借鉴芝麻分作为在线发卡、风控的依据。

目前，芝麻信用评分、信息验证服务（IVS）、行业关注名单等芝麻产品作为贷前产品，已在光大信用卡风控体系中得到应用。

（五）产品优势

1. 广泛的实名用户

芝麻信用所有开通用户均为实名认证用户，覆盖广泛，许多原来传统征信没有信贷记录的人群，也开始有了属于自己的信用评价。

2. 独特的数据价值

芝麻信用信用数据覆盖借贷、支付、出行、住宿、公益、等数百种场景，包括电商数据、互联网金融数据、公共机构数据、合作伙伴数据、用户上传数据等，能很好地刻画信用状况。

3. 强大的处理能力

芝麻信用已经具备同城灾备切换能力以及强大的商户信用信息查询调用能力，有效平稳支持了公测以来用户及各行业商户 7×24 小时的查询调用。

4. 敏锐的行业洞察

芝麻信用聚集了多位具备国际风险管理和信用管理系统建设经验的全球顶尖数据科学家和金融行业翘楚，深度融合了传统信用评估和互联网 + 创新信用评估，对行业具有丰富的经验和深刻的洞察。

5. 便利的场景应用

芝麻信用应用已经覆盖信用金融、信用租车、信用酒店、信用租房、信用婚恋、信用签证等多个领域，普通老百姓能够简单、直观地感受到信用的价值和便利。

（六）信息安全

芝麻信用不会采集用户聊天、短信、通话等个人信息，也不会采集、追踪用户在社交媒体上的言论。即便经过用户授权，也只采集必要的、有效的、与经济信用评价相关的各维度数据。

除法律法规另有规定的情形外，用户信息的收集、整理、加工、输出，无论是芝麻信用，还是第三方合作机构，都要获得用户的授权。没有用户的授权，无论是芝麻信用，还是各合作伙伴，都不能调用用户的数据。

所有数据都通过科学的评分模型运营计算，没有人工的接触。系统还会通过运算规则自动将敏感数据进行脱敏处理。并且不管是机构还是个人，要查看芝麻信用分，都必须获得用户本人的授权，加上信用评估是直接以分值的形式呈现，以保护个人的具体信用信息和隐私。

知识链接

芝麻信用分等级是怎么划分的？

芝麻信用分等级是这样划分的：

1. 350～550 分，信用较差，属于最低等级；

2. 550～650 分，信用中等，属于中等水平；

3. 650～700 分，信用良好，650 分以上可以申请很多的贷款平台了；

4. 700～750 分，信用优秀，需要非常守信用才可达到；

5. 750～950 分，信用极好，这部分人是支付宝的优质用户了。

资料来源：https：//www. csai. cn/wenda/843605. html。

模块三

新网银行

【内容简介】

本模块主要介绍了互联网银行代表网商银行的基本情况、银行特色和发展经历，并着重介绍了新网银行的主打业务类型。

【案例导入】

经营稳中向好 战略调整成效显现

财报数据显示，截至2021年6月末，新网银行总资产规模较去年同期增加23.44亿元。净利润为4.28亿元，同比上升8%，环比增长39%。不良率为1.04%，较2020年末下降0.15%。拨备覆盖率为379.84%，显著高于监管要求标准，约为行业平均水平2倍，显示出较强的抗风险能力。

2021年上半年，踏上二次创业新征程的新网银行实施三大战略，稳步推进“存贷汇一体化”，不断完善业务功能。持续推进B端和C端联动，优化业务结构，提升发展动能。与此同时，新网银行切实服务实体经济，积极投身绿色发展、乡村振兴、成渝双城经济圈建设等重大战略，开展多元业务探索，成效显著。

此前，《清华金融评论》对19家民营银行2020年年报数据的对比分析显示，新网银行2020年净资产收益率（ROE）为15.16%，在民营银行里排名第二，净利润排名第三，位居民营银行第一方阵。新网银行2021年上半年ROE增长至16.68%，盈利能力突出。

资料来源：央广网，http：//sc.cnr.cn/scpd/xwsd/20210816/t20210816_525566820.shtml。

【基础知识】

一、新网银行简介

新网银行（XWBank）是继微众银行、网商银行之后全国第三家、同时也是中西部首家互联网银行。新网银行于2016年12月28日正式开业，注册资本为30亿元，由新希望集团、小米、红旗连锁等股东发起设立，其中新希望集团出资9亿元，占股30%；小米通过全资子公司银米科技出资8.85亿元，占股29.5%；红旗连锁出资4.5亿元，占股15%。新网银行是原中国银监会批准成立的全国第七家民营银行，也是四川省首家民营银行。

（一）银行定位

新网银行坚持“移动互联、普惠补位”的差异化定位，以及“数字普惠、万能连接”的特色化经营，着力打造成为一家数字科技普惠银行，依托领先的金融科技能力、稳健的大数据风控技术和高效的互联网开放平台运营模式，服务小微群体、支持实体经济、践行普惠金融。

新网银行秉持“用户导向、技术驱动”的理念，以及“单点突破、快速迭代”的打法，把金融科技和大数据风控视为自身的核心能力来建设和创新，运用云计算、大数据、人工智能等新一代互联网技术，为“二八定律”中那80%没有享受到完善金融服务的小微群体，提供更安全、更便捷和更高效的金融服务，用技术的力量做好普惠金融的补位者和探索者。

（二）银行特色

同时，新网银行将始终保持开放的姿态，向合作伙伴提供连接服务，让更大范围内的用户和需求、产品和服务进行连接并适配，做金融服务领域的“万能连接器”。

新网银行将发挥互联网银行特色，运用互联网大数据风控、云计算、人工智能等技术，解决小微企业和长尾人群风险识别难、客单价值低的难题，打造高效的数据信贷文化，提升客户体验、降低业务成本。一位小微企业主若要借钱，不用到网点，通过上传身份证和拍个人照片就可提起申请；我们以人脸识别技术核实身份，并通过大数据审核个人信用信息，几秒钟就可实现审批，审批通过后，几分钟即可发放贷款。

（三）发展经历

2016 年 12 月 28 日，四川首家民营银行也是中西部首家互联网银行新网银行正式命名并对外公布。2017 年 5 月 9 日，新网银行开创了互联网银行涉足网贷资金存管业务的先河，与乐钱签订银行存管协议。新网银行资金存管系统采用的是与银行一致的直接存管模式，充分发挥监督作用，对用户的交易资金进行监督和管理。截至 2017 年 6 月底，新网银行已与全国 30 多家平台达成资金存管合作，且完成了多家平台的存管上线，形成了较为成熟的 P2P 资金存管经验。2018 年 9 月 20 日，新网银行在中国互金协会旗下的全国互联网金融登记披露服务平台上发布了的声明书，表示已通过个体网络借贷资金存管系统测评（P2P 网贷机构存管银行“白名单”）。新网银行自 2018 年扭亏为盈后，业绩增速迅猛。2019 年度，该行的营收增长了 100.79%，净利润更是增长了 207.61%。2020 年，新网银行高管层发生大震荡，包括行长、董事长、副董事长、董事等在内多个职位进行了变动。同时，受到 P2P 网贷机构陆续出清的影响，新网银行的 P2P 存管业务已由最高对接 100 多家到最后全部清零，曾经的资金存管大户已经消失。新网银行也因此丢失了一个重要的收入来源，净利润整体下滑。受益于业务功能不断完善，BC 联动、三位一体数字金融能力矩阵逐步形成，新网银行整体发展态势良好，特别是积极响应国家政策，全力投入金融惠企利民纾困行动，发挥数字信贷全在线、非接触的服务优势，加快、加大信贷投放，助力实现对新市民、小微企业和个体工商户等抗疫纾困重点群体的精准滴灌。2022 年半年度报告，网银行资产规模 744.23 亿元，营业收入 16.26 亿元。资产规模和营业收入均呈现较快增长，营业收入同比增长 35.87%。

二、新网银行业务类型

（一）好商贷

好商贷是新网银行针对持有满 1 年以上的营业执照的法人用户开放申请的一款线上纯信用经营性贷款产品。好商贷无须担保和抵押，仅需要身份证、营业执照、银行卡即可线上办理，且审批快速，最高额度 100 万元，最长可融资 5 年，随借随还，按日计息，提前还款无违约金。

（二）好人贷

好人贷是新网银行推出的一项针对个人消费类大额贷款产品，最高贷款额度可达 100 万元。申请好人贷，需要关注新网银行微信公众号，3 分钟即可完成申请，一次授信，终身使用，额度终身有效 7×24 小时服务，随时可以还款，提前还款无任何手续费。

（三）好企 e 贷

好企 e 贷是新网银行面向中小微企业主推出的一款线上贷款业务。申请好企 e 贷的中小微企业（含合伙、独资企业）、个体工商户需满足以下条件：企业法定代表人年龄

22~60 周岁（含）；企业成立不低于 2 年；企业纳税等级 A/B/C/M（个体户除外）。好企e贷的最高额度可达 300 万元，随借随还，按日计息。

（四）企业网银

企业网银是新网银行推出的针对企业客户的网上银行服务，方便企业客户在网上就可以进行资金的管理，实现电子贸易，助推客户在贸易交易中实现效益最大化和资源最优化。

模块四

百信银行

【内容简介】

本模块主要介绍了国家首家直销银行百信银行的基本情况、成立背景、发展历程、市场定位和主要特点，并着重介绍了百信银行目前所开展的几项重点业务。

【案例导入】

银行业数字化转型试验田

百信银行于 2017 年 11 月 18 日正式开业，2020 年 11 月，中信百信银行增资扩股获原中国银保监会批复，引入境外机构加拿大养老基金投资公司作为新股东，注册资本由 40 亿元增至 56.34 亿元，增资后中信银行持股 65.70%。

8 月 25 日，中信银行发布 2021 年上半年业绩报告，报告显示，百信银行上半年总资产 679.32 亿元，同比增长 24.98%；实现净利润 1.04 亿元，其中营业净收入 13.18 亿元，同比增长 64.0%，拨备前利润 8.88 亿元，同比增长 76.9%。

"过去四年时间，我们一直坚持数字普惠金融的战略，践行银行业数字化转型试验田这样的使命，我们希望通过人工智能、大数据、云计算这些新的技术去改变传统的金融供给方式。目前已经形成了云化、敏捷、智能、安全的科技新范式。"百信银行首席战略官陈龙强称，百信银行和监管部门一起拥抱创新，已连续两次入选人民银行金融科技监管沙盒，目前，第一个项目开放银行平台 AIBANK Inside 已经顺利出箱。

截至 2021 年年末，百信银行服务用户超过 6900 万，覆盖全国 800 多个县市，客群 60% 以上是三线以下城市的低收入群体，其中首次获得银行信贷服务的小微企业和个体工商户占比 42%。

2021 年 12 月 27 日，邮储银行发布公告称，原中国银保监会已批准邮储银行直销银行子公司中邮邮惠万家银行有限责任公司开业。这将是百信银行成立后的国内第二家直销银行，也是首家由国有大行发起设立的独立法人直销银行。邮惠万家银行获准开业也进一步说明百信银行直销银行模式探索成功。

资料来源：搜狐，https：//www.sohu.com/a/513623363_118622？scm=1002.2715008b.0.SHARINGAN_PC_FINANCE。

【基础知识】

一、百信银行简介

视频：百信银行简介

百信银行，全名百信银行股份有限公司，是我国首家由互联网公司与传统银行深度合作、强强联合发起的直销银行，由百度与中信银行于2015年11月18日合作设立。百信银行股份有限公司与现有银行的区别，主要在于没有线下网点，是通过互联网提供金融产品和银行服务，无时间地域的限制。2017年1月5日，中信银行与百度公司接到银监会批复，同意在北京市筹建中信百信银行股份有限公司。2017年11月18日，百信银行在北京宣布正式开业。

（一）成立背景

2015年7月国家出台《关于积极推进“互联网+”行动的指导意见》，同期，十部委联合印发《关于促进互联网金融健康发展的指导意见》也进一步明确，以银行为主体，联合互联网公司共同发展互联网金融；近日国家出台的“十三五”规划中，互联网金融也被首次纳入国家五年规划，互联网金融已上升为国家战略，中信银行与百度公司积极响应，联合发起设立直销银行，发展普惠金融，服务实体经济。

（二）发展历程

2015年11月17日，中信银行发布公告称，拟与百度公司合作共同设立直销银行，该直销银行拟定名称为“百信银行股份有限公司”，注册资金为20亿元，由中信银行控股。2015年11月18日，百度公司与中信集团在钓鱼台国宾馆联合宣布双方达成战略合作，百度公司与中信集团旗下中信银行发起设立百信银行。2017年1月5日，中信银行发布公告称，原银监会同意在北京市筹建中信百信银行股份有限公司。银行类别为有限牌照商业银行，以独立法人形式开展直销银行业务。这是国内首家采用独立法人运作模式的直销银行。中信银行和百度公司作为发起人，分别认购百信银行14亿股、6亿股普通股股份，入股比例分别为70%、30%。2017年11月18日，百信银行正式开业，这也是中国首家独立法人形式的直销银行，具有试点意义。

2018年4月，百信银行在首届数字中国建设峰会期间展示了“政府公共资源交易中心互联网金融解决方案”，为公共资源交易中心、产业互联网提供了解决方案，并与大连市公共行政服务中心签署合作协议。2020年5月22日，原银保监会官网公告显示，中信百信银行股份有限公司（以下简称“百信银行”）增资扩股及股东资质的申请获批。此次增资后，百信银行注册资本将增至56.34亿元。2020年8月15日，百信银行推出了国内首张数字银行卡——百度闪付卡，百度闪付卡是由百度公司、百信银行联合中国银联共同推出。2020年10月13日，百信银行发布旗下全新信贷服务品牌好会花，并携手开心麻花在快手、微博同步上演金融圈首场喜剧直播产品发布会。2021年4月8日，百信银行发布全新智能汽车金融品牌，并推出了“百车贷”和“百商贷”两款产品。

（三）市场定位

百信银行的市场定位是“为百姓理财，为大众融资”，将依托中信银行强大的产品研发及创新能力、客户经营及风险管控体系，以及百度公司互联网技术和用户流量资源，满足客户个性化金融需求，打造差异化、有独特市场竞争力的直销银行。

（四）主要特点

百信银行股份有限公司是我国首家独立法人直销银行，“直销银行”从 2013 年起在我国出现。2013 年 9 月起，民生银行、北京银行相继推出直销银行业务，国内有超过 20 家银行都推出了直销银行业务。其与现有银行的区别，直销银行主要在于没有线下网点，是通过互联网提供金融产品和银行服务，无时间地域的限制，是传统银行为了应对互联网金融的挑战而采取的策略。百信银行——独立法人直销银行，可以让直销银行的业务进展更迅速。原来在传统银行体系之内，直销银行的业务与银行传统业务有冲突，业务推进有一定的障碍，而成立单独的直销银行可以有体制机制上的优势。

二、百信银行业务类型

百信银行业务主要分为财富管理、消费金融和企业金融三大板块。

（一）财富管理

财富管理主要为用户提供优质的资金管理产品，利用直营银行和技术低成本运营优势打造低门槛、高收益、安全、存取灵活的产品。百度银行也将联合扶贫公益组织，携手爱心理财。

（二）消费金融

消费金融主要是为用户提供消费分期服务及小额贷款。无须抵押和担保，依据信用设定贷款额度，最高可达 30 万元；在线申请，实时审批，最快 5 分钟放款；一次授信，循环使用，可随借随还，按日计息。

（三）企业金融

企业金融主要针对企业客户设定相关产品，有支持企业客户的信用贷款的百兴贷，支付渠道聚合支付，财务管理类工具商户钱包以及广泛应用于 P2P、消费金融、众筹、电商、保证金支付等场景的行业存管。

【项目练习】

一、单项选择题

1. 微众银行又被称为（　　）。

A. 大众银行　　B. 腾讯银行　　C. 国有商业银行　　D. 外资银行

2. 腾讯征信难以获得的信用记录有（　　）。

A. 自由职业者在腾讯上的社交记录　　B. 个体户在腾讯上的支付信息

C. 企业的贷款记录　　D. 学生在腾讯上的游戏记录

3. 网商银行面向商家打造的现金管理工具是（　　）。

A. 网商贷　　B. 旺农贷　　C. 微粒贷　　D. 余利宝

4. 下列选项中属于余利宝的特点的是（　　）。

A. 低风险　　B. 高风险　　C. 低流动性　　D. 高收益

5. 以下选项中，（　　）不属于芝麻信用数据所涵盖的。

A. 信用卡还款　　B. 水电煤缴费　　C. 密码信息　　D. 租房信息

二、多项选择题

1. 腾讯征信业务服务的对象主要包括（　　）。

A. 企业　　B. 金融机构　　C. 政府　　D. 普通用户

2. 网商贷的申请流程十分简单，前提是申请人必须有（　　）和（　　）。

A. 支付宝　　B. 芝麻信用　　C. 微信　　D. 淘宝

3. 芝麻信用分是芝麻信用对海量信息数据的综合处理和评估，包含的维度主要有（　　）。

A. 用户信用历史　　B. 行为偏好

C. 履约能力　　D. 身份特质

三、判断题

1. 微众银行与招商银行一样是拥有众多线下物理网点的商业银行。（　　）

2. 腾讯征信不仅记录个人信用信息还包括企业信用信息。（　　）

3. 网商银行利用互联网的技术、数据和渠道创新，来帮助小微企业、个人创业者解决融资难、融资贵等问题。（　　）

4. 个人非经营客户芝麻信用良好也可以取得网商银行的贷款资格。（　　）

5. 芝麻信用是蚂蚁金服旗下独立的第三方征信机构。（　　）

6. 新网银行是全国第一家互联网银行。（　　）

7. 百信银行是由百度和中信合作设立的直销银行。（　　）

四、简答题

1. 简述微粒贷的产品特点。

2. 简述余利宝和余额宝的区别。

PPT

项目十 互联网银行的安全技术

【知识目标】

了解信息安全的概念、网络攻击技术与防范、加密技术、对称秘钥体制、公开秘钥体制、数字签名、数字证书、身份认证、报文认证、网络安全协议、S－HTTP 协议、SSL 协议、SET 协议。

【能力目标】

通过本章的学习，使学生了解网络环境下的信息安全的隐患和原因，了解网络信息安全设计的原则。掌握网络信息安全领域涉及的网络攻击方式和手段，掌握网络防御的措施，使学生建立起主动防范意识，增强网络系统的安全性，提高抵御各种网络攻击的能力。

模块一 信息安全介绍

【内容简介】

主要介绍信息安全、当前主要网络攻击手段。介绍互联网银行信息安全体系结构，掌握其相关概念和模型，深化学生对信息安全的理解。

【案例导入】

“互联网账户信息安全”风险

互联网与金融深度融合，一方面改变了传统金融行业格局推动了服务理念的进步，另一方面则是深化了金融改革，构建出多层次金融体系。然而，发展势头迅猛的互联网金融，也带来了一连串“互联网账户信息安全”风险。病毒木马攻击、系统漏洞、用户信息泄露、黑客侵袭等风险事件频发，使互联网金融公司一直处于信息安全的风口浪尖。

资料来源：百度学术，https：//xueshu. baidu. com/usercenter/paper/show？ paperid = bc960b919a6722e9113dbb574bafa4d1&site = xueshu_se。

请思考：互联网账户信息安全问题都有哪些？

【基础知识】

一、信息安全的概念

视频：信息安全的概念

（一）信息安全的威胁

信息安全威胁是指某些因素（人、物、事件、方法等）对信息系统安全性的潜在破坏。一般来说，把可能威胁信息安全的行为称为攻击。一个系统可能受到各种各样的攻击，只有认识这些攻击，才能采取相应的安全措施进行防范。通常，在开放的网络环境中，常见的信息安全威胁有以下几类。

1. 信息泄露

信息泄露是指未经授权的实体非法获取了信息，造成信息泄密，泄露的形式主要包括窃听、截获、侧信道攻击和人员疏忽等。窃听是指攻击者通过监视网络数据获得敏感信息。截获泛指窃取保密通信的电波、网络信息等。侧信道攻击是指攻击者虽然不能直接取得保密数据，但是可以获得这些保密数据的相关信息，如信息长度、通信频度等，利用这些信息有助于推导出有用信息。

2. 篡改

篡改是指攻击者对合法用户之间的通信信息进行修改、删除、插入、重排序等，再发送给接收者，但接收者并没有意识到信息已经被更改的事实。在传统环境下，篡改者对纸质文件的篡改可以通过一些鉴定技术识别出来。但是在数字环境下，对电子内容的篡改不会留下明显的痕迹。

3. 重放

重放是指出于非法目的，攻击者将已截获的某些合法通信数据进行复制，然后将全部的或部分的信息发送给接收者，而接收者可能意识不到是信息的重放，仍然按照正常的通信信息受理，从而被攻击者所欺骗。

4. 假冒

假冒是指某非法用户 A 通过身份假冒而伪装成另一个合法用户 B 登录信息系统，但是信息系统可能并不能识别出冒充者，这可能使冒充者 A 获得本不该得到的用户 B 的权限。

5. 否认

否认是指参与某次数据通信或数据处理的一方事后拒绝承认本次数据通信或数据处理曾经发生过，这会导致这类数据通信或数据处理的参与者逃避应承担的责任。

6. 非授权访问

非授权访问又称非法访问或恶意访问，是指金融信息系统的网络或计算机资源被某些未经预先授权的人或系统使用，当然也包括被越权使用的情形。非授权访问往往会给金融企业造成经济损失和名誉损失。

7. 拒绝服务攻击

拒绝服务攻击是指由于网络和主机系统在设计或实现上往往存在一些漏洞，攻击者可能利用这些漏洞来入侵主机系统，在系统中恶意添加、修改、插入、删除或者重复某些信息，不断对金融信息服务系统进行干扰，使系统响应减慢甚至瘫痪，使系统不能够正常运转。

8. 恶意代码

恶意代码是指恶意破坏计算机系统、窃取机密信息或秘密地接受远程操控的程序。恶意代码由居心叵测的用户编写和传播，隐藏在受害方的计算机系统中，这些代码也可以进行自我复制和传播。恶意代码主要包括木马程序、计算机病毒、逻辑炸弹、后门程序、蠕虫病毒以及僵尸网络等。

9. 故障、灾害和人为破坏

管理信息系统也可以因硬件故障、自然灾害（水灾、火灾及地震等）或者人为破坏而受到破坏。

（二）网络不安全的原因

1. 系统漏洞

系统漏洞是导致网络不安全的重要原因之一。系统漏洞又被称为陷阱、后门，它通常是由操作系统开发人员设置的，这样他们就能够在用户失去了对操作系统的所有访问权时仍能进入操作系统，这就像汽车上的安全门一样，平时不使用，在发生灾难或正常门被封闭的特殊情况下，人们可以使用安全门逃生。系统漏洞一旦为黑客所知，后果将不堪设想。他们会利用所知的系统漏洞和“后门”，对信息和系统进行攻击、篡改、截取、破坏等操作，轻则修改数据，重则盗取数据并进行违法活动，给用户与银行带来不可挽回的损失。陷阱是在某个系统中或系统的某个部件中设置机关，使得在对特定的数据进行输入处理时，允许违反安全策略。

2. 协议的开放性

随着 TCP/IP 协议的广泛应用，尤其成为互联网的基础协议后，TCP/IP 协议是应用最广泛的网络协议。但在其设计过程中没有对具体的安全问题给予详细分析，导致现行的 IP 网络存在明显的安全缺陷，被攻击者利用作为攻击网络系统的重要手段。最常见的安全隐患有 SYN－Flood 攻击、ICMP 攻击、DoS 攻击、DDoS 攻击、IP 地址盗用、源路由攻击以及截取连接攻击等。

3. 人为因素

（1）人为的偶然失误。金融信息系统的网络管理员或网络用户可能利用自身拥有的相应权限，造成对网络安全的破坏，如操作口令的泄露，磁盘上机密文件的被人利用及未将临时文件删除，导致重要信息被窃。由此可见，操作人员应该认真地执行安全策略，减少人为因素或操作不当而给信息系统带来不必要的风险或损失。

（2）计算机犯罪。网络病毒可能突破网络的防御体系，感染网络的服务器，严重地破坏服务器上的信息资源，甚至导致网络信息系统的全面瘫痪。目前，网络病毒主要通过网页、邮件和文件下载的方式传播，感染整个计算机网络，给管理信息系统和计算机网络带来灾难性的破坏。有些病毒还会删除与安全相关的软件或系统文件，导致系统运行异常甚至造成系统瘫痪。

（3）黑客攻击。“黑客”的英文是 Hacker。在计算机技术领域内，Hacker 是一个精通计算机技术的特殊群体，但是他们没有通过“正规”渠道发挥作用。计算机软件往往存在不少的缺陷和漏洞，网络黑客通常利用这些漏洞和缺陷开展针对网络计算机的攻击。

（三）网络信息安全的目标

信息安全最基本的目标是 CIA（Confidentiality、Integrity、Availability），即机密性、完整性和可用性。下面以两个用户（A、B 为通信双方，C 为黑客）的通信过程为例来介绍这几个性质。

机密性是指信息在存储、传输、使用过程中，不会泄露给非授权用户或实体，即用户 A 发出的信息只有用户 B 能够收到，假设网络黑客 C 截获了该信息也无法理解信息的内容，从而不能随意使用该信息。一旦网络黑客 C 了解了该信息的确切含义，则说明网络黑客 C 破坏了该信息的机密性。

完整性也就是确保信息的真实性，即信息在存储、传输、使用过程中不应该被未授权用户篡改或防止授权用户对信息进行不恰当的篡改。如果网络黑客 C 截获了用户 A 发出的信息，并且篡改了信息的内容，则说明网络黑客 C 破坏了信息的真实性。

可用性是指保证信息资源随时可以提供服务的特性，涵盖的范围最广，即授权用户可以根据需要随时获得所需的信息。也就是说，要保证 A 能够顺利地发送信息，B 能够顺利地接收信息。

信息安全旨在保证信息的这三个特性不被破坏。构建安全系统的难点之一就是在相互矛盾的三个特性中找到一个最佳的平衡点。例如，在安全系统中，只要禁止所有的用户读取一个特定的对象，就能够轻易地保护此对象的机密性。但是，这种方式使这个系统变得不安全了，因为它不能够满足授权用户访问该对象的可用性要求。也就是说，有必要在机密性和可用性两者间找到平衡点。

但是只找到平衡点是不够的，实际上这三个特征既相互独立，也相互重叠（见图 10－1），甚至彼此不相容，如机密性的保护会严重地限制可用性。

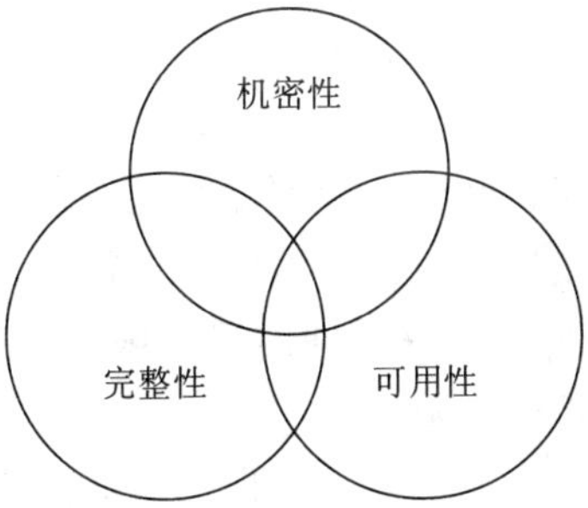

图 10－1　信息安全性质之间的关系

二、网络攻击技术

随着互联网的迅猛发展，网络的安全性和可靠性已成为不同使用层次的用户共同关心的问题。一些“信息垃圾”“邮件炸弹”“病毒木马”“网络黑客”等越来越多地威胁着网络的安全，而网络攻击是最重要的威胁来源之一，所以如何防御网络攻击，保障网络安全，成为当今迫切需要解决的问题。

（一）网络攻击概述

1. 网络攻击的目标

网络攻击的目标主要有两类：系统和数据。因此，其对应的安全性也涉及系统安全和数据安全两个方面。按攻击目标划分，网络攻击的目标可以分为系统型攻击与数据型攻击两类。

（1）系统型攻击的特点。攻击发生在网络的网络层，破坏系统的可用性，使系统不能正常工作。通常系统型攻击可能留下明显的攻击痕迹，用户会发现系统不能工作。例如，浏览器不能正常打开，邮件里出现大量不明邮件，莫名出现一些占据大量内存的进程等。

（2）数据型攻击的特点。攻击发生在网络的应用层，面向信息，主要目的是篡改和盗取信息，通常数据型攻击不会留下明显的痕迹，例如一些攻击者通过钓鱼网站窃取用户的个人重要信息，通过非法访问入侵企业网络或者个人计算机，从而取得个人或者企业的信息。

2. 网络攻击的手段

目前，攻击网络的手段种类繁多，而且新的手段层出不穷，网络攻击可以分为以下两大类。

（1）主动攻击。这类攻击以各种方式获取攻击目标的相关信息，找出系统漏洞，侵入系统后，将会有选择地破坏信息的有效性和完整性。主动攻击的主要方式有：窃取并干扰通信线路中的信息、线间插入、非法冒充以及系统人员的窃密和毁坏系统信息的活动等。

（2）被动攻击。这类攻击是在不干扰网络正常工作的情况下，进行截获、窃取、破译以获得重要机密信息，其中包括窃听和通信流量分析，如扫描器。被动攻击不容易被用户察觉出来，因此它的攻击持续性和危害性都很大。被动攻击的主要方法有直接侦听、截获信息、从遗弃的媒体中分析获取信息等。

3. 网络攻击的层次

网络攻击所使用的方法不同，产生的危害程度也不同，一般分为七个层次：①简单拒绝服务；②本地用户获得非授权读权限；③本地用户获得非授权写权限；④远程用户获得非授权账号信息；⑤远程用户获得特权文件的读权限；⑥远程用户获得特权文件的写权限；⑦远程用户拥有了系统管理员权限。

在这七个层次中，随着层号增大，危害的程度加重。

4. 网络攻击的一般模型（见图 10－2）

就一般情况而言，网络攻击通常遵循同一种行为模型，都要经过搜集信息、获取权限、消除痕迹和深入攻击等几个阶段。然而一些高明的入侵者会将自己隐藏得更好，利用“傀儡机”来实施攻击，入侵成功后还会把入侵痕迹清除干净，并留下后门为以后实施攻击提供方便。

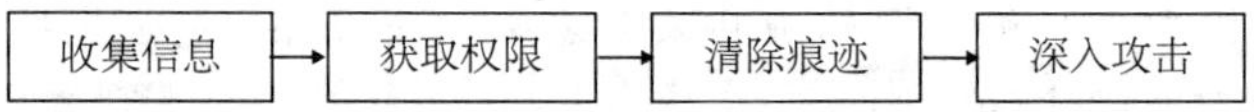

图 10－2　网络攻击的一般模型

（二）信息收集对网络的攻击

1. 信息收集技术

在攻击者对特定的网络资源进行攻击以前，他们需要了解将要攻击的环境，这需要收集汇总各种与目标系统相关的信息，包括机器数目、类型、操作系统等。踩点和扫描的目的都是进行信息的收集。

使用各种扫描工具对入侵目标进行大规模扫描，得到系统信息和运行的服务信息；利用第三方资源对目标进行信息收集，如搜索引擎；利用各种查询手段得到与被入侵目标相关的一些信息，如社会工程学。

2. 信息收集的主要方式

（1）隐藏地址。攻击者首先扫描网络，寻找可以利用的别人的计算机当“傀儡机”，以隐藏自己真实的 IP 地址等位置信息。

（2）锁定目标。网络上有许多主机，攻击者接下来的工作就是寻找并确定目标主机。

（3）了解目标的网络结构。确定要攻击的目标后，攻击者就会设法收集其所在的网络结构信息，包括网关路由、防火墙、入侵检测系统（IDS）等，最简单的就是用 tracert 命令追踪路由，也可以发一些数据包看其是否能通过来猜测防火墙过滤规则的设定等。

（4）收集系统信息。攻击者在锁定目标后首先要搜集目标的网络结构信息与系统信息。

3. 信息收集对网络的攻击

（1）网络踩点。踩点就是通过各种途径对所要攻击的目标进行多方面的了解，包括任何可得到的蛛丝马迹，但要确保信息的准确，以确定攻击的时间和地点。常见的踩点方法主要包括：①对域名及其注册机构的查询；②对公司性质的了解；③对主页进行分析；④邮件地址的搜集；⑤目标 IP 地址范围查询等。踩点的目的就是探察对方的各方面情况，确定攻击的时机。摸清楚对方最薄弱的环节和守卫最松散的时刻，为下一步的入侵提供良好的策略。

信息收集的工具软件有 Ping、fping、ping sweeping、ARP 探测、Finger、Whois、DNS/nslookup、搜索引擎（Google、百度等）、Telnet 等。

（2）网络扫描。

①网络扫描概述。扫描技术是主要的一种信息收集型攻击。扫描工具能够自动检测远程或本地主机安全弱点的程序，通过它可以获得远程计算机的各种端口分配、提供的服务、某些系统信息、错误的配置和已知的安全漏洞等。扫描器工作时是通过选用不同的 TCP/IP 端口的服务，并记录目标主机给予的应答，以此搜集关于目标主机的各种有用信息的。扫描分成两种策略：一种是主动式策略，另一种是被动式策略。

被动式策略就是基于主机之上，对系统中不合适的配置、脆弱的口令以及其他同安全规则抵触的对象进行检查。主动式策略是基于网络的，通过执行一些脚本文件模拟对系统进行攻击的行为并记录系统的反应，从而发现其中的漏洞。

被动式扫描不会对系统造成破坏，而主动式扫描对系统进行模拟攻击，可能会对系统造成破坏。

主动式扫描一般可分为活动主机探测、ICMP 查询、网络 Ping 扫描、端口扫描、标识 UDP 和 TCP 服务、指定漏洞扫描、综合扫描。

②网络扫描工具。网络扫描工具是一种通过收集系统的信息、自动检测远程或本地主机安全性脆弱点的程序。扫描器工作时是通过选用不同的 TCP/IP 端口的服务，并记录目标主机给予的应答，以此收集到关于目标主机的各种有用信息。作为系统安全评估的工具，网络扫描工具会根据扫描结果向系统管理员提供周密而可靠的安全性分析报告，为提高网络安全整体水平提供重要依据。另外，网络扫描工具也是攻击者找出攻击突破口的工具。

（三）网络入侵对网络的攻击

1. 社会工程学攻击

社会工程是使用计策和虚假信息去获得密码和其他敏感信息的科学，研究一个站点的策略其中之一就是尽可能多地了解这个组织的个体，因此黑客不断尝试去寻找更加绝妙的方法从他们希望渗透的组织那里获得信息。

社会工程学（Social Engineering）攻击通常是利用人天生容易相信别人的倾向来获取他人的信任，从而获得其登录凭证。该技巧通常以交谈、欺骗、假冒或口语用字等方式，从合法用户中套取敏感的信息。

2. 口令攻击

口令认证是资源访问的第一道屏障。攻破了这道屏障，就打开了系统的第一道大门，是入侵者最常用的攻击手段。口令认证是身份认证的一种手段。认证过程可以是用户对主机，也可以是一台计算机向另一台计算机通过网络发送请求。

3. 漏洞攻击

计算机漏洞并非一个物理上的概念，而是指计算机硬件、软件或策略上的缺陷，而被攻击者恶意利用的属性。通常情况下 99.99% 无错的程序很少会出问题，利用那 0.01% 的错误导致 100% 的失败。

4. 欺骗攻击

电子欺骗是与认证和信任相联系的一个概念。任何认证体制都不可能做到百分之百的完善、可靠，总会形成一些薄弱环节，给攻击者以可乘之机，从而假冒通过认证而骗取对方信任，这就是欺骗攻击。欺骗攻击的种类很多，主要有 IP 欺骗、ARP 欺骗、DNS 欺骗、E-mail 欺骗、Cookie 欺骗、源路由欺骗等。还有一些非技术类欺骗，这些类型的攻击是把精力集中在攻击的人力因素上。它需要通过社会工程技术来实现。

5. 拒绝服务攻击

拒绝服务（Denial of Service，DoS）是微软的 DoS 操作系统。拒绝服务攻击是攻击者最常使用的一种行之有效且难以防范的攻击手段，是针对系统可用性的攻击，拒绝服务攻击是攻击者最常使用的一种行之有效且难以防范的攻击手段，是针对系统可用性的攻击，主要通过消耗网络带宽或系统资源（如处理器、磁盘、内存等）导致网络或系统不胜负荷，以至于瘫痪而停止提供正常的网络服务或使服务质量显著降低，或通过更改系统配置使系统无法正常工作（如更改路由器的路由表）来达到攻击的目的。大多数情况下，拒绝服务攻击指的是前者。

（四）网络后门与网络隐身对网络的攻击

在大多数情况下，攻击者入侵一个系统后，他可能想保留一条通道以便于以后可以再次入侵系统。比如说，如果攻击者 A 入侵了站点 B，将 B 作为一个对其他站点 C 进行攻击的平台或是跳板。当 A 想登录 B 进而再攻击 C，那么 A 需要在 B 中留一个后门，而且还要对所做的一切加以隐藏，尽量拖延管理员发现的时间，否则一切都是徒劳。

1. 网络后门

网络后门（Backdoor）也叫系统漏洞，在前面已经介绍过，就是攻击者再次进入网络或者系统而不被发现的隐蔽通道。

最简单的方法就是打开一个被端口监听代理所监听的端口，有很多软件可以做到这一点。在扫描时必须对所有的计算机从端口 1 到端口 65535 进行扫描，而且需要两次，一次为 TCP，一次为 UDP。因为越来越多的公司已经渐渐地加强了对 TCP 端口的管理而忽视了 UDP 端口的管理，所以很多攻击者将开放的端口都选择在 UDP 端口了。

2. 网络隐身对网络的攻击

（1）设置代理跳板。当从本地直接入侵其他主机的时候，自己的 IP 会被反追踪而暴露给对方。如果将某一台或多台主机设置为代理，通过代理主机再入侵其他主机，这样就不会暴露自己的信息，而留下代理的 IP 地址，那么就可以有效地保护自己的安全。考虑到网络带宽的限制，一般选择两到三级代理比较合适。

选择代理服务的原则是尽量选择不同地区的主机作为代理。例如，现在要入侵北欧的某一台主机，选择北美的某一台主机作为一级代理服务器，选择南非的某一台计算机作为二级代理服务器，再选择南美的一台主机作为三级代理服务器，这样就很安全了。

可以选择做代理的主机有一个先决条件，必须先安装相关的代理软件，不同的代理服务器可以执行不同的代理功能，Linux 下的代理服务软件很多，据 Linux 软件站点 www. freshmeat. com 统计，已经超过 60 多个，但是被广泛应用的只有 Apache、Socks、Squid 等几个实践证明是高性能的代理软件。一般都是将已经被入侵的主机作为代理服务器，不必再担心暴露主机信息。

（2）清除日志。当成功获取了存取权限且完成了自己的预定目标后，攻击者还有最后一个工作要完成——隐藏攻击踪迹。其中包括重新进入系统，将所有能够表明他曾经来过的证据隐藏起来。

三、网络防御技术

（一）网络防御概述

在实际应用中，为了达到对信息系统实施有效保护的目的，需要采用信息安全工程方法，依据国家相关信息安全标准、政策和法规，规划和设计信息系统安全保护方案；通过正确选择、部署和设置信息安全产品，对信息系统实施安全保护；经过权威机构测评并达到了保护要求后，信息系统投入运行；在信息系统运行过程中，通过安全管理手段对潜在的安全风险进行评估和控制，对所发生的安全事件进行应急响应和管理，确保信息系统安全。

信息安全等级保护和分级保护制度为信息安全工程的规范化和标准化提供了法规和标准依据。

（二）网络安全协议

对于计算机网络安全这门学科而言，研究网络通信的安全，其必然要依据现有的网络体系结构来进行。五层网络体系结构可以看作是 OSI 与 TCP/IP 的结合，从而对网络协议分层进行划分的。此种划分方式既与现实中网络体系结构贴近，又利于向学生进行知识点阐述。

1. 物理层（Physical Layer）

计算机体系结构的最底层，完成计算机网络中最基础的任务，即在传输媒体上传送比特流。解决网络通信器件使用的电气、物理规格等特性，如用什么线、接口器件尺寸、电平、波特率等。

2. 数据链路层（Data Link Layer）

解决在相邻节点之间（主机和路由器之间或者两个路由器之间）数据帧的传输问题。

3. 网络层（Network Layer）

网络层主要负责为分组交换网上的不同主机提供通信服务，其中一个重要任务就是选择合适的路由。网络层主要实现了网络的异构互联。

4. 传输层（Transport Layer）

传输层的主要任务就是负责向两台主机中进程之间的通信提供通用的数据传输服务。

5. 应用层（Application Layer）

应用层是计算机体系结构的最高层。应用层协议提供远程访问和资源共享，提供包括 FTP、SMTP、HTTP、P2P 等种类繁多的服务。很多其他应用程序运行在此层。

（三）VPN 防御技术

1. VPN 关键技术

专用网（Virtual Private Network，VPN），是指将物理上分布在不同地点的专用网络，通过不可信任的公共网络构造成逻辑上信任的虚拟子网，进行安全的通信。这里所说的公共网络主要指 Internet。

VPN 技术采用了安全封装、加密、认证、存取控制、数据完整性等措施，使得敏感信息只有预定的接收者才能读懂，实现了信息的安全传输，使信息不被泄露、篡改和复制，相当于在各 PN 设备之间形成一些跨越 Internet 的虚拟通道隧道。

为了满足 VPN 的功能要求，VPN 需要使用各种安全技术，其核心的关键技术包括隧道技术、密码技术和服务质量保证技术（QoS）。

2. VPN 与防火墙

防火墙能够在可信任的内部网络和不可信任的外部网络之间架构一道安全屏障，只允许被授权的用户或数据通过，而非法数据会被拒之门外。而 VPN 则能够在不安全的互联网上建立起一个虚拟的专用通道，保证远程访问时机密数据的安全。目前许多防火墙都集成了 VPN 的功能，称为 VPN 防火墙。VPN 防火墙结合了两者的优点，能够阻止恶意企图，保证只有认证数据流才能达到 VPN。

VPN 和防火墙也可以单独部署，两者的位置关系需要根据安全需要和网络结构的不同而采取不同的设计。通常防火墙作为第一道防线位于前端，将 VPN 网络部署在防火墙之后的 DMZ 非军事区。防火墙阻止所有来历不明的数据包，通过了防火墙安全策略的检查的数据包才能进入 VPN 隧道，VPN 网关还会根据安全策略进一步过滤。

3. VPN 协议

（1）数据链路层 VPN 协议。数据链路层 VPN 协议包括点对点隧道协议（Point - to - Point Tunneling Protocol，PPTP）、L2F 协议和第二层隧道协议（Layer 2 Tunneling Protocol，L2TP）等，通常用于支持拨号用户远程接入企业或机构的内部 VPN 服务器。

（2）传输层 VPN 协议。为了保护 Web 通信协议 HTTP/S - HTTP，Netscape 公司开发了 SSL（Secure Socket Layer）协议。SSL 协议工作在传输层，是基于会话的加密和认证的 Internet 协议，在两个实体（客户和服务器）之间提供了一个安全的通道。

SSL 协议由 SSL 记录协议和 SSL 握手协议两部分组成。SSL 记录协议对数据进行加密、解密和认证。SSL 握手协议建立连接会话状态的密码参数。SSL 协议可以实现服务器认证、客户认证（可选）、SSL 链路上数据的完整性和保密性。

知识链接

常见网络安全技术

网络加密技术，就是针对计算网络安全问题应运而生的，它的出现，为全球的电子商务系统提供了强大的保障，也就是说，以因特网为基础的各种电力交易系统可以出现，并且能够得到了发展和推广。实践证明，当今社会，网上购物，电子商务已经不是什么稀有的事，安全机密技术为人们开辟了另一个时代。这种技术起初不够完善，并且，也没有得到大量的推广和应用。它有两种加密方式，一种是对称加密，另一种是不对称加密。但是，随着科技的发展，其技术水平越来越高，越来越完善，为人们的利益提供了一个有效的保障。

入侵检测技术，主要指从众多的系统和资源中搜集各种信息的技术，这种技术，不仅能够实现信息的采集，同时还能对其进行分析和筛选，这种检测技术的应用，提高了系统发现攻击行为的概率，如果出现一些攻击行为，系统就会发出警报，并且这种技术还能够对不同用户进行监控，能够识别异常行为，并能够对这种行为进行分析和追踪。

网络安全扫描技术，系统管理员通过网络安全扫描，能够准确地掌握计算机网络系统中的安全漏洞，及时采取措施，有效规避系统安全风险。

模块二

加密技术

【内容简介】

主要介绍信息加密技术工作原理，并通过当前互联网银行信息安全存在的密码风险，进一步讲解当前主流密码体制的使用，深化学生对加密技术的理解。

【案例导入】

互联网银行信息安全的重要性

安全是互联网银行信息系统的生命，信息安全是根据互联网银行系统的实际应用需求，将密码学、密钥管理、身份认证、访问控制、应用安全协议和事务处理等信息安全技术运用到互联网银行系统安全工程中，并能在系统运行过程中发现、纠正系统暴露的安全问题，这关系到金融机构的生存和经营的成败，所以，应把互联网银行信息安全视同资金的安全一样，看作是金融机构的生命。信息加密是保障信息安全的重要途径，以密文方式在相对安全的信道上传递信息，可以让用户比较放心地使用网络，因此，要对密钥的产生、存储、传递和定期更换进行有效的控制，并引入密钥管理机制，增加网络的安全性和抗攻击性。从安全技术来讲，在所有的安全技术中，密码技术是解决信息安全的核心技术。

资料来源：百度学术，https：//xueshu. baidu. com/usercenter/paper/show？ paperid = 092d393e26c138173ee6be57dcab0bed&site = xueshu_se。

请思考：互联网银行信息安全的保障是什么？

【基础知识】

一、密码学概述

互联网银行信息化系统经过多年的发展建设，目前信息化程度已达到了较高水平。随着信息化的深入发展，互联网银行业务系统对信息技术的高度依赖，信息安全问题也日益严重，新的安全威胁不断涌现，这就对互联网银行系统的安全性提出了更高的要求。互联网银行业务数据系统众多，含有大量的核心业务数据、重要客户信息以及财务数据等方面的电子文档生成，同时文件会与非管控区域单向传递使用。互联网银行信息安全的主要任务是研究计算机系统和通信网络中对于金融信息的保护方法，密码学理论和技术就是其中一个重要的研究领域，可以说密码学是保障金融信息安全的核心基础，是保护数据不可或缺的重要工具。

密码学作为一门学科，属于数学的一个分支，是密码编码学和密码分析学的统称。密码编码学主要研究如何设计编码，使得信息编码后除指定接收者外的其他人都不能读，实现对信息的隐藏。密码分析学主要研究如何攻击密码系统，实现加密消息的破译或消息的伪造。这两个分支既相互对立又相互依存，正是由于这种对立统一关系，才推动了密码学自身的发展。

具体来说，密码技术主要应用于信息的保密、身份的确认、数据的完整性等领域。

（一）通信中的数据保护

密码技术应用于通信线路上信息的保护。一方面，防止传输中的信息被非法窃听导致失密；另一方面，防止信息的内容被恶意攻击者非法地篡改，并且在发生此类事件后能迅速发现。

（二）存储信息的保护

信息用密码技术加密处理后进行存储，保证只有掌握解密密钥的合法用户才能够取数据，得到正确的明文。在许多用户的系统中，保护个人秘密、防止文件被破坏。

（三）通信双方的身份验证

密码技术不仅广泛应用于防止传输中的信息和记录存储的信息不被攻击者非法窃听、浏览和篡改，同时，也可以用于识别通信双方的真实性。这种对存取数据和发来电文的对方的合法性进行确证的方法叫“验证”。

（四）非否认性

密码技术还应用于不可否认性服务。它包含对源和目的双方的证明，通常的情况下，不可否认是一种数字签名服务。

密码学基本内容及其联系如图 10－3 所示，这些密码技术为信息安全中的机密性、完整性、认证性和不可否认性提供基本的保障。

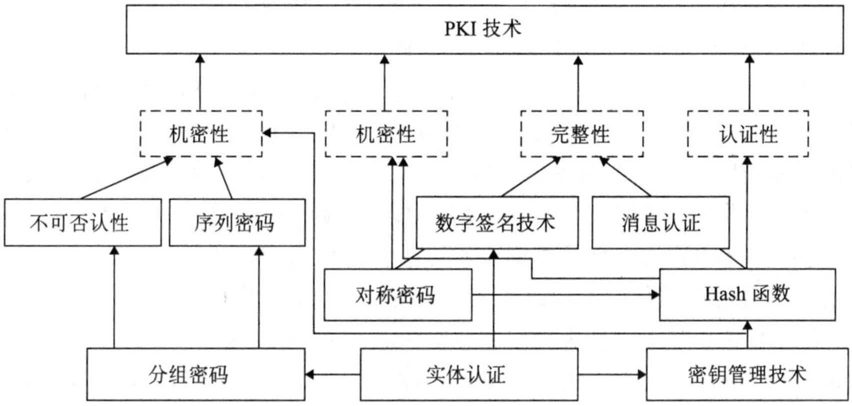

图 10－3　密码学基本内容及其联系

二、密码体制

（一）密码体制的基本组成

密码体制也称密码系统，是指能完整地解决信息通信安全中的机密性、数据完整性、认证、身份识别、可控性及不可抵赖性等问题一个或几个的系统。一个密码体制的正确描述，需要用数学方法清楚地描述其中的各种对象、参数、解决问题所使用的算法等。任何一种密码体制都包含 5 个要素：明文、密文、密钥、加密算法和解密算法。

在基于密码的保密系统中，为了便于研究其一般规律，通常将密码系统抽象为图 10－4的一般模型。

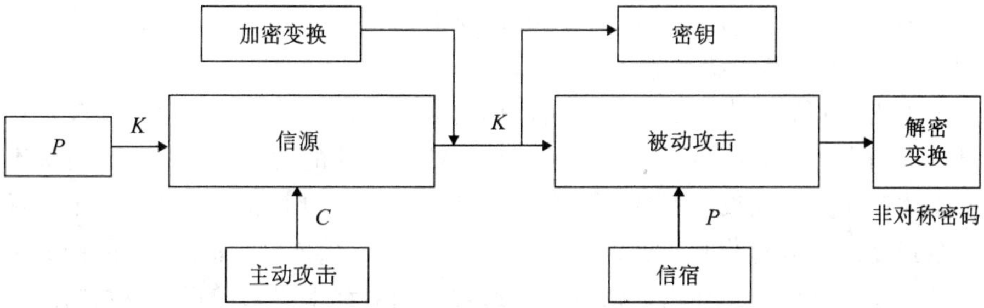

图 10－4　密码系统模型

密码系统采用的基本工作方式称为密码体制。密码体制的要素是密码算法和密钥。根据密钥的使用方式和密码算法的加密方式可以对密码系统进行不同的分类。

（二）密码体制的分类

密码体制是实现加密和解密功能的密码方案，密钥空间中不同密钥的个数称为密码体制的密钥量，它是衡量密码体制安全性的一个重要指标。同时，根据加、解密密钥的使用策略不同又可将密码体制分为对称密码体制和非对称密码体制。

三、对称密码体制

视频：对称密码体制

如果一个密码体制中的加密密钥 ke 和解密密钥 kd 相同，或者由其中一个密钥很容易推算出另一个密钥，则称该密码体制为对称密码体制（Symmetric Cryptosystem）或单钥密码体制（One - key Cryptosystem）。因为在使用过程中，密钥必须严格保密，所以也被称为秘密密钥密码体制（Secret Key Cryptosystem）。典型的对称密码体制有 DES、3DES、IDEA、AES 等。

对称密码体制因为其具有简单、高效、密钥简短，难以破译等特点，发展非常迅速，并被广泛应用。依据处理数据的方式，对称密码体制分为两类：一类是对明文的单个位（或字节）进行运算的算法，称为序列密码算法，也称为流密码算法（Stream Cipher）；另一类算法是把明文信息划分成不同的块（或小组）结构（如 64 位一组），分别对每个块（或小组）进行加密和解密，称为分组密码算法（Block Cipher）。

对称密码体制的安全性主要取决于两个因素：①加密算法必须足够安全，使得不必为算法保密，仅根据密文就能破译出消息是计算上不可行的；②密钥的安全性，即密钥必须保密并保证有足够大的密钥空间。对称密码体制要求基于密文和加密/解密算法的知识能破译出消息的做法是计算上不可行的。

四、非对称密码体制

非对称密码的思想，即加密过程和解密过程使用两个不同的密钥来完成。非对称密码系统（Asymmetric Encryption）可为加解密或数字签名系统。由于加密或签名验证密钥是公开的，故称为公钥（Public Key）；而解密或签名产生密钥是秘密的，故称为私钥（Private Key）。因为公钥与私钥不同，且公钥与私钥必须存在成对（Key Pair）与唯一对应的数学关系，使得由公钥去推导私钥在计算上不可行，因此非对称密码系统又称为公开密钥系统（Public Key Cryptosystem）或双钥系统（Two Key Cryptosystem）。典型的非对称密码体制（Asymmetric Cryptosystem）有 RSA、ElGamal 等。

（一）非对称密码体制的特点

非对称密码体制的提出解决了对称密码体制的固有缺陷，它不仅可以保障信息的机密性，还可以对信息进行数字签名，具有认证性和抗否认性的功能。不过，非对称密码体制与对称密码体制相比，其设计所依赖的数学计算较复杂，因而加密、解密效率较低。在达到同样安全强度时，非对称密码通常所需的密钥位数较多，并且加密产生的密文长度通常会大于明文长度。因此，在保密通信过程中通常是用对称密码来进行大量数据的加密，而用非对称密码来传输少量数据，如对称密码所使用的密钥信息。

公钥密码体制的产生主要基于两个原因：一是为了解决常规密钥密码体制的密钥管理与分配的问题；二是为了满足对数字签名的需求。因此，公钥密码体制在消息的保密性、密钥分配和认证领域有着重要的意义。

（二）密码体制的攻击形式

密码分析学（简称破译学）主要研究在未知密钥的情况下如何从密文推演出明文或密钥，破译敌方或对手已有的密码体制，应用于破译密码以获取通信情报，是研究破译密文的科学和技术聊密码分析人员一般需要凭借经验，通过统计分析等方法，而不是通过逻辑导出。密码分析学通常采用两种方法：演绎法和归纳法。近年来，使用计算机进行密码分析从很大程度上提高了破译的能力。

知识链接

密码分析攻击类型

根据密码分析者可获取的信息量不同，常见的密码分析攻击包括以下四种类型。

1. 唯密文攻击（Ciphertext only Attack）

密码分析者除了拥有截获的密文外（密码算法是公开的），没有其他可以利用的信息。这种攻击的方法至少可采用穷举搜索法，在计算资源和存储资源允许的条件下，理论上穷举搜索是可以成功的，但是算法复杂度是实际攻击者无法承受的。

2. 已知明文攻击（Known Plaintext Attack）

密码分析者不仅掌握了相当数量的密文，还有一些已知的明—密文对可供利用。密码分析者的任务就是用密文信息推出解密密钥或导出一个替代算法，此算法可以对所获得的密文恢复出相应的明文。在现实中，密码分析者可能通过各种手段得到更多的信息，而且明文消息往往采用某种特定的格式，如电子现金传送消息总有一个标准的报头或标题等。

3. 选择明文攻击（Chosen Plaintext Attack）

密码分析者不仅能够获得一定数量的明—密文对，还可以选择任何明文并在使用同一未知密钥的情况下能得到相应的密文。如果攻击者在加密系统中能选择特定的明文消息，则通过该明文消息对应的密文就有可能确定密钥的结构或获取更多关于密钥的信息。这种情况往往是密码分析者通过某种手段暂时控制加密机。根据非对称密码体制的特点，非对称密码算法必须经受住这种攻击。

4. 选择密文攻击（Chosen Ciphertext Attack）

密码分析者能选择不同的密文，并还可得到对应的明文。如果攻击者能从密文中选择特定的密文消息，则通过该密文消息对应的明文有可能推导出密钥的结构或产生更多关于密钥的信息。这种情况往往是密码分析者通过某种手段暂时控制解密机。

上述攻击类型中，唯密文攻击的强度最弱，其他情况下的攻击强度依次增加。当然密码体制的攻击不限于以上类型，还包括一些非技术手段，如通过威胁、勒索、贿赂等方式获取密钥或相关信息，在某些情况下这些手段是非常有效的攻击。

模块三

数字签名与数字证书

【内容简介】

主要介绍数字签名技术基本原理；数字签名的特点和功能；数字证书工作原理和下载使用过程，并通过当前互联网银行信息安全存在的数字签名与数字证书风险，进一步讲解当前主流数字签名与数字证书的使用。深化学生对数字签名与数字证书的理解。

【案例导入】

在日常生活中，可以根据亲笔签名或印章来证明书信或文件的真实来源。在签订经济合同、契约、协议以及银行业务等很多场合都离不开签名或盖章，它是个人或组织对其行为的认可，并具有法律效力。但在计算机网络中传送的文电又如何盖章呢？尤其是电子商务中，电子交易的抗抵赖性是必要的，它一方面要防止发送方否认曾发送过消息；另一方面还要防止接收方否认曾接收过消息，以避免产生经济纠纷。这就是数字签名（Digital Signature）主要所要解决的问题。

资料来源：个人图书馆，http：//www. 360doc. com/content/15/0929/18/9851038_502272624. shtml。

请思考：使用数字签名的意义何在？

【基础知识】

一、数字签名

视频：数字签名

数字签名技术作为一项重要的安全技术，在金融信息安全，包括身份认证、数据完整性、不可否认性及匿名性等方面起着重要的作用。数字签名用于对数字消息进行签名，以防消息的冒名伪造或篡改，也可以用于通信双方的身份认证。随着计算机通信网络的迅速发展，特别是在大型网络安全通信中的密钥分配、认证及电子商务系统中，数字签名的使用越来越普遍，数字签名是防止信息欺诈行为的重要措施。

（一）数字签名的特点和功能

数字签名是电子信息技术发展的产物，是针对电子文档的一种签名确认方法，在数字系统中同样有签名应用的需求。数字签名基本要求数字签名是通过一个单向函数，对要传送的报文进行处理后得到的。数字签名是只有信息的发送者才能产生，别人无法伪造的一段数字串，是对发送者发送信息真实性的一个证明。数字签名可以解决否认、伪造、篡改及冒充等问题。数字系统的特点决定了不可能再沿用原先的手写签名方法来实现防伪造或抵赖，这就提出了如何实现数字签名的问题。

（二）数字签名算法基本原理

数字签名由公钥密码发展而来，与加密的不同之处在于：消息加密和解密可能是一次性的，它要求在解密之前是安全的；而一个签字的消息可能作为一个法律上的文件，如合同等，很可能在对消息签署多年之后才验证其签字，且可能需要多次验证此签字。

数字签名的目的是提供一种手段，使得一个实体把他的身份与某个信息捆绑在一起。一个消息的数字签名实际上是一个数，它依赖于签名者知道的某个秘密，也依赖于被签名信息的本身。数字签名基于两条基本的假设：一是私钥是安全的，只有其拥有者才能获得；二是产生数字签名的唯一途径是使用私钥。

二、密码技术的应用

密码学的作用不仅在于对明文的加密和对密文的解密，更重要的是它可以很好地解决网络通信中广泛存在的许多安全问题，如身份认证、数字签名、秘密共享和抗否认等。本节介绍几种常见的应用，数字摘要、数字时间戳和数字证书等。

（一）数字摘要

数字摘要技术就是单向 Hash 函数技术，也称作数字指纹，利用单向散列（Hash）函数把任意长度的明文输入映射为固定长度（如 128 位）的密文输出，这个固定长度的密文输出就叫作消息摘要。

（二）数字时间戳

数字时间戳（Digital Time－stamp）可以算作数字签名应用的一种变种，在交易文件的书面合同中，文件签署的日期和签名一样都是十分重要的。在电子交易中，数字时间戳为电子文件发表的日期和时间信息提供安全保护。

（三）数字水印

数字水印（Digital Watermarking）技术是将一些标识信息（即数字水印）直接嵌入数字载体当中（包括多媒体、文档、软件等）或是间接表示（修改特定区域的结构），且不影响原载体的使用价值，也不容易被探知和再次修改，但可以被生产方识别和辨认。通过这些隐藏在载体中的信息，可以达到确认内容创建者、购买者、传送隐秘信息或者判断载体是否篡改等目的。

（四）数字指纹

通常来讲，数字指纹（Digital Fingerprinting）是指与用户和某次购买过程有关的信息。当发行商发现被非法分发行为时，可以根据该信息对进行非法分发的用户实现跟踪。

三、数字证书

视频：数字证书

数字证书是一种权威性的电子文档，由权威公正的第三方机构，即 CA 中心签发的证书。它以数字证书为核心的加密技术可以对网络上传输的信息进行加密和解密、数字签名和签名验证，确保网上传递信息的机密性完整性。

数字证书从本质上来说是一种电子文档，是由电子商务认证中心（以下简称 CA 中心）所颁发的一种较为权威与公正的证书，对电子商务活动有重要影响，例如我们在各种电子商务平台进行购物消费时，必须要在电脑上安装数字证书来确保资金的安全性。

使用了数字证书，即使发送的信息在网上被他人截获，甚至丢失了个人的账户、密码等信息，仍可以保证账户、资金安全。它能提供在 Internet 上进行身份验证的一种权威性电子文档，人们可以在互联网交往中用它来证明自己的身份和识别对方的身份。

CA 中心采用的是以数字加密技术为核心的数字证书认证技术，通过数字证书，CA 中心可以对互联网上所传输的各种信息进行加密、解密、数字签名与签名认证等各种处理，同时也能保障在数字传输的过程中不被不法分子所侵入，或者即使受到侵入也无法查看其中的内容。

如果用户在电子商务的活动过程中安装了数字证书，那么即使其账户或者密码等个人信息被盗取，其账户中的信息与资金安全仍然能得到有效的保障。数字证书就相当于社会中的身份证，用户在进行电子商务活动时可以通过数字证书来证明自己的身份，并识别对方的身份，在数字证书的应用过程中 CA 中心具有关键性的作用，作为第三方机构，必须要保证其具有一定的权威性与公平性，当前阶段我国的 CA 中心的从业资格是由国家工业和信息化部所颁发，全国范围内只有约 50 家企业具有数字认证的从业资格。

（一）数字证书工作原理

数字证书的基本架构是公开密钥 PKI，即利用一对密钥实施加密和解密。其中密钥包括私钥和公钥，私钥主要用于签名和解密，由用户自定义，只有用户自己知道；公钥用于签名验证和加密，可被多个用户共享。

数字证书的基本工作原理主要体现在以下两方面。

第一，发送方在发送信息前，须先与接收方联系，同时利用公钥加密信息，信息在进行传输的过程中一直处于密文状态，包括接收方接收后也是加密的，确保了信息传输的单一性，若信息被窃取或截取，也必须利用接收方的私钥才可解读数据，而无法更改数据，这也有利于保障信息的完整性和安全性。

第二，数字证书的数据签名类似于加密过程，数据在实施加密后，只有接收方才可打开或更改数据信息，并加上自己的签名后再传输至发送方，而接收方的私钥具唯一性和私密性，这也保证了签名的真实性和可靠性，进而保障信息的安全性。

（二）数字证书特征

1. 安全性

用户申请证书时会有两份不同证书，分别用于工作电脑以及用于验证用户的信息交互，若所使用电脑不同，用户就需重新获取用于验证用户所使用电脑的证书，而无法进行备份，这样即使他人窃取了证书，也无法获取用户的账户信息，保障了账户信息。

2. 唯一性

数字证书依用户身份不同给予其相应的访问权限，若换电脑进行账户登录，而用户无证书备份，其是无法实施操作的，只能查看账户信息，数字证书就犹如“钥匙”一般，所谓“一把钥匙只能开一把锁”，就是其唯一性的体现。

3. 便利性

用户可即时申请、开通并使用数字证书，且可依用户需求选择相应的数字证书保障技术。用户不需要掌握加密技术或原理，就能够直接通过数字证书来进行安全防护，十分便捷高效。数字证书是由 CA 中心所签发的，CA 中心是一个具权威性、依赖度极高的第三方，其资格证书经国家颁发，可有效保障网络数据信息的安全性，使数据信息在国家掌握当中。用户在浏览网络数据信息或进行网上交易时，利用数字证书可保障信息传输及交易的安全性。

（三）数字证书下载安装

用户须先于中国数字证书认证网进行登录，若是首次登录，系统会自动提示用户安装根证书，用户只需依提示完成安装即可；若未提示或根证书遗失，则需用户手动操作完成安装，这时，就需用户于数字证书网页选择“根CA证书”进行安装，依所弹出的对话框所选择要安装的文件夹位置，点击确定即可。下载好之后，即可双击打开，选择所要安装的位置即可；安装成功后，可于浏览器中直接选择Internet，然后选择所需内容，依提示完成所有操作。

（四）数字证书颁发

数字证书的颁发即是用户对自己的公钥以及身份信息传输至验证中心进行验证的过程。所改善的数字证书当中包含了用户基本信息及公钥信息，部分还会附上经认证中心签名的相关信息。在获得数字证书后，用户即可利用数字证书实施一些自己想要实施的活动。但每个数字证书都是不同的，且每个证书的可信度也存在一定差异，因此，申请者所获得的数字证书都是唯一的。

知识链接

数字证书的应用

1. 安全电子邮件

电子邮件中使用数字证书可以建构安全电子邮件证书，主要用户加密电子邮件的传输，保护电子邮件在传输和接收过程中的安全。安全电子邮件证书主要有证书持有者的CA机构的签名、电子邮件地址和公开密钥这些信息。一方面，数字证书与电子邮件结合后，就可以在安全电子邮件证书的加密和数字签名技术的保护下，实现电子邮件的安全传输和接收，保证了电子邮件的安全性和完整度。同时，也保证了电子邮件传输方和接收方信息的真实性。另一方面，安全电子邮件证书中包括公开密钥这一信息，就能够确保电子邮件不被更改，因为只有知道公开密钥才能使用电子邮件。

2. 安全终端保护

随着计算机网络技术的发展，电子商务的发展也越来越快，在人们生活和生产中的应用也越来越广泛，用户终端和数据的安全问题也日益受到重视。为了避免终端数据信息的损坏或者是泄漏，数字证书作为一种加密技术，可以用于终端的保护。

3. 代码签名保护

网络信息推广对很多用户来说，便捷又经济，但对软件的安全是不确定的。比如，用户对软件进行分享时，软件的接收和使用过程中存在着很多不安全因素，即使软件供应商能够保证软件自身的安全性，但也无法抵制盗版软件和网络本身存在的不安全因素带来的不利影响。

4. 可信网站服务

我国网站的数量伴随着计算机网络技术的发展呈现出日益增长的趋势，其中的恶意网站、钓鱼网站和假冒网站也越来越多，这就增加了用户对它们识别的难度，一不小心就会将自身的数据信息泄漏，严重影响了网络的安全。当用户对所使用的网站存在疑虑，不确定其中是否有被篡改和侵袭时，就可以利用数字证书的技术。通过数字证书技术，就可以对不确定的网站先进行验证和检查，增加了使用安全网站的概率，也避免了恶意网站、钓鱼网站和假冒网站等对网络造成的损失。

5. 身份授权管理

授权管理系统是信息系统安全的重要内容，对用户和程序提供相对应的授权服务，授权访问和应用的方法，而数字证书必须通过计算机网络的身份授权管理后才能被应用。因此，要保证身份授权管理工具的安全性。当系统双方相互认同时，身份授权系统的工作才能展开。同时，正确使用数字证书，适当授权，完成系统的用户认证，才能切实保护身份授权管理系统的安全性。

模块四 认证技术

【内容简介】

主要介绍身份认证技术；访问控制技术的概念、原理和技术手段；认证技术的类型；基于口令的身份认证技术；基于数字证书的身份认证技术。

【案例导入】

系统安全防护技术

在现实世界中，每个人都有能够证明身份的有效证件，如身份证、护照、工作证、驾驶执照和信用卡等。在身份证件上应当包括个人基本信息（如姓名、性别、出生年月等）、个人照片、证件编号和权威发证机构签章等，目的是防止身份假冒和欺诈。同样，在网络上，也需要一定的技术手段来确定网络主体与实际行为主体是否一致。

系统安全防护技术是网络系统的第一道安全门户。它是最基本的网络系统安全防护措施，其目的是使具有合法身份的用户能够以其相应的权限访问网络系统和资源，防止非法用户侵入网络系统进行非法活动，如窃取信息或破坏系统等。由于互联网银行系统的特殊性，系统安全防护级别要求更高。

资料来源：百度文库，https：//wenku. baidu. com/view/d88625f8bc64783e0912a21614791711cc7979a4. html。

请思考： 互联网银行系统为什么需要系统安全防护技术？

【基础知识】

一、身份认证

视频：身份认证

（一）什么是身份认证

认证（Authentication）是指对主客体身份的确认过程。认证主要解决了主体本身的信用问题和客体对主体实施访问的信任问题，并为下一步的授权工作奠定基础。身份认证（Identity and Authentication Management）是用户在进入系统或访问受限系统资源时，系统对用户身份的鉴别过程，是保证计算机网络系统安全的重要措施之一。

（二）认证技术的类型

认证技术是用户身份认证与识别的重要手段，也是计算机系统安全中的一个重要内容。从鉴别对象上来看，分为消息认证和用户身份认证两种。信息认证是用于保证信息的完整性和不可否认性。通常用来检测主机收到的信息是否完整，以及检测信息在传递过程中是否被修改或伪造。身份认证是鉴别用户身份，包括识别和验证两部分。识别是鉴别访问者的身份，验证是对访问者身份的合法性进行确认。

（三）认证系统概述

身份认证系统的组成包括三个部分：认证服务器、认证系统客户端和认证设备。系统主要是通过身份认证协议和认证系统软硬件实现的。其中，身份认证协议又分为单向认证协议和双向认证协议。如果通信双方只需要一方鉴别另一方的身份，则称单项认证协议；如果双方都需要验证身份，则称双向认证协议。认证系统网络结构见图 10－5。

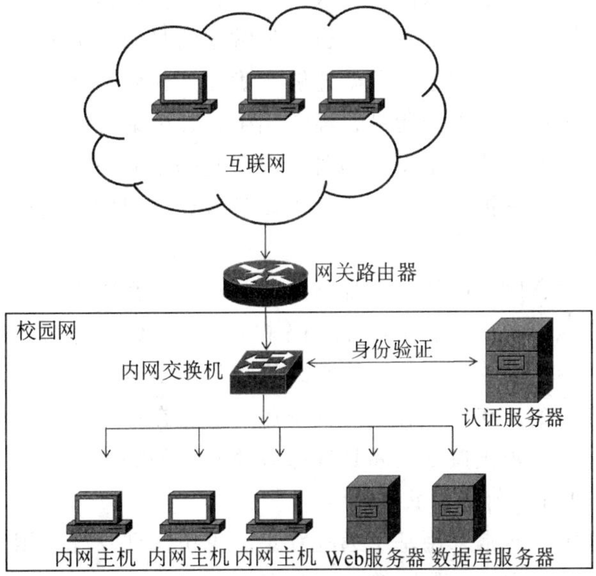

图 10－5 认证系统网络结构

身份认证在网络和信息安全中的地位极其重要，是最基本的安全服务之一。安全服务的其他工作都要依赖对系统用户身份的认证。一旦身份认证系统被攻破，那么，系统的所有安全措施将形同虚设。

用户在访问系统之前，首先要经过身份认证系统识别身份以获得访问权限，系统会根据用户的身份和授权数据库中相应的权限，决定用户能够访问的资源。授权数据库由安全管理员按照需要进行配置；审计系统根据审计设置记录用户的请求和行为；访问控制和审计系统都要依赖于身份认证系统提供的“认证信息”鉴别用户的身份。因此，身份认证是安全系统中的第一道关卡。

为了防止身份欺诈，必须采用有效的身份认证系统（Identity Authentication System）

对身份进行严格的验证和鉴别。身份认证系统有两方认证和三方认证两种形式。两方认证系统由申请者和验证者组成，申请者出示证件，提出某种要求；验证者检验申请者所提供证件的合法性和有效性，以确定是否满足要求。三方认证系统除了申请者和验证者外，还有一个仲裁者，由双方都信任的人充当纠纷的仲裁者和调解者。另外，在身份认证系统中还有一方，即攻击者，他可以伪装申请者，骗取验证者的信任。

在电子银行、电子证券、电子商务等电子交易系统中，则需要更复杂、更安全的用户身份证明和鉴别机制，如一次性口令、UKey、数字证书、个人特征等。

（四）基于口令的身份认证技术

口令是应用最广泛的身份认证技术，它是一种根据已知事物验证身份的方法。在一般的计算机系统中，通常口令由 5 ~ 8 个字符串组成。同时，系统需要规定口令的选择方法、使用期限、口令长度以及口令的分配、管理和存储方法等。

在计算机操作系统中，口令是一种最基本的安全防护手段。每个用户需要首先在系统中注册一个用户名和口令密码，然后每次用户登录时，系统都要根据用户名及其口令来验证用户身份的是否合法，对于非法的用户或者口令，系统将拒绝其登录系统。

用户名及密码认证的方式是最简单，也是最常用的身份认证方法。每个用户的密码由用户自己设定，只有用户本人知道。只要能够正确输入密码，计算机就认为操作者是合法用户。实际上，很多用户为了方便起见，经常用生日、电话号码等具有用户自身特征的字符串作为密码，为系统安全留下隐患。同时，由于密码是静态数据，系统在验证过程中需要网络介质中传输，很容易被木马程序或监听设备截获。因此，用户名及密码方式是安全性比较低的身份认证方式。

通常，一个基于动态口令的认证系统与用户共享一个密码本。每次用户登录时，认证系统自动生成一组坐标，用户根据坐标在密码本上查找一组动态口令，反馈给认证系统。

口令可以由用户自己设置，也可以由系统管理员分配或系统自动产生。对于后者，管理员不仅知道用户的口令，在口令分发过程中还可能存在口令泄漏从而引起纠纷。所以口令最好由用户个人选择。防止口令泄漏是确保系统安全的关键环节。

（五）基于一次性口令的身份认证技术

在网络信息系统中，通常采用基于远程登录的身份认证系统对用户身份进行验证和鉴别。首先，用户需要进行用户注册，输入用户名和口令。并通过网络将用户信息传输到远程身份认证系统上，成为该系统的合法用户。在用户登录时，需要输入用户名和口令，并传输到远程身份认证系统上，身份认证系统对用户身份进行验证和鉴别，如果是合法用户，则允许登录，否则拒绝登录。

在开放的网络环境中传输用户名和口令等用户信息时，存在着用户信息被窃听和泄露的安全风险，目前普遍采用基于一次性口令的身份认证技术对用户信息进行保护。

二、报文认证

视频：报文认证

报文（Message）是网络中交换与传输的数据单元，即站点一次性要发送的数据块。报文包含了将要发送的完整的数据信息，其长短很不一致，长度不限且可变。

报文也是网络传输的单位，传输过程中会不断地封装成分组、包、帧来传输，封装的方式就是添加一些信息段，那些就是报文头以一定格式组织起来的数据。如里面有报文类型，报文版本，报文长度，报文实体等信息。

报文就是在各个系统之间进行请求和响应时用来交换信息的，还需要遵守规定好的格式。应用报文多是多个系统之间需要通信的时候，比如银行的 ESB 系统到网关系统再到银联系统。在这期间报文承担了装载数据、运输数据的功能。

报文认证的方式有传统加密方式的认证、使用密钥的报文认证码方式、使用单向散列函数的认证和数字签名认证方式。

知识链接

报文认证过程

假定通信双方共享秘密钥 K。若发送方 A 向接收方 B 发送报文 M，则 A 计算并将报文 M 和 MAC 发送给接收方，接收方收到报文后用相同的秘密钥 K 进行相同的计算得出新的 MAC，并将其与接收到的 MAC 进行比较。

1. 报文解析

解析认证客户端发送的认证请求报文，获得所述认证客户端的标识；根据所述认证客户端的标识更新认证交互计数器记录的认证服务器与所述认证客户端的认证交互次数；根据更新后的认证交互次数将所述认证请求报文插入认证报文队列，对所述认证报文队列中的认证请求报文依次进行处理。

2. 认证报文处理系统

认证报文处理系统，包括认证服务器和认证报文处理装置。认证报文处理装置通过解析认证客户端发送的认证请求报文，获得认证客户端的标识；并根据该认证客户端的标识更新认证交互计数器记录的认证服务器与认证客户端的认证交互次数；然后，认证报文处理装置根据更新后的认证交互次数将上述认证请求报文插入认证报文队列，并对认证报文队列中的认证请求报文依次进行处理。从而实现了对认证请求报文的处理顺序进行控制，提高了认证效率、认证成功率和用户认证体验度。

模块五

安全协议

【内容简介】

主要介绍安全协议的使用；S－HTTP 协议的概念；S－HTTP 协议工作原理和使用过程；SSL 协议的概念、工作原理和使用过程；SET 协议的概念；使学生学会使用网络安全协议技术增强网络系统的安全性，提高抵御各种网络攻击的能力。

【案例导入】

如何解决电子商务交易的安全问题?

电子商务在提供机遇和便利的同时，也面临着一个最大的挑战，即交易的安全问题。在网上购物的环境中，持卡人希望在交易中保密自己的账户信息，使之不被人盗用；商家则希望客户的订单不可抵赖，在交易过程中，交易各方都希望验明其他方的身份，以防止被欺骗。针对这种情况，共同制定了应用于 Internet 上的以银行卡为基础进行在线交易的安全标准，这就是 SET 协议。

安全协议是以密码学为基础的消息交换协议，其目的是在网络环境中提供各种安全服务。密码学是网络安全的基础，但网络安全不能单纯依靠安全的密码算法。安全协议是网络安全的一个重要组成部分，我们需要通过安全协议进行实体之间的认证、在实体之间安全地分配密钥或其他各种秘密、确认发送和接收的消息的非否认性等。

资料来源：百度文库，https：//wenku. baidu. com/view/bb3bddbe9fc3d5bbfd0a79563c1ec5da50e2d6e7. html。

请思考：如何解决电子商务交易的安全问题?

【基础知识】

安全协议是建立在密码体制基础上的一种交互通信协议，它运用密码算法和协议逻辑来实现认证和密钥分配等目标。

密码协议（Cryptographic Protocol）是使用密码学完成某项特定的任务并满足安全需求的协议，又称安全协议（Security Protocol）。

在密码协议中，经常使用对称密码、公开密钥密码、单向函数、伪随机数生成器等。安全协议具有机密性、完整性、认证性、非否认性、正确性、可验证性、公平性、匿名性、隐私属性、强健性、高效性。

安全协议可用于保障计算机网络信息系统中秘密信息的安全传递与处理，确保网络用户能够安全、方便、透明地使用系统中的密码资源。安全协议在金融系统、商务系统、政务系统、军事系统和社会生活中的应用日益普遍，而安全协议的安全性分析验证仍是一个悬而未决的问题。在实际社会中，有许多不安全的协议曾经被人们作为正确的协议长期使用，如果用于军事领域的密码装备中，则会直接危害到军事机密的安全性，会造成无可估量的损失。这就需要对安全协议进行充分的分析、验证，判断其是否达到预期的安全目标。

一、S－HTTP 协议

视频：S－HTTP 协议

S－HTTP 在传输数据之前需要客户端（浏览器）与服务端（网站）之间进行一次握手，在握手过程中将确立双方加密传输数据的密码信息。TLS/SSL 协议不仅是一套加密传输的协议，更是一件经过艺术家精心设计的艺术品，TLS/SSL 中使用了非对称加密，对称加密以及 HASH 算法。这就是 S－HTTP 协议。

（一）S－HTTP 协议的定义

S－HTTP（Secure Hypertext Transfer Protocol）安全超文本传输协议，是 HTTP 的安全版，是使用 TLS/SSL 加密的 HTTP 协议。

HTTP 协议采用明文传输信息，存在信息窃听、信息篡改和信息劫持的风险，而协议 TLS/SSL 具有身份验证、信息加密和完整性校验的功能，可以避免此类问题发生。TLS/SSL 全称安全传输层协议 Transport Layer Security，是介于 TCP 和 HTTP 之间的一层安全协议，不影响原有的 TCP 协议和 HTTP 协议，所以使用 S－HTTP 基本上不需要对 HTTP 页面进行太多的改造。

S－HTTP 协议是一种结合 HTTP 而设计的消息的安全通信协议。S－HTTP 的设计基于与 HTTP 信息样板共存并易于与 HTTP 应用程序相整合，是工作于应用层的协议，可提供基于消息的抗抵赖性。

（二）S－HTTP 协议功能

浏览器通常利用 HTTP 协议与服务器通信，收发信息未被加密。安全敏感的事务，如电子商务或在线财务账户等信息，浏览器与服务器必须加密，使得 S－HTTP 成为安全万维网通信的事实标准。

S－HTTP 协议内置于其浏览器中，用于对数据进行压缩和解压操作，并返回网络上传送回的结果。S－HTTP 实际上应用了完全套接字层（SSL）作为 HTTP 应用层的子层。现在它被广泛用于万维网上安全通信，如交易支付方面。

（三）S－HTTP 和 HTTP 的区别

超文本传输协议 HTTP 协议被用于在 Web 浏览器和网站服务器之间传递信息，HTTP 协议以明文方式发送内容，不提供任何方式的数据加密，如果攻击者截取了 Web 浏览器和网站服务器之间的传输报文，就可以直接读懂其中的信息，因此，HTTP 协议不适合传输一些敏感信息，如信用卡号、密码等支付信息。

为了解决 HTTP 协议的这一缺陷，需要使用另一种协议：安全套接字层超文本传输协议 S－HTTP，为了数据传输的安全，S－HTTP 在 HTTP 的基础上加入了 SSL/TLS 协议，SSL/TLS 依靠证书来验证服务器的身份，并为浏览器和服务器之间的通信加密。

S－HTTP 协议是由 SSL/TLS＋HTTP 协议构建的可进行加密传输、身份认证的网络协议，要比 http 协议安全。

S－HTTP 协议的主要作用可以分为两种：一种是建立一个信息安全通道，来保证数据传输的安全；另一种就是确认网站的真实性。

二、SSL 协议

视频：SSL 协议

SSL 数字证书可凭借高强度签名算法，结合服务器端的加密协议，完成 Web 访问客户到服务器间的 https 加密传输。证书颁发机构对证书申请者进行严格、可靠的信息核实验证，使网站可信，防劫持、防篡改、防监听。为网站访问者提供真实、有效、安全的网站内容。

（一）SSL 协议功能

SSL 证书起到对访客与网站之间的数据进行加密传输的作用，防止如账号、密码、信用卡等敏感数据在传输过程中被窃取，基本上有账号密码输入的网站都需要 SSL 证书，SSL 证书还能防止传输数据被篡改，一旦传输数据被篡改，可能是被插入广告，插入危险代码，也有可能是网站流量劫持，让用户访问到其他网站。

SSL 协议是利用数据加密技术，用以保障在 Internet 上数据传输安全的协议。SSL 证书就是遵守 SSL 协议而颁发的一种数字证书，验证身份、数据传输加密。

SSL 主要作用：对传输信息进行加密（客户端与服务器端的链路加密）、认证用户身份（基于数字证书的高强度认证），SSL 现在广泛应用于电子商务、电子政务等，如网银、支付宝、手机钱包、网上证券等。

（二）SSL 协议工作原理

1. 服务器认证阶段

（1）客户端向服务器发送一个开始信息以便开始一个新的会话连接；

（2）服务器根据客户的信息确定是否需要生成新的主密钥，如需要则服务器在响应客户的信息时将包含生成主密钥所需的信息；

（3）客户根据收到的服务器响应信息，产生一个主密钥，并用服务器的公开密钥加密后传给服务器；

（4）服务器回复该主密钥，并返回给客户一个用主密钥认证的信息，以此让客户认证服务器。

2. 用户认证阶段

在此之前，服务器已经通过了客户认证，这一阶段主要完成对客户的认证。经认证的服务器发送一个提问给客户，客户则返回（数字）签名后的提问和其公开密钥，从而向服务器提供认证。

（三）SSL 协议体系结构

SSL 协议位于 TCP/IP 协议与各种应用层协议之间，为数据通信提供安全支持。SSL 记录协议针对 HTTP 协议进行了特别的设计，使得超文本的传输协议 HTTP 能够在 SSL 运行，记录封装各种高层协议，具体实施压缩解压缩、加密解密、计算和校验 MAC 等与安全有关的操作。

三、SET 协议

视频：SET 协议

电子商务在提供机遇和便利的同时，也面临着一个最大的挑战，即交易的安全问题。在网上购物的环境中，持卡人希望在交易中保密自己的账户信息，使之不被人盗用；商家则希望客户的订单不可抵赖，在交易过程中，交易各方都希望验明其他方的身份，以防止被欺骗。针对这种情况，共同制定了应用于 Internet 上的以银行卡为基础进行在线交易的安全标准，这就是 SET 协议。

（一）SET 协议的定义

SET 协议（Secure Electronic Transaction）被称为安全电子交易协议，是一种新的电子支付模型。SET 协议是 B2C 上基于信用卡支付模式而设计的，是为了在互联网上进行在线交易时保证信用卡支付的安全而设立的一个开放的规范。它保证了开放网络上使用信用卡进行在线购物的安全。

（二）SET 协议功能

（1）防止数据被非法用户窃取，保证信息在互联网上安全传输。

（2）SET 中使用了一种双签名技术保证电子商务参与者信息的相互隔离。客户的资料加密后通过商家到达银行，但是商家不能看到客户的账户和密码信息。

（3）解决多方认证问题。不仅对客户的信用卡认证，而且要对在线商家认证，实现客户、商家和银行间的相互认证。

（4）保证网上交易的实时性，使所有的支付过程都是在线的。

（5）提供一个开放式的标准，规范协议和消息格式，促使不同厂家开发的软件具有兼容性和互操作功能。可在不同的软硬件平台上执行并被全球广泛接受。

SET 协议为电子交易提供了许多保证安全的措施。它能保证电子交易的机密性，数据完整性，交易行为的不可否认性和身份的合法性。SET 协议设计的证书中包括银行证书及发卡机构证书、支付网关证书和商家证书。

（三）SET 协议工作原理

SET 交易过程中要对商家，客户，支付网关等交易各方进行身份认证，因此它的交易过程相对复杂。

在完成一次 SET 协议交易过程中，需验证电子证书 9 次，验证数字签名 6 次，传递证书 7 次，进行签名 5 次，4 次对称加密和非对称加密。完成一个 SET 协议的交易过程可能需要耗费更长的时间。

知识链接

HTTPS 认证

网络安全协议是营造网络安全环境的基础，是构建安全网络的关键技术。设计并保证网络安全协议的安全性和正确性能够从基础上保证网络安全，避免因网络安全等级不够而导致网络数据信息丢失或文件损坏等信息泄露问题。

HTTPS 就是 HTTP 与 SSL/TLS 的组合，本质为 HTTP over SSL/TLS。这里所说的 HTTP 并不特指某个版本（HTTP/1.1、HTTP/2 或 HTTP/3）。使用 HTTPS，浏览器和服务器之间的通信将通过加密和经过身份验证的通道传输。通过 HTTPS 而不是 HTTP 提供内容可以让访问者确信看到的内容是由合法内容所有者给出的，并且通信是安全的，不会被窃听。

服务端给客户端返回 SSL 协议版本号、加密算法种类、随机数等信息，同时也返回服务器端的证书，即公钥证书。

客户端使用服务端返回的信息验证服务器的合法性，包括：证书是否过期；发行服务器证书的 CA 机构是否可靠（通过查询浏览器或本机内的 CA 证书）；返回的公钥是否能正确解开返回的 CA 证书中的数字签名（通过使用本机或浏览器内置的 CA 公钥进行解密）；服务器证书上的域名是否和服务器的实际域名相匹配；验证通过后，将继续进行通信，否则，终止通信。

【项目练习】

一、单项选择题

1. 入侵者通常会使用网络嗅探器获得在网络上以明文传输的用户名和口令。当判断系统是否被安装嗅探器，首先要看当前是否有进程使网络接口处于（　　）。

A. 通信模式　　B. 混杂模式　　C. 禁用模式　　D. 开放模式

2. 加密和签名的典型区别是（　　）。

A. 加密是用对方的公钥，签名是用自己的私钥

B. 加密是用自己的公钥，签名是用自己的私钥

C. 加密是用对方的公钥，签名是用对方的私钥

D. 加密是用自己的公钥，签名是用对方的私钥

3. 关于加密技术，下列描述错误的是（　　）。

A. 对称密码体制中加密算法和解密算法是保密的

B. 密码分析的目的就是千方百计地寻找密钥或明文

C. 对称密码体制的加密密钥和解密密钥是相同的

D. 所有的密钥都有生存周期

4. 在公开密钥密码体制中，加密密钥即（　　）。

A. 解密密钥　　B. 私密密钥　　C. 公开密钥　　D. 私有密钥

5. 在公开密钥密码体制中（　　）。

A. 加密密钥能用来解密

B. 加密密钥不能用来解

C. 加密密钥部分用来解密

D. 从已知的加密密钥可以推导出解密密钥

6. PKI 无法实现（　　）。

A. 身份认证　　B. 数据的完整性

C. 数据的机密性　　D. 权限分配

7. 在混合加密方式下，真正用来加解密通信过程中所传输数据（明文）的密钥是（　　）。

A. 非对称算法的公钥　　B. 对称算法的密钥

D. 非对称算法的私钥　　D. CA 中心的公钥

8. 以下关于非对称密钥加密说法正确的是（　　）。

A. 加密方和解密方使用的是不同的算法

B. 加密密钥和解密密钥是不同的

C. 加密密钥和解密密钥匙相同的

D. 加密密钥和解密密钥没有任何关系

9. 数字签名是一种认证技术，它保证消息的来源与（　　）。

A. 保密性　　B. 完整性

C. 可用性　　D. 不可重放

10. 加密和签名的典型区别是（　　）。

A. 加密是用对方的公钥，签名是用自己的私钥

B. 加密是用自己的公钥，签名是用自己的私钥

C. 加密是用对方的公钥，签名是用对方的私钥

D. 加密是用自己的公钥，签名是用对方的私钥

二、多项选择题

1. 常见的密码分析攻击包括（　　）。

A. 唯密文攻击　　B. 已知明文攻击

C. 选择明文攻击　　D. 选择密文攻击

2. 报文的认证方式有（　　）。

A. 传统加密方式的认证　　B. 使用密钥的报文认证码方式

C. 使用单向散列函数的认证　　D. 数字签名认证方式

3. 口令认证系统必须提供（　　）等措施。

A. 口令存储　　B. 传输　　C. 验证　　D. 管理

4. 网络攻击分为漏洞类攻击、破坏类攻击、（　　）。

A. 阻塞类攻击　　B. 探测类攻击　　C. 控制类攻击　　D. 欺骗类攻击

5. 数字签名具有（　　）等方面的特点。

A. 身份认证　　B. 数据完整性　　C. 不可否认性　　D. 匿名性

三、判断题

1. 采用 Kerberos 系统进行认证时，可以在报文中加入时间戳来防止重复攻击。（　　）

2. 公钥基础设施（PKI）是建立在对称加密算法之上的，用于创建、管理、存储、分发和撤销数字证书的一整套体系。（　　）

3. 数字证书是网络通信中标志通信各方身份信息的一系列数据，提供一种在 Internet 上验证身份的方式。（　　）

4. 支持安全 Web 服务的协议是 HTTP。（　　）

5. 基于对称密码与非对称密码的优缺点，为提高加密速度，在加密过程中，一般采用非对称密码进行密钥传输，采用对称密码进行数据加密。（　　）

四、简答题

1. 金融信息安全的风险有哪些？
2. 对金融信息安全的网络攻击手段有哪些？
3. 简述密码体制的基本组成。
4. 简述数字签名的特性和原理。

PPT

项目十一 互联网银行的发展趋势

【知识目标】

掌握中外互联网银行发展历程和现状；了解互联网银行发展存在的问题和面临的挑战；了解互联网银行今后发展的对策建议。

【能力目标】

能够判断互联网银行发展趋势；能够分析互联网银行存在的问题。

模块一 国内外互联网银行的发展历程

【内容简介】

本模块主要介绍中国、美国、欧洲、日韩互联网银行的发展历程。

【案例导入】

美国的 Movenbank

Movenbank，2011 年 4 月由布雷特·金（Brett King）在美国纽约创立，是一家专门从事手机移动金融业务的银行服务商。和美国绝大多数 Digital bank 一样，Movenbank 本身并没有银行牌照，其运营模式采取的是 Moven 作为金融科技企业负责运营，联合美国传统银行 CBW Bank 代为管理存款的合作模式。因而客户存入 Movenbank 的存款可以享受美国联邦存款保险公司（FDIC）提供的存款保险保障。

目前，Movenbank 基于手机 App 面向客户提供的服务主要有：

（1）智能财务管理功能 MoneyPulse 和 MoneyPath。

（2）测试客户信用分数。

（3）财务个性测试。

（4）非接触式支付功能。

（5）朋友间转账功能。

（6）异常消费实时提醒功能。

（7）直接存款功能，即工资和雇主发放的各项社会福利收入可关联 Movenbank 账户。

（8）支票存款功能。

（9）账单支付功能。

（10）CRED 积分奖励功能。

Movenbank 独特的服务亮点，被美国消费者所称道的是 Movenbank 特有的 CRED 信用评分系统。概括而言，Movenbank 对客户信用风险的衡量主要基于三个维度：财务健康程度、社交程度、客户价值。Movenbank 分别从这三个方面考量，会综合得出客户的 CRED 信用分数，并依据这个分数来测算客户的贷款违约概率，设定相应的贷款利率水平。

值得注意的是，Movenbank 对于 CRED 的应用价值，并不在于分数本身，而是在于通过 CRED 分数的上升或下降，来引导客户形成良好的消费习惯、建立广泛的社交圈层。具体来说，Movenbank 设置 CRED 分数随着客户消费行为、社交广度变化而实时上升或下降的机制，能够激励客户渴望改变消费和社交来提高 CRED 分数的意愿，再加上 CRED 分数与 Movenbank 各类手续费、利率水平关联的奖励机制，更是形成了一个连贯的良性循环。换言之，客户可以根据 CRED 的考量指标，有针对性地改善评级分数，进而获得 Movenbank 手续费的折扣或减免，或者优惠的利率水平。

资料来源：https：//bankautomationnews. com/tag/moven/。

请思考：美国 Movenbank 的特别之处是什么？

【基础知识】

一、我国互联网银行发展模式

（一）我国互联网银行发展现状

区别于传统商业银行的线下网点扩张模式，我国互联网银行的业务将主要通过其独具优势的互联网途径进行扩张。传统零售银行赖以生存的规模、渠道及价格优势在新兴的互联网浪潮中将受到冲击。我国互联网银行将借助生物识别技术在互联网或 App 中完成个人结算账户的远程面签开户，借记卡及信用卡账户将以虚拟形式存在，实体卡仅在客户申请之下才做发放。取现、刷卡支付、转账等更多将使用移动端 NFC、扫码（二维码）等技术实现。轻资产、弱网点的扩张模式下我国互联网银行将弱化实体网点的成本投入，依托大数据和云计算精准抓取目标客户以获得规模和收益。

（二）我国互联网银行运营模式分析

微众银行和浙江网商银行的运营模式都是无网点和无现金柜台模式，而业务基本上都是依托于各自的云计算和服务平台进行线上业务的拓展，都属于轻资产的运营模式，不需要布设线下服务，主要是通过与传统银行、金融机构进行同业拆借和产品合作的方式来进行业务的开展。二者的模式也有不同之处。微众银行主打“个存小贷”，服务的对象主要为个人消费者以及小微企业，其中个存的存款没有最低额限制。网商银行的模式主打“小存小贷”，贷款一般在 500 万元以下。其服务的主要客户是在阿里巴巴平台上入驻的电商企业和一些农村用户。一个鲜明特点是这些用户以往无法在传统金融渠道获得贷款，对这些客户发放的贷款金额较小，期间较短。

（三）我国互联网银行的特征

1. 规模经济是互联网银行盈利模式的主要特征

互联网的优势主要是成本节约，因此可以容忍更低的息差，“薄利多销”是其主要特征。互联网银行“轻资产、弱网点”的发展模式一开始在经营方面弱于传统银行，但随着时间的推移和经营规模的扩大，这种经营差距会逐渐缩小，核心原因是互联网银行存在非常明显的规模经济。互联网的优势主要来自成本的节省，而节省的各项成本可以用来降低客户的贷款利率、增加客户的存款收益率，从而可以吸引更多的客户。

在成立初期，为了口碑的宣传和提高市场影响力，互联网银行必须提供更高的收益率来吸引客户。以网络为基础意味着银行可以不需要设立分支机构、不用去收购区域性银行就可进入其他地区，从而提供了更大的潜在增长空间。

2. 互联网银行重视需求的简单便捷

互联网银行从客户体验出发，重视需求的简单便捷。互联网银行主要服务于个人消费者和小微企业客户，其对金融服务的需求范围更广、个性化更强，并且风险控制方面需要考虑更多。在产品设计上强调从客户需求出发去开发产品，这与传统金融机构自上而下的产品设计完全不同，有利于产品被客户接受和推广。互联网银行往往提供标准化的产品和有限的产品选择，集中在储蓄产品和抵押贷款产品，易标准化且客户易于尝试，专注于简化的自助银行产品，可由消费者独立管理。客户体验主要表现为利率高、开户便捷、服务可通过网络和电话来完成。

3. 带动零售银行渠道的虚拟化

互联网将重构银行渠道功能，实现渠道的虚拟化。互联网银行缺少已有的网点优势，建设与传统银行类似的数量众多的实体线下网点对其而言是不可行的。互联网银行线上为主、线下为辅的模式，通过构建线上客户体验、线下互动、少量柜面或者现场业务柜台，辅以较多自助型、单一功能型。

截至 2022 年 12 月，中国网民规模达 10.67 亿，较 2021 年 12 月增长 3549 万人，互联网普及率达 75.6%。其中，40 岁以下网民超过 50%，学生网民最多，占比为 21.0%。随着时间的推移，以及互联网不断向低龄人的渗透，未来这部分人的资金实力的不断加强，这部分人在未来也将成为互联网银行的消费主力军，这也将有助于互联网银行业的发展。

互联网理财是互联网银行的一个基本功能，互联网理财的占比相较于网上支付、网络购物来说并不高，但是截至 2021 年已达 6.3 亿人。这意味着互联网理财的发展空间和发展潜力还很大。

市面上的软件工具无法对大数据进行搜集、计算和统计，但众所周知，大数据具有信息量多、速度快、价值高三个特点。所以，大数据与云计算是对应存在的。

二、美国互联网银行发展模式

美国互联网银行经过几十年的发展，已经形成较为成熟的运营模式。目前，美国的互联网银行主要有互联网平台、直销银行、银行服务商三种发展模式，其各具特色，各有优势。

（一）互联网平台模式

互联网平台模式以 BofI 控股公司为代表，BofI 全称 BofI Holding Inc.，即 BofI 银行控股公司，旗下设有一家互联网联邦银行名为 Bank of Internet Federal Bank，是主要以互联网轻资产模式为渠道，向个人客户和工商企业提供成本低廉的金融产品和服务，包括单一和多户型的住房贷款，中小企业贷款以及应收款融资等服务的新型互联网银行。BofI 成立于 1999 年，是全球最早成立的互联网银行之一，2005 年 BofI Holding，Inc. 在美国 NASDAQ 成功上市。

1. 运营模式

针对互联网和移动互联网的兴起，BofI 控股公司采取以线上线下结合、线上为主的方式开展负债、资产业务，以互联网平台和大数据技术为支持，从而快速、有效地满足客户需求。负债端，BofI 主要以“互联网 + 手机 App + 借记卡”形式，凭借有吸引力的利率和较少的收费来吸收存款；资产端主要是通过互联网发放居民住房抵押贷款，获取安全性高又稳定的利息收入和服务费。

2. 业务经营

BofI 在存款业务上采取线上与线下相结合的方式。线上针对客户群体特点，提供有针对性的产品，并以较高的利率、较少的收费项目吸引目标群体；线下则与连锁超市等结成合作伙伴，通过提供快捷的支付方式，吸引此类客户。由于不存在物理网点，BofI 通过多种手段为客户提供相关快捷服务，包括手机银行（用手机查询余额、转账、存支票、支付账单）、预算和理财管理、在线账单支付、邮件或短信转账、借记卡、免费使用 ATM 提取现金等。同时为了吸引客户，BofI 对存款利率定价较高，其存款付息率要高于美国的富国、摩根大通银行等大银行。BofI 的贷款发放同样采取线上、线下相结合的方式。BofI 最初以房地产抵押贷款为主，主要是面向居民的住房按揭贷款，后来逐渐拓展到汽车消费贷款、保理业务。在保持风险可控的前提下，开始向中小企业贷款延伸。以住房抵押贷款为例，线上贷款人可以通过网络直接申请贷款，而线下则通过与房屋经纪人合作，同时还通过电话中心向现有客户营销，实现交叉销售。

3. 效应分析

互联网平台模式使用互联网技术，减少了物理网点的租金成本，节约了人工成本，可以在客户和负债规模增长的同时，保证运营成本不增加，实现规模经济。以技术为杠杆实现了自动操作、互联网平台、电子化处理流程，能够快速实现互联网营销，快速调整利率，应对环境变化，达到规模快速增长。BofI 以合理的净息差、较低的信用成本、远低于行业平均水平的成本收入比获得了高出同行业的资本回报水平。而随着互联网的逐渐普及和网络优势对于客户的持续吸引，BofI 实现了规模和利润的快速增长。

（二）直销银行模式

直销银行模式以 ING 美国直销银行为代表，成立于 2000 年，是荷兰 ING 集团拓展海外零售市场的重要手段。

1. 运营模式

ING 美国直销银行是荷兰 ING 银行主动结合互联网的一种典型运作模式，银行没有营业网点，不发放实体银行卡，客户主要通过电脑、电子邮件、手机、电话等远程渠道获取银行产品和服务，在关键城市设立具理财顾问功能的咖啡馆，实现线上与线下的有效结合。其目标客户定位为30~50岁受过良好教育的上班族，已经接受或通过电话、网络理财，收入水平高于市场平均水平，喜欢自助理财。ING直销银行采取“薄利多销”的经营模式，较高存款利率、较低贷款利率的“高买低卖”方式，以较低的净息差获得规模效益。

2. 业务经营

ING美国直销银行面向零售客户，产品和服务流程简单、标准化，风险控制依赖“硬信息”和“大数法则”。从产品角度看，ING美国直销银行采取“高利率、简单、标准化”的产品策略，针对直销渠道提供有限的产品选择，使有限的产品选择集中在储蓄产品和部分贷款产品上，客户易于尝试；通过相互关联，即时从活期账户中获取资金，如果需要，则利用联邦快递将支票递送给客户；专注于简化的“自助”银行产品，可由消费者独立管理，电子账单整合相关账户信息，提供九种不同的共同基金。客户体验主要表现为利率高，开户便捷，储蓄没有最低存款金额限制，无储蓄和存单费用。从提供产品和服务的渠道来看，以互联网（网页+手机移动终端）为主，线下服务作为补充。服务手段则可通过网络和电话处理，通过与活期账户关联获取资金。如果有线下服务需求，也可与顾问在咖啡馆会面。从风险控制看，ING美国直销银行重定价速度快，40%的资产在1年内重定价。其严格限制期限错配，规定可变利率储蓄的期限不能太长。

目前，该银行主要盈利来源于利差收入，公司强调通过较高的存款利率吸引目标客户，利率水平高于行业平均水平，同时没有复杂的存款收费项目，资产运用包括房屋贷款和证券投资，贷款约占生息资产的50%。银行成立初期由于规模扩张的需要，其净息差在1%左右。目前，其净息差低于2%，远低于美国银行业平均水平200bps。

3. 效应分析

互联网平台模式采取“虚实结合”的模式，即以线上服务为主提供全系列远程服务（邮件、7天24小时电话和网上实时聊天），线下以在关键城市设立具理财顾问功能的咖啡馆的模式有效地降低了互联网银行运营成本，ING美国直销银行采用互联网平台模式有效降低运营成本，其成本收入比在50%左右，显著低于美国传统银行60%的行业平均水平。同时ING美国直销银行低利率贷款，低存贷比以及高付息率，导致净息差低于行业平均水平；不对客户收取额外费用，非息收入几乎为零；资本充足率超过20%，财务杠杆较低。虽然有着低于行业的成本收入比，但较低的净息差、没有非利息收入使得ING直销银行的净资产收益率处于较低的水平，最高时也不超过0.6%，这大大低于同期的行业平均水平。但是其采用“薄利多销”的经营模式，随着规模的不断扩张，ING美国直销银行成立两年即实现盈利。

（三）银行服务商模式

银行服务商模式以Simple为代表，其成立于2009年，是一家通过网页和手机移动客户端提供个人综合金融服务的银行服务商。

1. 运营模式

Simple本身不是银行，而是作为一个移动金融服务提供商，将个人客户与合作银行连接在一起。合作银行提供一个受FDIC存款保险的NOW存款账户，而Simple则在此账户基础上为个人客户提供包括综合理财在内的个人金融服务。

2. 业务经营

Simple自身没有物理网点，客户可以通过网页或者手机App申请账户，通过邮寄获得Simple的借记卡。通过手机App，用户可以获得传统银行提供的主要个人服务：Simple的借记卡可以在5.5台ATM免费取现；手机App提供最近的ATM状况，可以通过拍照扫描方式存入纸质支票，可以与使用人的其他银行账户实现免费、迅速地转账，可以实现对其他人转账、移动支付。其运营模式是向客户提供包括储蓄、消费、理财等综合服务，通过增加消费、储蓄计划等功能提供增值服务。Simple对于开设账户不进行最低余额限制，与其他银行的存款账户相比，收费项目少。当前Simple账户的利率只有0.01%，这一水平普遍较低，但Simple通过特有的金融增值服务实现对客户的吸引，以获得分成收益。

3. 效应分析

便捷的移动银行和具有黏性的理财功能是该模式的主要特征。Simple的手机App借记卡，基本解决了无物理网点带来的问题，与传统银行相比，在便捷性上优势更加明显。提供包括储蓄和消费计划的理财服务，一旦用户的储蓄和消费习惯形成，将对其具有较强的黏性。其收入主要来源于合作银行按比例分配的存贷利差与支付所产生的收单费用，其利用互联网技术和大数据挖掘能够满足客户的专业化服务和个性化需求，实现客户规模低成本扩张，目前已基本实现盈亏平衡。

三、欧洲互联网银行发展历程

欧洲是互联网金融的发源地，涌现出不少知名的互联网金融机构，但互联网金融并未得到快速的发展，甚至出现了不少互联网金融机构倒闭的案例。而且欧洲的互联网金融机构并未能够通过网络实现金融资产在欧元区国家的自由流动，这或许与欧元区各国金融监管制度的差异有关。同时，欧洲各类创新型互联网金融模式的总量相当有限。

欧洲对互联网金融实行单独的监管，营造了一个清晰、透明的法律环境，坚持适度审慎和保护消费者的原则。由于其监管模式与传统金融行业的监管模式类似，使互联网金融的创新能力不可能跨越出传统银行业的范畴，其监管较为保守，不利于金融创新。同时，由于欧盟各国的金融体制和监管政策存在着较大的差别，即使在欧盟的统一监管框架下，一国金融机构在其他国家通过互联网金融的模式进行跨国经营的创新模式仍然受到了较大的限制，20世纪90年代网络银行跨国发展的失败就是一个很好的例证。

（一）波兰mBank银行

mBank最初是波兰第四大银行BRE银行旗下的网上银行，也是波兰首家完全基于互联网的银行，多年来一直是创新银行的代表。母公司BRE银行成立于1986年，主要提供零售银行、公司银行和投资银行服务，以及其他金融服务如租赁、保理、保险、商业不动产融资、经纪业务、财富管理。德国商业银行（Commerzbank）持有mBank母公司BRE银行70%股权。自1992年以来，已在华沙证券交易所上市了24年。2007年，它开始在捷克共和国和斯洛伐克开设零售业务。2016年，mBank跻身波兰资产规模排名第四大银行，开设了47家分支机构，有超过130个零售点的网络，拥有20.7万公司客户和5300万零售客户，以及100万的活跃手机银行用户。

mBank 的创业想法来自于互联网在 20 世纪末的发展，波兰互联网用户一年之内从 47000 涨到 400000，一个基于互联网人们触手可及的银行便应运而生了。2012 年 7 月，mBank 提出“一个银行”战略作为加强客户关系基础，集成统一品牌和完善资产负债结构的核心支柱。“一个银行”战略包括：一是调整资产负债结构。进一步降低存贷比，优化营业收入结构，将住房贷款融资方案作为重塑零售金融业务的实施重点。二是不断升级线上银行系统，提升客户体验。部署客户满意度和客户期望系统，实时掌握客户需求的变化，为波兰、捷克和斯洛伐克三地的客户提供最新的线上银行系统，致力于打造顶级移动银行应用程序。三是围绕企业客户需求，完善公司与投资银行业务体系。通过长期专注于为企业机构客户提供全方位的综合融资方案，深化与企业机构客户关系的基础。四是关注中小企业投融资需求。发挥零售银行板块专业的销售管理和强大的业务发展能力，支持中小企业发展。五是加强整个银行不同业务条线之间、集团子公司之间的协同效应。通过整合企业金融板块和零售金融板块，以及企业金融各分支机构覆盖的服务范围，深化 mBank 品牌在全集团的统一。

图 11－1 波兰互联网银行 mBank

此外，该行开展跨界合作，共享渠道、资源，为客户提供更综合服务。一方面，mBank 注重与非银金融机构的合作，丰富线上平台的金融产品。2014 年 9 月，该行宣布与国际领先保险公司 AXA 开展关于 BRE TUiR 项目的长期合作，mBank 子公司 Aspiro 出售 BRE TUiR 100% 的股权，BRE TUiR 用于 AXA 保险产品的分销。如此一来，mBank 集团的客户将可以通过 mBank 手机银行、网上银行或实体网点购买到报价更为优惠的寿险和非寿险产品。另一方面，该行也在创造性地与电商、互联网公司合作，拓展分销渠道。例如 mBank 与法国电信运营商 Orange 合作，成立名为 Orange Finance 的直销银行品牌，将对方强大的物理网点混合、渠道以及广泛的客户群与自身先进和技术和丰富的产品相结合，使竞争关系转化为合作关系。

（二）德国 Number 26 银行

和美国在数字银行上的快速发展相比，欧洲的互联网银行 2.0 布局则显得相对滞后了一些。目前在欧洲许多国家，银行开户的惯例依然手续烦琐，从预约分支网点、准备身份证明文件，到填写一系列开户申请表格等，都耗费客户相当多的时间和精力，即使在发展已经颇具规模的直营银行，类似的手续依然无法避免。而以 Number26 为代表的数字银行的出现，改变了欧洲的金融传统与效率。

2013 年 Number26 创立于德国柏林，也是一家依托手机 App 端口提供金融服务、欧洲目前发展最为成熟的数字银行。作为金融科技企业，Number26 本身并没有银行牌照，其选择的模式是与德国传统银行 Wirecard 合作，由 Number26 负责数字银行的平台运营，Wirecard 银行拥有银行牌照，由 Wirecard 负责保管 Number26 客户的存款，存至 Number26 账户的客户存款享受德国存款保险基金（German Deposit Protection Fund）提供的存款保险保障。合作双方再基于客户存款产生的息差收入，由 Number26 向 Wirecard 银行收取一定的提成。在具体服务上，Number26 提供许多基于移动手机端的创新服务，包括德国境内 6000 多家商户均可以刷卡消费，全球所有带有 Mastercard 标志的 ATM 都能免费取现，手机 App 随时开启或关闭在线支付、境外消费功能，Cash26 超市收银台智能扫码存取款功能，实时记录每笔消费并按交通、通信、食品、服装等项目进行智能归类等。

Number26 业务亮点引入科技元素，彰显着创新的特质。欧洲数字银行的发展略晚于美国，不过 Number26 作为欧洲数字银行的先行者，其金融服务已经可以覆盖数字银行的所有基础业务和服务领域。业务亮点除基本业务与服务外，Number26 之所以成为欧洲新锐的数字银行，在于其引入最新科技元素，具有创新的特质。指纹识别技术：记录客户指纹，提高账户信息、资金、交易安全性和保密性。随时开启或关闭交易功能：以网络购物的在线支付功能为例，Number26 客户可以自行设置开启或者关闭网络在线支付功能，最大限度地根据客户需求，保障交易安全。3D Touch：与苹果合作在 iPhone 手机上引入立体触屏（3D Touch）功能。智能扫码存取款：Number 26 特有的 Cash26 功能，与德国各大超级卖场、药店合作。

四、日韩互联网银行发展现状

（一）日本互联网银行发展历程

日本从 1999 年开始发展网络银行服务，其业务范围逐步扩大到定期存款、外汇存款、投资信托的销售以及代缴水电费、电话话费等。2001 年 10 月 12 日，日本首家网上专业银行——“日本网上银行”（JNB）开始营业，标志着日本金融服务业进入了崭新的阶段。JNB 是由樱花银行、住友银行、富士通、日本生命保险公司等 8 家公司联合出资成立的。与美国的网上银行不同，用户每天 24 小时都可以在网上开户、转账。这些业务可利用网络、电话、传真进行，现金的存取可在樱花银行或无人售货店内的大约 5500 台自动取款机（ATM）上进行，非常方便。

2009 年 2 月，日本乐天收购了日本第二个诞生的网络银行 eBANK Corporation，并于 2010 年 5 月将其更名为乐天银行。日本乐天是做电子商务起家的，乐天财报将其业务划分为互联网服务、互联网金融、其他三大部分。银行吸储功能为乐天带来了大量资金，存款资金池里面的钱可以源源不断地为乐天的业务拓展补充能量。使用乐天银行提供的服务获取的积分可以用于在线购物等其他服务，通过其他服务获取的积分也可以支付银行手续费。

eBANK Corporation 于 2000 年 1 月成立，2001 年 7 月取得银行牌照，核心业务是互联网结算，当时没有融资业务。2005 年 11 月开始涉足投资信托业务，2006 年 12 月开展外币普通存款业务，汇兑等手续费业界最低，网络银行的低成本为其带来了竞争力。2006 年 eBANK 开始发行借记卡。

2009 年 eBANK 被乐天收购。乐天收购 eBANK 首先是看中其业界领先的支付结算能力，可为乐天数千万会员带来更为便利的支付结算体验；其次是可以充分利用乐天庞大的消费者群体，开发个人贷款、住宅贷款、电子货币等金融产品。依靠乐天庞大的用户优势，eBANK 纳入乐天旗下一年便成功扭亏为盈。

乐天银行在 2019 年获得了日本金融服务管理局（FSA）的许可，作为加密货币交易所，为其新钱包乐天钱包推出了账户注册服务。乐天银行成员的用户可以轻松地创建钱包，只需要更新 Web 应用程序的信息，Rakuten 实施的 KYC 的中央处理也是提高采用率的一个因素。

目前乐天银行业务账户分为个人、个体业者、企业三类，业务涉及借记卡发行、境内外转账、支付、日元存款、外币存款、发卡、存取款、汇兑业务、个人贷款、住宅贷款等众多领域。乐天银行自身并没有设置 ATM，但其发行的借记卡可以在日本全国大约 60000 台 ATM 上取款，且无须支付手续费。对于在乐天开店的店铺来讲，在乐天银行开户最大的好处就是可以每天收到乐天的结算款项，资金周转迅速。

（二）韩国互联网银行发展历程

韩国于 1999 年开始发展网络银行。韩国商业银行通过网络银行提供的服务涵盖各个方面，包括：缴纳各种费用（如电费、水费、煤气费、电话费、学费、保险费和其他手续费等）、各种账户的转账、偿付贷款、贷款利息支付、分期付款方式的购物自动付款等服务。除此之外，网络银行客户还可在网上预购新开发商品房。

韩国网络银行实行的是用户免责制，即当用户使用网络银行服务出现问题时，由银行先行赔付。这一制度消除了用户对网络银行的安全性担忧。先行赔付，是指当客户使用网络银行发生交易纠纷时，由银行先行给予消费者相应赔偿。从用户角度看，网络银行的服务费比传统柜台低 80% ~85%，用户从网络银行的使用得到了实惠。韩国央行认为，一方面，通过网络银行办理业务手续费相对较低，这是韩国网银业务快速发展的主要原因；另一方面，从商业银行的角度看，由于网络银行服务已具有规模效益，所提供网络银行服务的成本不及柜台服务成本的 10%，这大大降低了银行的运营成本，使得各商业银行非常乐于推广网络银行服务。包括地方银行在内的韩国众多银行为了节省运营成本，越来越多地通过网上银行来开展金融服务。

1. 韩国首家网络银行 K 银行

韩国首家网络银行 K 银行于 2017 年 4 月 3 日正式开始营业，银行全部业务均可以在网上运营。K 银行不设立线下实体营业网点。开设账户和网络支付等业务都通过线上办理，一年 365 天每天 24 小时营业。K 银行目前通过签约便利店的取款机向用户提供免费的取现服务。用户获得指纹认证后还可以使用个人贷款业务。由于网络银行的运营方式有利于降低日常经营成本，业务发展不会受到营业网点的限制，预计存款利息高于传统银行，而贷款利息则相对较低。目前 K 银行给出的利息差约为 0.5%。

K 银行还宣布了人工智能支持的个性化理财、通过语音辨识技术处理银行业务等多种高科技业务开展计划。K 银行的业务模式有赖于远程实名认证和大数据等技术的支持，以完成开户、信用贷款等基础业务。K 银行目前正在通过便利店、合作银行的自动取款机和合作电信企业的公用电话亭接触第一批客户。

纯网络银行的问世意味着金融市场将进入新的竞争时代。韩国银行业将进一步加强金融领域的科技投入。韩国金融监管机构 2015 年 11 月曾批准了两家纯网络银行的营业计划。此次是韩国自 1990 年以来第一次颁发新的银行牌照，也是第一次颁发网络银行专门牌照。K 银行实缴资本金约为 2.2 亿美元，其投资方包括支付宝。另一家获得批准的纯网络银行“Kakao 银行”则获得了腾讯公司的支持。K 银行计划三年内实现盈利，还计划进军中国市场和东南亚市场。

2. 韩国网上银行 Kakao Bank

Kakao Bank 是由韩国投资控股公司和韩国互联网巨头 Kakao 联合推出的韩国互联网银行，为继 K Bank 之后韩国的第二家纯互联网银行。该互联网银行的股东包括韩国投资金融控股公司、腾讯、国民银行、易趣等 9 家公司，资本金为 3 千亿韩元。其中，腾讯为第二大股东。与韩国传统银行不同，Kakao Bank 实行全天候营业，其所有服务都可以在客户和银行分行之间不进行面对面接触的情况下完成。这为那些无法在工作时间造访贷款机构的客户提供了便利。Kakao Bank 没有连接到特定的 ATM，客户可以从任何 ATM 取款和存款。Kakao 旗下的多个互联网产品为 Kakao Bank 带来了相当大的流量，为其提供了核心竞争力，使其成为韩国最大的纯互联网银行。

模块二

互联网银行发展机遇

【内容简介】

本模块主要介绍互联网银行发展过程中存在的问题、面临的挑战及解决问题的对策建议。

【案例导入】

远程开户“走红”金融业足不出户即可轻松办卡

随着互联网的普及与发展，近年来，互联网金融在国内的发展可谓一日千里，势不可挡。除却时代环境的助推，互联网金融的兴起还源于传统银行的低效。不过，在远程开户政策落地后，国内银行纷纷引进新兴技术与设备，致力革新传统办事方法，打造高效便捷的新服务模式。

银行启用远程开户系统，破营业网点局限。众所周知，银行营业网点往往地理位置优越、内部装潢一流，且配备有一定数目的服务人员。按理来说，这样的投入足以达到令人满意的效果。然而，这些营业网点给予消费者的并非多美好的体验。仅取号排队等候一项，就已令消费者烦躁不堪。再者，为了开户办卡，消费者须亲自出门，到达指定网点才能办理。要是身处异地，来回路途周折耗时耗力。这也是银行营业网点亟须解决的问题之一。基于此，国内部分银行与云脉技术合作，联合推出了远程自助开户系统。用户通过手机等移动终端设备便可自助完成开户，省去了排队取号、填写表单资料、柜台确认等烦琐的步骤。相较于营业网点的线下开户，远程自助开户显然更加快捷高效。

足不出户搞定远程开户，多方位认证给予安全保障。其实，远程开户的落地并非一帆风顺，最初，由于实名认证困难，安全性能无法得到保证，用户对其始终持着怀疑的态度。而随着生物识别等技术的成熟，市场逐渐打开，远程开户也慢慢赢得了用户的信赖。

据了解，云脉远程开户系统集合了领先的 OCR、人脸识别、视频检测、手机验证等技术，从多个方面确保人证一致，以消除用户的后顾之忧。使用户足不出户，该有的审核流程一样也不会少，远程开户同样需要开户人提供真实的身份证件以及其他基本信息，只不过系统是利用 OCR 识别技术自动填写对应信息，而无须手动录入，避免了录入过程中有可能出现的信息填写错误情况的发生。

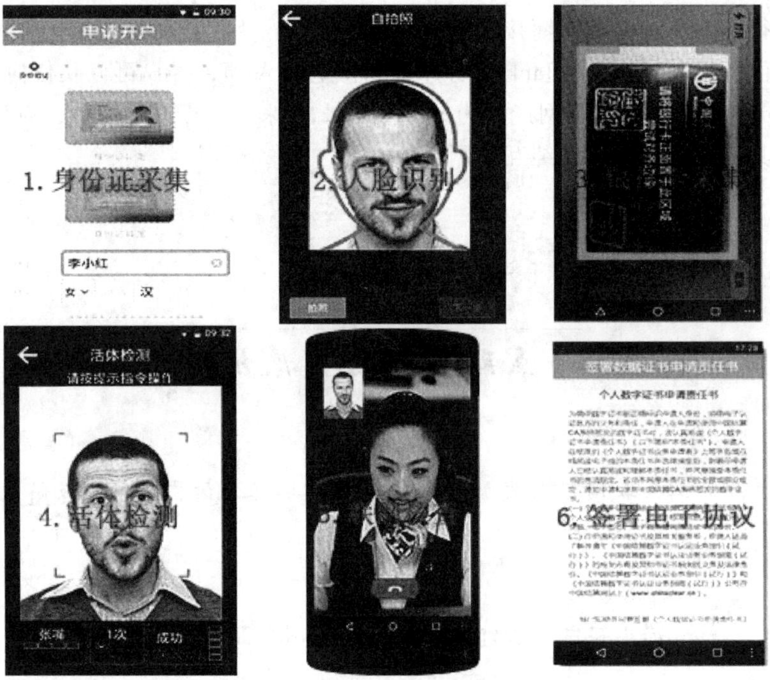

图 11-2　云脉实名自助开户具体流程

为加强远程开户的安全性能，系统将通过人脸识别技术与动态检测技术采集开户人的实时动态图像，并且将其与证件照片进行比对，判断是否为同一个人。除此之外，视频对讲功能的应用让远程开户实现了线上“面对面”认证。联网核查与短信验证的辅助又为其添上了左膀右臂，多方位的认证给予用户与银行强有力的安全保障。

这是一个注重效率的时代，远程开户的出现打破了银行的固有开户模式，有效提升了传统银行的办事效率，并在此基础上保障其安全性能。无论是对金融用户还是对银行来说，这无疑都是一大福音。

资料来源：http：//www. huaxia. com/tslj/tbgz/tbgzwz/04/5713408. html。

请思考：互联网银行想要解决的核心问题是什么？

【基础知识】

一、互联网银行发展存在的问题

银行业与其他行业一样在生态链、生存空间等方面面临重新洗牌，金融科技（Fin-Tech）正在深刻影响和改变银行业的未来转型之路。互联网银行借助现代数字通信、互联网、物联网等技术，通过云计算、大数据、人工智能等方式，可以全天候为客户提供精准的金融服务。未来互联网银行运营新模式，必然要求以满足客户需求为中心，在银行内部跨板块、跨部门、跨条线使用一套规则，实现业务协同。

我国互联网银行业务发展较快，在为提升实体经济创造力方面发挥着越来越重要的作用。当前亟须突破的发展问题主要有以下几方面：

一是商业发展带来金融需求，技术进步推动金融创新，而金融需求的满足需要靠金融创新。这也是银行业如何推进供给侧结构性改革的出路所在。具体来说，互联网银行要重点把握如何与实体经济、产业链等进行有效的融合。

二是互联网具有的“开放、平等、协作、分享”精髓，决定了互联网技术应是实现普惠金融的重要推手。具体来说，互联网银行要找出符合商业交易的原则与模式，实现资金与资产高效对接，减少中间环节，提高交易透明度，进而推动普惠金融的实现。

三是依托信息科技，建立监管机构、银行和金融消费者组成的互动生态圈，让交易更透明，让资金更安全，让信用更阳光化。科技力量决定了银行服务功能需要重新定位。

（一）互联网银行风险管理面临的挑战

（1）互联网的普及性对安全控制、客户验证技术、数据保护、审计流程以及消费者私人信息保护等技术的要求变高。

（2）互联网银行的发展离不开信息系统的外包业务，进而涉及非银行的第三方机构（电信运营商、网络运营商等）。如何监管这些第三方机构，使银行通过外包所得到的信息系统不存在安全隐患是值得思考的问题。

（3）信息技术的发展以及服务的不断创新加大了银行面对的竞争压力，从前往往需要若干年才能开展的业务现在缩短到只需要几个月。银行可以较快地将思想转变为具体的产品和服务。银行服务创新的加快对银行的战略风险管理、风险评估以及安全评估等工作要求变高。

（4）互联网银行的发展使得银行大量业务均通过电子信息系统进行。这在降低人工错误的同时，增加了对信息系统的依赖性，从而对信息系统的操作性、互通性以及稳定性的要求更高，对信息科技风险管理能力的要求会更高。

（二）互联网银行资产业务困境

适合运用网络开展的银行业务一般具有分散性、批量化、定制化的特点。目前，核心业务主要有理财业务、个人消费金融业务以及企业的交易金融、供应链金融等业务，包含结算、融资及投资理财等业务。目前，网络收付业务发展较为迅速，且移动端发展更为迅猛。互联网金融的困难主要体现在资产业务。

互联网银行开展资产业务无论 C 端还是 B 端，最大的局限性就是远离生态，难以获取生态圈的第一手数据。就 C 端而言，银行只能基于存量客户数据进行产品的交叉营销，就算民营银行基于股东背景进入以消费场景聚集的生态圈，其消费数据、网络行业数据与个人信用的相关性也相对较弱，无法真正针对不同信用状况，差异化地开展融资业务。就 B 端而言，一方面，传统银行受制于固有体制，网络金融业务的线上流程再造进展缓慢，理念更新滞后于市场需求，难以挤入前端场景；而另一方面，理念相对到位的互联网银行则受人才、专业性等局限，在社会供应链金融的领头羊地位也无法真正确立。此外，互联网金融以多种形式存在，在与银行业形成直接竞争的同时，也导致数据割据，难以进行供应链的整合，如针对上游客户应收账款的企业自金融模式、以科技见长的对接资产与资金的中间整合平台等。

（三）互联网银行涉及的法律难点

目前，国内没有专门针对互联网银行监管的法律法规。在法律层面上，相关立法有《中华人民共和国商业银行法》和《中华人民共和国人民银行法》。在法规规章层面，针对网上银行，中国人民银行出台了《网上银行业务管理暂行办法》《关于落实〈网上银行业务管理暂行办法〉有关规定的通知》；原银监会出台了《电子银行业务管理办法》《电子银行安全评估指引》《关于做好网上银行风险管理和服务的通知》。2021 年，为加强对商业银行通过互联网开展个人存款业务的监督管理，维护市场秩序，防范金融风险，保护消费者合法权益，原银保监会办公厅、人民银行办公厅联合印发了《关于规范商业银行通过互联网开展个人存款业务有关事项的通知》。目前来看，互联网银行的“纯网银无实体”模式仍面临一系列法律监管问题。

互联网银行面临远程面签问题。远程面签指的是基于互联网的远程交易机制，判定实际签约者与合同所记载的主体为同一人。目前的互联网金融多采取用户提交身份证、银行卡等信息方式解决，例如财付通等第三方支付机构就是要求用户提交身份证及银行卡信息，同时提交手机、邮箱等其他通信信息，通过手机短信验证码、邮箱验证码等方式进行身份识别。对于互联网银行而言，其面签技术的要求将更加严格。在远程面签中，最重要的当属远程开户问题。依据我国反洗钱法（《中华人民共和国反洗钱法》第三条）及相关法律规定，银行业金融机构必须建立健全客户身份识别制度，银行在与客户建立业务关系，或者为客户提供现金汇款、票据兑付等一次性金融服务时，应当要求客户出示真实有效的身份证件或者其他身份证明文件，进行核对并登记，不得为身份不明的客户提供服务或者与其进行交易，不得为客户开立匿名账户或者假名账户。在目前的监管环境下，根据《中国人民银行关于进一步落实个人人民币银行存款账户实名制的通知》，客户要在商业银行开办个人银行账户，必须携带有效身份证件前往银行营业网点办理，开户银行营业网点不得委托非开户网点或其他机构代理开户。客户新开银行卡账户必须“亲见亲签”，首次购买理财产品前必须在网点进行风险测评，并签名确认。为了解决远程开户问题，微众银行曾提出靠“刷脸”实现远程开户，但目前技术和监管尚不足以支撑。央行等监管部门尚未放行基于人脸识别的远程开户。

（四）互联网银行面临征信问题

征信业务是指依法收集、整理、保存、加工个人、法人及其他组织的信用信息，并对外提供信用报告、信用评分、信用评级等的业务活动。2006 年央行组建了全国统一的企业和个人信用信息基础数据库。只要是在银行办过卡、贷过款，都会自动在该系统中生成一份属于自己的“信用报告”。各商业银行在贷款审核中，均将个人信用报告作为一项重要的参考依据。深圳前海微众银行和浙江网商银行依托自己内部的大数据，有着内部的征信体系建设。互联网银行的征信主要面临我国征信市场不够健全和自身征信数据可靠度不足两大问题。对于前者，主要体现在我国征信市场主要由传统商业银行垄断和相关配套法规不健全等方面。提供个人征信服务的只有央行征信中心及其下属的上海资信公司，征信市场缺乏必要的市场化竞争。

针对此问题，2015 年 1 月，央行发布了《关于做好个人征信业务准备工作的通知》，要求八家机构做好个人征信业务的准备工作，准备时间为六个月。其中包括蚂蚁金服旗下的“芝麻信用”和腾讯旗下的“腾讯征信”。对于征询数据可靠度，以微众银行可参考的征信数据为例：腾讯可参考的数据主要是用户行为数据，但这些数据与个人的借贷行为关系并不大，因而其建立的模型不一定准确。其数据本身存在着短板，即使腾讯可以拿到央行的数据，由于央行的征信记录中的个人多是与银行有业务往来的优质客户，腾讯公司的用户中多是在央行征信范围之外的“草根”用户。腾讯仍需摸索央行征信系统覆盖的主流用户之外的个人信用情况。况且，鉴于微众银行和商业银行之间的竞争情况，其获取央行征信数据具有难度。在 2013 年 1 月出台的《征信管理条例》中，出于对信息安全的保护，对个人信息的采集做了明确的限制：比如禁止征信机构采集个人的宗教信仰、基因、指纹、血型、疾病和病史信息以及法律、行政法规规定禁止采集的其他个人信息。微众银行获取的基于腾讯用户的数据多为社交数据，在银行征信领域，可靠性会受到一定质疑。如果信用数据能够共享，征信问题将得到改善。央行征信中心、腾讯阿里等征信阵营的数据来源不同。共享数据将组成整个信用轨迹。互联网银行在国内的发展空间很大，数字精英长尾一代至少有 2 亿人，未来还有 3.6 亿人将逐渐成为数字长尾客群。随着整个互联网金融行业“有法可依”，互联网银行的监管体系将逐步建立和精确，进而推动金融行业适应公众需要不断发展。

二、互联网银行发展的对策建议

（一）互联网银行发展宏观对策建议

1. 宏观层面建立相关政治制度

科技、信息、网络极速提升的今天，金融体系也在迅猛发展，然而很多管理、监督、规范方面的政策还没有紧跟步伐，各类金融事件频频发生。前有 P2P 类的大量公司倒闭跑路，后有各种非法规避法律的集资活动盛行。面对复杂而又繁盛的环境，互联网银行也将从一片政策空白的区域跨入全新的经济空间。互联网银行作为民营银行体系的主体之一，又与互联网络相呼应，是传统银行体系发展至今引申出的全新的银行系统，在发展的道路上不免会遭遇更多、更复杂、更艰难的境遇。如果政策上的引导出现偏差，互联网银行极有可能成为新金融环境下的牺牲品。因此，众多互联网银行当前迫切需要一个完整健康的政策环境。

2. 修订和建立引导性法律

（1）对现有的法律法规进行修改和补充。已有的法律一方面是促成互联网银行诞生的重要因素之一，另一方面也是对其功能造成限制的壁垒之一。对于互联网银行，我国更多的是在民营银行层面对其进行管理，这直接导致人们对互联网银行不充分的认知。例如现阶段，人们很难界定什么是互联网银行，如何成为互联网银行，如何对互联网银行业态进行规范。人们更多地认为其是民营银行，而“互联网”三个字则还未体现。因而，首先要做的是对“互联网金融”的相关法律进行修订，将银行真正的纳入互联网金融事实的范畴。其次是对银行相关法律的修订，将互联网银行作为一个特殊的银行个体进行特别规范引导。

（2）建立新的涵盖“互联网” + “金融” + “银行”的法律。这三者在互联网银行诞生之日起就已经成为了密不可分的部分，因而在立法上，也应当将这三个概念融为一体，将其视为一个整体进行考虑。而不是沿用原有的“商业银行法”“民营银行管理法”“互联网金融机构管理办法”等对互联网银行不同的功能进行分别管理。只有将这三方面的法律进行大融合，才能对这种新兴业态进行全面的管制。

（3）设立有别于现有法律的制度。互联网银行的建立，既包含金融领域的企业，也包含互联网界的企业，同时还包含与金融毫无关系的其他实体产业界的资本。这种融合了无数多业态资本而形成的银行，无疑会带来新的问题和挑战。例如，因互联网金融的发展而滋生的电子合同、电子签名、电子凭证等，很多权利义务都无法都到保障。此外，业态的融合也导致了金融资本的乱窜，对这些资本的正确引导也是亟待解决的问题之一。因此，我国必须尽早设立新的法律，对互联网银行的行为规范进行严格的管制。

3. 设立全新的互联网银行监管制度

银行是金融体系中不可或缺的命脉，发展初级的新型银行体，无论如何都会存在各种不足。因而，现阶段的监管，如果不能契合互联网银行的特性，将对其创造和发展产生巨大的制约。对于互联网银行的监管，除了保持应有的谨慎，还需保留一份包容之心。

（1）创建公平的发展环境。国有银行体系的发展，离不开国家政策的指引，而对于民间资本的创造，国家同样需要秉承公平的态度对其进行引导。例如，在各类主体交错竞争的今天，舍弃一些与时代潮流不相符合的保护政策，让其自由发挥，倾尽才能，这样才能够让一个体系更加完善和坚不可摧。当然，在激活互联网银行内在潜能的同时，不可放之任之，在竞争的过程中仍需把持好“度”，适时地对其行为规范进行干涉和管理。

（2）鼓励尝试，包容缺陷。任何新兴事物的发展，都离不开前期突破性的尝试，当然在尝试的过程中，都会产生无数的问题。我国互联网银行还需继续探索，在各个行业的边界渐渐虚化的竞争环境下，政策上的鼓励必不可少。在空白领域，认同互联网银行所带来的创新性成果，激发其创造力。同时带动其他产业的转型和优化，对其可能的缺陷进行包容和规范。只有这样，新兴事物的优点才能够毫无保留地施展。

4. 完善行业制度

行业制度是对一个企业行为规范的约束和指导，而想进行高效率的监管，首先要完善的就是准入制度。一个行业的正常运作，要确保的是资本的优质和能力的正常施展。对于互联网银行而言，现阶段最缺乏的就是经验，在没有经历一个完整的试错阶段之前，不可能毫无节制地让任何企业进入该领域。但是，在限制的过程中，也要保持一定的宽松性，以避免将潜在的优质企业拒之门外。此外，标准化的退出机制也必不可少，当一家互联网银行无法再发挥其自身功能的时候，要确保其能够顺利地结束自己的使命而不产生遗留问题。

（1）准入方面。当前我国在互联网银行准入方面的标准还没有建立，获批筹建和开业的具体政策也没有实质性展开。互联网银行作为信息和科技的产物，有其历史的必然性，因而对待各界资本的进入，我国应根据市场环境，建立符合标准的准入条件。准入是对一个行业进行监管和控制的一个步骤，前期工作没有打好基础，必然会影响日后的管控。因此，第一步要做的是制定好评估和引导工作，将衡量的标准规范化，确保进入互联网银行领域的资本的安全和关联企业的名誉。

（2）运营方面。我国的互联网银行，无论是在业务类型上还是在产品数量上，其业务的开展都还没有形成应有的规模。在运营层面的监管，不能将其限定地和普通银行一样，而应该适当的放开限制程度，鼓励互联网银行开发和创造更多的服务类型和产品种类，以提升互联网银行的核心能力，比如将技术和信息层面的服务也纳入互联网银行的运营范围。

（3）人员方面。对员工技能方面的监管要求不能怠慢，即便是高学历的知识型人才，在面对新型行业的时候也会存在诸多的陌生感。所以，对未来那些进入互联网银行领域工作的人，必须管控和保证其具备良好的技术处理能力和金融专业水平。

（4）退出方面。互联网银行开展业务的基础是“大数据模型”，抛开大数据不说，一旦某家互联网银行到了不得不退出的时候，与客户有关的所有信息内容应当怎样处置。因此，对于在信息化平台上经营的互联网银行而言，一定也要形成合理的“客户信息处理”条款，以保证人们的隐私不被遗留和利用。

5. 建立与大数据融合的征信体系

“信用”在现行的经济环境下有着无可比拟的重要性，信用体系的升级可以促进我国的金融环境的健康和稳定。央行主导的征信，在一定程度上的确是内容最为丰富、质量最高的系统，但是现阶段并没有将各种金融数据涵盖其中，很多金融企业也无法直接使用征信。这种高质量但却极为封闭的系统，很有可能导致对信用风险指标的评价失准，同时也会抑制与互联网金融高度相关的互联网银行的发展。随着各种行业对互联网金融的渗透，“金融行为”数据也将不断的扩大。因此，央行征信的范围也应当扩大，用以整合那些效用越来越大，但并未得到重视的数据信息。同时，要打破隔离，将征信系统的使用权限在可控制的范围内放开。此外还需制定一些保护性质、权责分明性质的法律制度，确保新型的征信体系不被滥用。最后，还需建立共享机制，确保信用信息的准确性和完备性。这样既能够降低信用风险，又能够促进各种征信手段的标准化和统一化，同时也能够促进各类金融主体的共同发展，创造真正属于大数据融合的金融环境。

（二）互联网银行发展微观对策建议

1. 提高创新能力

在日渐复杂的竞争环境中，互联网银行要想站在竞争行列的前线，就应该对当前的业务类型和品目进行创新。即便互联网银行是传统银行转型的成果，也为银行体系注入了新的基因，但通过比较传统银行的业务分布，我们发现互联网银行主体业务的分布格局与传统银行类似。从资产负债结构分析表明，作为新型银行出现的互联网银行，其业务结构分布依然体现出传统银行的本质。尤其是在产品和服务的同质化表象里，互联网银行的创新能力仍有待提高。

（1）创新业务发展模式。当前，互联网银行拥有广泛的资料来源，同时也拥有较为领先的技术能力。要想在竞争中立足，首先必须不断地自我强化。以网商银行为例，互联网银行背后的阿里系在数据获取方面的能力天赋巨大，它可以借用自身的网购平台、支付平台等联系和开发无数的优质客户。为什么称之为优质客户，首先对于网购平台的个体，他们都是那些消费端的活跃人群，他们在理性消费的同时需要大量的闲置资金支持。对于支付平台，他们是现金的携带者和理性的理财者，他们可以为网商银行聚集大量的优质资金。而互联网银行的诞生，为资金的供需提供了便利高效的转换条件。此外，互联网银行所创造的理财产品，是通过对这些客户数据进行整合的结果。因而，他们更能与这些优质群体的行为习惯相契合。互联网银行与第三方平台公司的合作是创新发展的重要模式之一，这也是拓展业务渠道的重要方式之一。在未来的发展探索中，互联网银行不能仅仅只依赖于自身的背景平台，更要懂得如何去分享自身的信息以及对其他第三方平台的渠道整合，通过资源共享的创新模式，推动自身对更多数据的收集能力，从而创造出更具影响力的产品和服务。

（2）创新产品种类及技术。一部分互联网银行当前提供的产品覆盖了存款、理财、贷款三大类，而且一般来说产品对客户的针对性比较强，让人一目了然。但是总的来说，互联网银行的产品种类还无法满足整个市场的需求，毕竟产品类目实在是太少，并没有真正意义上开展所谓“一对一”的个性化服务。所以，在未来的时间里，创造、实施并实现“一对一”式个性化产品才是真正的目标。当然，在合规的前提下，未来也可以与众多其他类型的金融公司合作，如保险、众筹等企业合作，开发出更符合现实潮流的产品。此外，还需对自身的技术能力进行创新，让自身的技术能力能够与新产品的创造同步进行，适时地把控好所设计产品的风险。

（3）创新大数据运用。传统的银行一般会通过建立密密麻麻的网点来开展业务，然而在互联网上建立的银行不同。互联网银行需要依靠各种平台和渠道，利用信息工具主动抓取客户的行为数据。然后经过数据工具的分析，直接得出客户的习惯和偏好，最后打造出极具针对性的对客户来说具有极高价值的“限量版”产品。所以，对于互联网银行来说，数据的分析能力，直接决定了其所创造的产品的优劣。而能否从海量的数据中挖掘出数量极少的“潜力股”，并对这些“潜力股”加以运用，也会对互联网银行的成长产生巨大的作用力。对大数据运用的创新，当然不能仅仅只局限于获取和挖掘，最重要的是放眼于对“数据库”的整合。数据库就如同建立在虚拟网络上的图书馆，它是分门别类地存在，不同的分区负责不同类别的数据信息。

2. 改善运营风险把控

互联网银行的业务结构、资产质量、流动性等各个方面均存在着不合理的地方，因而看似小的事件也有可能引发巨大的、不可逆转的风险。所以，对运营风险的把控，互联网银行必须全方位开展，即无外乎从信用、流动性、市场、操作和声誉等角度全面进行。

（1）信用风险管理。互联网银行的信用风险主要来自发放的贷款，因此可以设计更为规范的授信审批和信贷管理流程。小微信贷业务管理可分为信贷准入、授信审批、签约放款、监控预警和催收保全等流程，根据“系统管理、分类授权、适时调整”的原则，以大数据模型和政策为主完成系统准入、额度计算、授信审批和各项风控措施，同时结合线下审核审批、贷后管理的方式，进行信用风险全流程管理。应对信贷风险的主要措施如下：①风险识别。基于海量数据优势，围绕信贷产品自身的特色，通过互联网化、批量化、数据化的方式来量化识别潜在的信用风险、经营风险、欺诈风险。②风险分析。开发并实施适应客户特性的风险等级的度量方法，建立有效的目标客户财务状况复原技术、开发适当的贷款需求计算方法以及相应的额度授予办法进行风险分析。对于信用风险，应当综合各大已经对接的平台渠道，将逾期的客户进行标注，有针对性地对这些客户的特征进行整合。随后使用分析工具，融合其经营数据和各类行为数据，得出评分结果，用以评判和预测这些客户的违约性质和概率。对于经营风险，这部分的分析则较为简单，只需将其经营信息进行整合，分析其销售趋势，直接预测其经营变动情况，评判其是否足以支撑资金的正常流转即可。在欺诈风险方面可以通过分析商品订单维度的特征包括日志、交易、资金、物流等来识别炒信等作弊行为，再通过规则和统计模型来分析识别有问题的虚假交易，以及有相关的商品、卖家、买家。通过分析买家账号的登录、收货地址、IP、设备号等来识别账号是否是本人所持，是否存在身份被冒用等风险。通过分析买家电子商务平台购物行为、关系网数据，判断账号失联概率，用于在发生逾期时能在催收环节联络到借贷人。③风险控制。信贷风险控制必须有一套较为成熟的风险模型管理体系和贷后不良资产清收机制支撑信贷业务的开展。因此，需要大量运用数据模型加强对风险的管理控制，利用信用评分卡模型、贷后风险预警监测技术，强化信用风险的识别和贷后控制，利用系统自动化管控减少操作风险以及可能出现的其他风险等。同时，要将这些信用评级模型形成模型体系，并广泛地应用到互联网银行的贷前准入授信、贷中贷后管理、反欺诈、市场营销分析、外部数据市场开拓，贯穿整个信贷生命周期。随着放贷业务的开展推进，客户行为数据的沉淀回流，又反哺促进大数据模型政策及信贷风险模型的迭代优化，提升政策制定的科学性和客户风险识别能力。

（2）流动性风险管理。流动性风险几乎涉及互联网银行的整条命脉，它分布在信贷过程的每一个节点。因此，必须提前做好控制方案，在业务进行的过程中强化管理，之后根据具体情况灵活调节，同时还要注意紧急情况下的应对计划。互联网银行还可以结合自身的特殊性，根据风控标准，制定一套契合自己的指标体系，结合和应用已有的技术能力，24 小时监控所有动态的变化。此外，基于宽松的市场环境及同业合作伙伴的支持，依靠合理安排期限，积极增加合作交易对手，来控制流动性风险。

（3）市场风险管理。互联网银行可以在原有的架构和团队的基础上，建立监控模型，通过“机器 + 人”的模式对自身的风险敞口进行总揽，同时根据市场变化随时修订相关的管理政策。在评判市场风险的时候，则可以沿用已有的标准和方法。此外，对于创新和届时推向市场的产品等，也要一如既往地对其市场风险进行测试和辨识。由于互联网银行记账本位币与主要经营活动所用币种相同，目前其所持有的外币金融负债几乎为零，因此互联网银行并未面临重大汇率风险，市场风险主要源于利率风险。互联网银行面临的利率风险形态与传统银行差别不大。但是需重点关注其中的期权性风险。由于互联网银行为客户提供灵活、便捷的在线服务，由此也带来一个新的问题，即在利率发生变化时，出现客户提前还款的现象将比传统银行要多，期权性风险将更为突出。对此，互联网银行可以通过风险模型预测、合同条款安排、贷款定价等措施予以应对，在方便客户的同时有效管理期权性风险。

（4）操作风险管理。互联网银行在操作风险方面较之传统银行主要有以下差别：IT风险是其操作风险管理的重点内容。互联网银行主要依赖网络和 IT 平台进行业务运营，因此在 IT 风险管理方面应比传统银行的要求更为严格。例如，互联网银行的主要股东之一浙江蚂蚁小微金融服务集团有限公司在网络贷款业务、信息技术安全、灾备和应急管理等方面积累了丰富经验，从互联网银行筹建伊始就立足于以高起点、高标准定位，打造先进、安全的 IT 平台，以有效防控可能出现的各类 IT 风险。互联网银行的人员操作风险、欺诈等道德风险相对较低。但仍旧需要依托 IT 系统实现业务的流程化、电子化管理，减少人工干预环节；同时，基于系统实现强制性的不相容职责岗位分离，并对业务全流程操作进行持续监控等。借助流程化的内部控制机制，持续降低互联网银行的人员操作风险和道德风险。

（5）声誉风险管理。互联网银行基于网络平台开展经营，与传统银行有众多的物理网点不同，与客户没有直接接触。因此有可能出现因社会上各种不利传言，特别是网络上的谣言等，并由此引发一系列棘手的问题等情况。鉴于此，互联网银行应严格按照监管部门的要求强化管理，加强舆情跟踪分析，并针对“网络虚拟社会”的特点建立相应的管理机制，确保有效防范和应对声誉风险。

知识拓展：互联网平台撤下银行存款产品，如何看待这类金融监管？

【项目练习】

一、单项选择题

1. 波兰首家完全基于互联网的银行是（　　）。

A. mBank 银行　　B. ING 银行　　C. Citi 银行　　D. BofI 控股公司

2. Bofi 控股公司属于（　　）互联网银行模式。

A. 互联网平台　　B. 直销银行　　C. 银行服务商　　D. 以上都不是

3. Bofi 最初以（　　）业务为主。

A. 房地产抵押贷款　　B. 汽车消费贷款

C. 保理　　D. 中小企业贷款

4. 美国直销银行模式以（　　）为代表。

A. ING 银行　　B. Citi 银行　　C. 美国运通公司　　D. BofI 控股公司

5. 下列关于 Simple 的说法错误的是（　　）。

A. 成立于2009年

B. 是一家通过网页和手机移动客户端提供个人综合金融服务的银行服务商

C. 没有物理网点

D. 是美国一家银行

二、多项选择题

1. 我国互联网银行业务亟须突破的发展问题主要有（　　）。

A. 互联网银行要重点把握如何与实体经济、产业链等进行有效的融合

B. 互联网银行要找出符合商业交易的原则与模式

C. 互联网具有的“开放、平等、协作、分享”精髓，决定了互联网技术应是实现普惠金融的重要推手

D. 科技力量决定了银行服务功能需要重新定位

2. 互联网银行风险管理面临的挑战有（　　）。

A. 互联网的普及性对安全控制、客户验证技术、数据保护、审计流程以及消费者私人信息保护等技术的要求变高

B. 互联网银行的发展离不开信息系统的外包业务，进而涉及非银行的第三方机构（电信运营商、网络运营商等）

C. 信息技术的发展以及服务的不断创新加大了银行面对的竞争压力

D. 互联网银行的发展使得银行大量业务均通过电子信息系统进行

3. 互联网银行资产业务面临的困境有（　　）。

A. 远离生态，难以获取生态圈的第一手数据

B. 无法真正针对不同信用状况，差异化地开展融资业务

C. 消费数据、网络行业数据与个人信用的相关性相对较弱

D. 理念相对到位的互联网银行则受人才、专业性等局限，在社会供应链金融的领头羊地位也无法真正确立

4. 目前关于互联网银行在法律层面上的相关立法有（　　）。

A.《中华人民共和国商业银行法》　　B.《中华人民共和国人民银行法》

C.《网上银行业务管理暂行办法》　　D.《电子银行业务管理办法》

5. 美国出台的征信法规包括（　　）。

A.《公平信用报告法》　　B.《个人隐私保护法》

C.《消费者信用报告革新法》　　D.《平等信用机会法》

三、判断题

1. 2014年12月28日，浙江网商银行官网上线，成为我国第一家互联网银行。（　　）

2. 2001年10月12日，日本首家网上专业银行——“日本网上银行”（JNB）开始营业，标志着金融服务业进入了崭新的阶段。（　　）

3. Kakao Bank是由韩国投资控股公司和韩国互联网巨头Kakao联合推出的韩国互联网

银行，为韩国的第一家纯互联网银行。 (　　)

4. 韩国首家网络银行K银行于2017年4月3日正式开始营业，银行全部业务均可以在网上运营。 (　　)

5. mBank最初是波兰第四大银行BRE银行旗下的网上银行，也是波兰首家完全基于互联网的银行。 (　　)

四、简答题

1. 互联网银行如何改善运营风险？
2. 请分别列举中国、美国、德国、韩国、日本的代表性互联网银行。

参考文献

［1］郭福春，吴金旺．金融科技概论［M］．北京：高等教育出版社，2021.

［2］郭福春，史浩．互联网金融基础（第2版）［M］．北京：高等教育出版社，2020.

［3］顾晨溪．电子支付与互联网银行［M］．上海：上海财经大学出版社，2014.

［4］唐明琴，缪铁文，叶湘榕．征信理论与实务［M］．北京：中国金融出版社，2017.

［5］楼裕胜．征信技术与实务［M］．北京：中国金融出版社，2018.

［6］李永红．互联网征信［M］．北京：中国人民大学出版社，2021.

［7］魏来．征信理论与技术［M］．北京：中国人民大学出版社，2020.

［8］郑巧．我国互联网银行的法律监管问题研究［D］．绵阳：西南科技大学，2019.

［9］鲁家鹏．互联网银行监管研究［D］．成都：四川省社会科学院，2020.

［10］赵瑾婷．纯网络银行监管的进化博弈研究［J］．江苏商论，2019（4）：77－80.

［11］崔璐路，韩东．我国网络银行监管的问题研究［J］．现代经济研究，2017（23）：1－2.

［12］张德贤．我国网络银行监管存在的问题及对策［J］．经贸实践，2017（15）：145－146.

［13］牛硕．我国网络银行监管法律制度存在的问题［J］．合作经济与科技，2013（3）.

［14］张家荣．我国网络银行监管法律制度的构建［J］．生产力研究，2012（8）.

［15］雷银枝．完善我国网上银行监管法律制度的思考［J］．新乡学院学报（社会科学版），2012（6）.

［16］陈鉴杰．网络银行监管法律制度分析与研究［J］．法制博览，2019（9）.

［17］吴礼发．计算机网络安全原理（第2版）［M］．北京：电子工业出版社，2021.

［18］陈红松．网络安全与管理（第2版）［M］．北京：清华大学出版社，2020.

［19］石淑华．计算机网络安全技术（第6版）［M］．北京：人民邮电出版社，2021.

［20］360安全人才能力发展中心．网络空间安全导论［M］．北京：人民邮电出版社，2021.

［21］李剑．渗透测试常用工具应用［M］．北京：机械工业出版社，2020.

[22] 沈苏彬. 网络安全实用教程 [M]. 北京：机械工业出版社，2021.
[23] 贾铁军. 网络安全管理及实用技术 [M]. 北京：机械工业出版社，2020.
[24] 刘建伟. 网络安全概论（第2版）[M]. 北京：电子工业出版社，2020.
[25] 贾铁军. 网络安全技术及应用（第4版）[M]. 北京：机械工业出版社，2020.